赛出来的中学作文课

主编 刘 斌 张水鱼

33节表达课

SAICHULAI DE ZHONGXUE
ZUOWEN KE

主 编：刘 斌 张水鱼
编 委：刘 斌 张水鱼 李 翀 王亚萍
　　　 张春艳 常 欢 原 阳 刘 楠
　　　 郝丽红 张子亮 贾 雅 闫婷婷

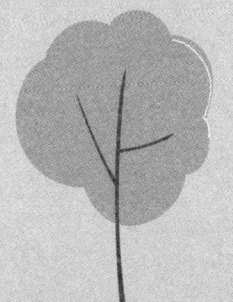

山西出版传媒集团　山西教育出版社

图书在版编目（ＣＩＰ）数据

33节表达课／刘斌，张水鱼主编．— 太原：山西教育出版社，2022.8
（赛出来的中学作文课）
ISBN 978-7-5703-2580-1

Ⅰ．①3… Ⅱ．①刘… ②张… Ⅲ．①作文课—中学—教学参考资料 Ⅳ．①G634.343

中国版本图书馆CIP数据核字（2022）第091450号

33节表达课
33 JIE BIAODA KE

责任编辑	连建英
复　审	刘晓露
终　审	郭志强
装帧设计	陈　晓
印装监制	蔡　洁

出版发行　山西出版传媒集团·山西教育出版社
　　　　　（太原市水西门街馒头巷7号　电话：0351-4729801　邮编：030002）
印　　装　山西新华印业有限公司
开　　本　890×1240　1/32
印　　张　13.25
字　　数　284千字
版　　次　2022年8月第1版　2022年8月第1次印刷
书　　号　ISBN 978-7-5703-2580-1
定　　价　59.00元

如发现印装质量问题，影响阅读，请与山西教育出版社联系调换．电话：0351-4729718．

● 总序

"创课"这些事儿

张水鱼

创课，这个令人耳目一新的说法应该是有故事的。的确是。

徐江教授投稿给编辑部，常会附一封短信。他在2015年5月投稿《当语文创客，开语文创课，培养新创客》这篇文章时，写了这么几句话：

语文教学效果一直不甚理想，很大一个原因是人们对语文的认识有偏差，总是摆出架势上一种标准的语文课，而没有立足在"用"。我在这里接过社会流行话语——"创客"与"创客教育"，将之移植到语文教学，提出"语文创客"与"语文创课"这两个概念。我明确认识到，只有开出"语文创课"，语文教学才是有效的。

透过这段铿锵的文字，我们可以看到徐江教授对广大教师的

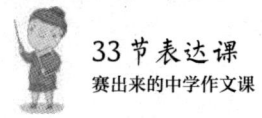

"教"提出了新挑战,同时对课堂上的创造性有一种殷殷的期待和有力的召唤。它不只是让我们耳目一新,同时挑战着我们的思维,刷新着我们的写作教学经验。

接过徐江教授"语文创课"的说法,身为作文刊物主编的我认识到,作文教学更需要创课。

编辑部接到的电话里,不少教师总在电话那头问询,期待作文教学序列课程出现。可以肯定地说,适合教师个体的作文教学序列不是能被给予的,这是由作文教学的特点决定的。其一,没有哪一个序列可以拿来就用。他人的序列能提供的无非是写作知识,而知识本身是僵硬的,需要教者因材施教进行个性化处理。其二,作文是心灵的事业,写作内容是情感和思想的展现,不经过丰富心灵淘洗的序列不会唤起写作的热情。作文教学还需要教者立足生活现场,以智慧之石激学生生活之水,唤起他们写作的欲望。与其盼望天上掉一个硬邦邦的序列,我们不如行动起来,在积极的创课实践中,构建一堂堂活色生香的作文创课。从编辑部的角度出发,就是发起一个"作文创课"赛事,推动作文课改的石碾子,从沉重、笨拙出发,往轻盈和快乐那里去。

我把这个想法讲给徐教授听,得到了他的充分肯定。就这样,一封短信和一闪而过的念头,成为"创课"赛事最早的故事。

创课赛事的筹备很顺利。《新作文》杂志社社长刘斌、全国著名语文特级教师黄厚江都对此赛事给予了支持和鼓励。还有刊物背后一批怀揣作文教学梦的领军人物，如蒋红森老师、冯善亮老师、金戈老师、袁爱国老师、徐飞老师、张华老师……从选拔流程的规划到评价标准的拟定，从现场评分到活动综述，都凝聚了他们的智慧和创意。

"创课"比赛设置了三级跳台：既有静态的教学设计比赛，又有动态的现场"比武"。为了鼓励参赛的教师们，评选出的优秀课例还集锦成册。

从2016年首届赛事至今，"新作文杯"全国作文教学"创课"比赛走过了六届，共有数千名中小学语文教师参加，有50多位评委参与了评审工作，凝聚了五本"创课"作文专辑，在刊物上推出了100多位作文创客的作品，其中有6位表现优异的创客选手成为作文刊物的封面人物。

他们当中，有些是初登讲台的青年教师，有些是省市学科带头人，有些是已经功成名就的特级教师；有些是第一次鼓足勇气投稿，有些是数年多届地跟进参赛；有些是师带徒共同参赛，有些是姐妹相约来参赛，也有夫妻阵来参赛的；还有一种特殊情况是，市区县教研室、名师工作室集体组织参加比赛，在正式参赛之前，当地已组织过一次评比。对这些教研团体来说，创课活动不只是属于赛事，已然成为他们当地作文教研的一个好抓手。这些参赛教师，有的教学热情被激活，有的教学才能被关注，五年来，他们的专业成长有了质的飞跃。论文获奖、专著出版、职称晋级等，捷报频传。

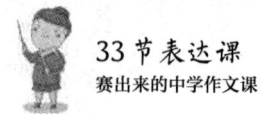

值得一记的是，六届赛事中，还先后于山东莘县、江苏南京、湖南岳阳举办过现场讲课和说课比赛，在创课的舞台上，创客们比武论剑，各领风骚。

这个舞台不大，但灯光烁烁，足以支撑一台内容丰富、剧情引人的演出，百万里的作文夜空会被这个小小的舞台镀亮。

舞台上的创客，或许不是万人敬仰的名角儿，但亦有新秀登场的初绽之魅。他们的优美唱腔、一招一式自有台下的观众因喜爱急于效仿。

舞台的背后，有"三新"作文教学研讨的盛景，有一支优秀的作文教研梦之队，有一本专注于作文教研的刊物。创新之花正是在这样的土壤里被催生。

从"创课"两个字春光乍现到一个赛事的风生水起，要讲的故事还有很多。

这里，择要梳理一下与"新作文杯"全国作文教学"创课"比赛相关的几句话，借这几句话勾勒一下此赛事的全貌，为参赛的教师留下一份宝贵的记忆，让准备参赛的教师有一个追本溯源的路标，为读者朋友勾画一个方便学习使用的轮廓。

——"百日创一课，一课是精品"

每届赛事设置的比赛时间都是一百天。7月1日开赛，10月15日结束，中间隔一个长长的暑假。我们深信：教师们走出去会获得更多的创意灵感，创意首先要用心，用一百天的时间设计一堂课，这堂课至少能成为这位教师教学生涯里的精品，为他本人积累一次相对满意的设计体验。

——"用我们的创新课堂来演绎作文教学的新思想、新探索"

全国著名语文特级教师黄厚江曾在首届现场比赛开幕式上发言。他说，"三新"作文教学研究的关注点在课堂。课堂教学是我们研究的出发点，也是着力点。新思想、新探索最终在新课堂里开花结果才是研究者的追求。

——"创新课堂，为人生镀一层幸福的光晕"

这是发布活动启事时的宣传用语。意谓：作文教学改革，是朝向幸福的事业；创造是一个过程，一个通往幸福的过程。创造者的人生是发现的人生，是收获的人生，也是幸福的人生。

"不辜负我们的时代，我们做创客，上创课。"这是一位创课者的自白。

"写作是一种修炼。首先要修炼成一个有觉之人，修炼出一颗诗意的心灵。"这是一位创课者的独特体验。

"和学生谈写作之前，我们先得和自己谈一谈：你又写了多少有感而发的满意之作，你又写了多少敷衍了事的拼凑之作？"这是一位创课者的自我历练。

"深入研究学生的写作困难，选准一个点，重敲一个点。一课一得，得得相连，帮助学生拾级而上。"这是一位创课者的教学轨迹。

"我们理想的写作课，应该有天光云影，有人间烟火，有技法

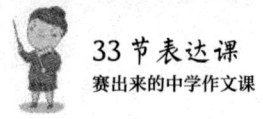

获得，有灵感乍现。"这是一位创课评委的希冀。

"老师，今天你创课了吗？"在一群心灵沸腾的作文创客中，连续三届参加创课的杨富昌老师向自己发出这样的提问。他的提问，是对自我的要求，也是对同行者发出的邀请。这句话，正如春天枝头上的一声鸟鸣，给我们带来无限想象。试想，如果每一位老师走进教室前都能对自己这样发问，是不是意味着，我们的课堂整体变革已在悄然行动之中，向课堂要效率的作文教学的春天也不远了呢？

作文创课的生态在这样的行走中养成，用创新来锤炼课堂进而丰富人生已然成为共识。

就参赛者来说，他们是创课，也是创客。

就"新作文杯"赛事来说，这里是平台，也是舞台。

就"创课"这件事情本身来说，是创新课堂，也是在创意生命。

要说的是，"创课"这两个字是从读者和作者那里来的，必将回到读者和作者那里去寻求更好的答案。正如我们所期待的，每一位参赛选手和评委老师都写下了自己对"创课"的独特解读（见附录部分）。

那么，什么样的课就是"创课"？

最早提出"创课"概念的徐江教授这样回答：创课就是有创造性的课，所谓"创造性"，是指有独到的首创性发现。也就是说，"创客"的金牌要颁给那第一个吃螃蟹的人。

创课的核心在于"创"，创新的创。

什么是创新？创造性从哪里来？依我看，创新就是一步步走向轻盈与快乐的努力。创课活动不是没事找事的无中生有，而是为了让作文教学不再沉重所做的努力。创新的精义是执行，是有步骤地去做的过程。

学习是创造性的源泉。只有不断地学习，教师才能视野开阔，思想敞亮，必要的知识信息才能保持增容状态，才更容易走进学生的内心，以成长者的姿态与学生平等交流；只有不断地学习，才能学有所专，专有所察，才能基于学生的学习起点和自己的教学风格，进入教学之佳境，创生教和学的和谐局面；只有不断地学习，才有实力有勇气摒弃那些陈旧的写作知识和写作技法，立足自己的写作经验创生新鲜的教学内容。我们一定要坚信，教师的学就是最好的教。

创，就是在同一个地方多看几眼，看出事物的奥秘。

创，就是在停滞不前时多问几个为什么，问出一个清澈的水底天。

创，就是在思路通畅时立即行动，铺陈探索的一小步。

创，就是从不放弃寻觅，寻找一个不一样的自己。

当你来到这个舞台，你就会知道，作文教学的创课，在于开掘高质量的生命体验，享受互相学习之乐，赶赴成长盛宴，尽显个性表达风采，追求作文教学的最高境界。

当你来到这个舞台，你就会知道，作文创客在这里已蔚然成林，他们都是享受探胜之乐的志同道合者，都是努力打开写作教学

黑匣子的有心人,都是把创新挂在写作教学技艺旗杆上来朝圣的作文创客。

当你来到这个舞台,你就会知道,只确认过眼神是不够的,融入这支梦之队才不负韶华,因为这个舞台是用创新来唱和的创客王国。多元丰富的作文创课,形形色色的创客故事就是明证。

这里辑录的创课也许不会经年流传,但浮光跃金、交相辉映的创意之举,足以晕开一圈圈涟漪,生动了作文天地。

请相信,岁月特别眷顾那些积极投入并经年坚持的人,机遇往往垂青创造的心灵。在这里,每一丝火苗都值得肯定,每一点闪光都有流传的可能。让创造产生价值,让价值来确定意义。

这一次,他们是作文创客;下一次,也许是你。

亲爱的朋友,在作文创课比赛的舞台上,我们期待着你的到来。

我们是刘斌、张水鱼、李翀、王亚萍等作文编辑,我们是作文专业刊物,我们是刘晓露、连建英等出版人,我们是"三新"作文教学研究的梦之队。

我们在这里等你。

(作者张水鱼系《新作文》杂志社副总编,中国语文报刊协会写作教学专业委员会副理事长,全国"三新"作文教学研究会秘书长)

● ⋯⋯序

在通向语言的途中

袁爱国

清晨,阳光射进树林,溪水汩汩流淌,树上的鸟儿在不停地欢唱,一位头戴毡帽、留着八字须的老猎人端着猎枪在树林里张望,似乎在寻找猎物……这是30年前于永正老师《一个_____的早晨》作文课的场景。于老师用音乐引导学生想象早晨树林的情景,接着自己扮演猎人上场表演情景剧。作文课上,孩子们不仅口头语言表达精彩纷呈,而且现场写出来的作文也令听课者交口称赞。作文课,其实就是师生走在通向语言的途中分享各自的思想情感,一个有智慧的语文教师往往能够让学生妙语连珠,才思泉涌。

哲人说,语言是存在之家。文字显示声音,声音显示心灵的体验。心灵的体验是心灵所关涉的事情。语言本身是艺术,不只是工具。这本专辑收录的33节创课,从不同角度展示了写作教学中的"创课",在"创课"过程中所做的创新尝试。这一系列"创课"不仅教会学生表达什么,更着重在点拨学生如何更精彩地表达,努力引导学生从规范性表达走向创意表达。

在通向语言的途中,言必诚。

刘勰《文心雕龙》云:"心生而言立,言立而文明,自然之道也。"作文课上学生为什么不想表达不愿表达?关键在于作文课没有触及学生的内心,心动自然会有倾诉的愿望。日常的作文课往往重视写作技巧的讲析、高分秘籍的传授,而对于学生的生活世界与内心诉求却漠不关心。真诚的语言表达关乎人性、人情,写作课只有走向情智交融的境界,学生才会"言立而文明"。《半瓣花上说人情》《以"我"观物,文中"有我"》《道是无晴却有"情",情感小人儿讲故事》《伤在心上,感在身上》《烦事道来,吐露情怀》等教学案例,都在"情"字上做文章,情深处见真我,见天地,见精神。

在通向语言的途中,言适境。这里的"境",一指"情境",一指"语境"。

近年来,情境化作文成为关注的热点。情境给写作带来了规定性,同时也具有开放性。写作课上的情境设计着力于典型任务的设计,学生通过典型内容的学习,体会典型的思维过程与方法,体验典型的思想情感,呈现典型的学习成果。《浓妆淡抹总相宜》以"礼物"为话题开展写作实践活动:七嘴八舌说礼物;各尽其能写礼物;或情或理悟礼物。《游戏+写作:微微一赞很倾城》将微写作活动游戏化,用"三字格"写作体式歌赞同学,教学形式生动活泼,学生语言表达凝练流畅。《无声也能胜有声》一课,教师先让学生观赏小品《胡椒面》习得写作方法,然后结合宋词《望江南》拓展练习,突出细节描写的合理化和明晰化。作文课上的情境设计既是教学支架，也为学生写作提供了写作素材。在写作实践情境中，学生情动于衷，方能言之有物，言之有序，言之有理，言之有情。

　　语言表达还需要关注"语境"。首先，从语言交际的角度看，写作要有读者意识，根据不同的阅读对象采取合适的表达方式。如《心中有读者，笔下出好文》一课，教师引导学生先结合《陈情表》填写"写作目的与读者对象分析表"，明确语境分析的意义，再引导学生进行写作迁移运用。

　　其次，写作的"语境"意识还要关注具体的文本，需要从文本的整体语境与局部语境采取得体的表达方式。

　　从文本的整体语境出发，需要关注文章脉络的安排与文体特征的契合。语言表达要重视文气的贯通，如《捕捉情感线索，诗化亲情体验》一课侧重从情感线索进行表达。这本书中的作文课兼顾多种表达文体，从表达方式看，记叙文、说明文、议论文等均有示例；实用性文本与文学性文本写作教学也有不少新的实践。

　　从局部语境来看，也有老师引导学生结合上下文语境进行表达训练，如《浓妆淡抹总相宜》《用典雅的语言写作》《喻巧而理至，辞工而文斐》等课例。汪曾祺先生说："一个词，一个词；一句，一句；痛痒相关，互相映带，才能姿势横生，气韵生动。"可见，语言的推敲斟酌确实需要在写作的过程中修炼。

　　在通向语言的途中，言入神。如何引导学生找到"属于自己的句子"呢？只有个性化的作文教学才能激发学生的个性化言说。

　　入神的表达出于己意。《细察方识东风面，精巧落笔才得春》

《草木本无心，因人显其志》《明眸善睐显风情，凝神聚秀画眼睛》等课例着重引导学生观察自然，观察社会，表达自己的独特感悟；《让你的情绪颗粒度变细》一课则着重引导学生描摹每个当下的情绪，接纳自己，继而感染读者，戳中读者的泪点、笑点、痛点，让读者感同身受。这些课例都在强调"我"在场，"我"思考，这样才能传达自己的思想情感。

入神的表达多有新意。有老师进行跨媒介写作练习，如《让光影照进作文》一课结合电影《小鞋子》设计以下环节：看电影，说细节，感受细节强大的力量，进行体验式学习；读经典，悟细节，向电影和文学作品学习细节刻画的方法，进行领悟式学习；写生活，用细节，学会用文字"拍摄"生活的电影，进行实践性学习。这堂课上学生作文《当你老了——写给妈妈》中的文字，折射着光与影，激活了学生语言表达的灵气与才气。

入神的表达更有深意。如《带"我"去写诗》《无诗不少年》等课例着重引导学生写现代诗，课堂上学生的佳作迭出，金句频现，如学生的诗歌习作《等》：只要你的屋里有一盏灯亮着/她就会一直等下去/直到把你等待成/一盏/能照亮世界的/灯。

又想起于永正老师30年前执教作文课的场景，花白头发的于老师拥有一颗童心，在课堂上就是一个老顽童，与学生同唱同跳、同喜同叹。他总是蹲下身来亲近儿童，他的课总能触及儿童的内心世界。

于永正老师还有一份匠心与慧心，他的课洋溢着精益求精、锐意创新的工匠精神，也蕴藏着朴实求真、圆融通达的人生智慧。这样看来,我们教作文,其实也是在教学生做人。写作教学品质的提升还需要语文教师的专业素养与人生境界的同步修为,这样的写作教学,才会在思与诗之间抵达创意写作的真境。

(作者袁爱国系江苏省中学语文特级教师,江苏第二师范学院教授)

目 录

让心灵说话… 王　冬 / 1

半瓣花上说人情… 李家玉 / 11

以"我"观物，文中"有我"… 曾淑君 / 25

无声也能胜有声… 王　瑞 / 34

让光影照进作文… 张利琼 / 44

浓妆淡抹总相宜… 孔卫琴 / 58

以诗为名，为"我"作传… 吴方方 / 68

跟着课文学"抒情"… 胡秀红 / 82

游戏+写作：微微 ·赞很倾城… 杨富昌 / 95

捕捉情感线索，诗化亲情体验… 吴　祺 / 103

带"我"去写诗… 廖茹玲 / 112

无诗不少年… 丁　锋 / 122

巧用穿插显丰韵… 苏良明 / 132

事实还需要雄辩… 卢春芳 / 144

心中有读者，笔下出好文… 肖劲松 / 151

慧眼观花识特征，妙笔写花有章法… 周　莹 / 162

道是无晴却有"情"，情感小人儿讲故事… 郭　铭 / 172

伤在心上，感在身上… 王桂兰 / 182

烦事道来，吐露情怀… 彭正军 / 196

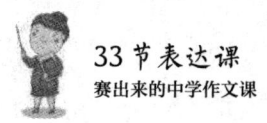

细察方识东风面，精巧落笔才得春… 寇玉菊 / 206

让你的情绪颗粒度变细… 王理琳 / 217

用典雅的语言写作… 周建荣 / 227

让感想之花绚烂绽放… 方婷婷 / 238

抓住人物出场，拘定"三魂六魄"… 袁榕蔓 / 249

"学习使我妈快乐"，我们该喊吗… 张 莹 / 259

草木本无心，因人显其志… 钟晓燕 / 271

明眸善睐显风情，凝神聚秀画眼睛… 余 萍 / 280

喻巧而理至，辞工而文斐… 贾占红 / 293

写写我们仙桃的小吃… 袁海军 / 301

让你的意象牵手成功… 严致云 / 312

给母亲的小小情诗… 张丽娟 / 328

千面伊人话"笑"来… 侯剑敏 / 338

千磨为玉器 百炼成文章… 刘 伟 / 351

附 录

从"创课"到"创客"：写作课程深度学习的应然选择… 袁爱国 / 363

将具体知识融入具体的写作语境与写作策略中… 金 戈 / 376

在你心里，翻起百千浪… /梅 晴 / 384

是"创"，让你的课从此不一样… 洪劬颉 / 390

"创课"者这样说… / 396

"创课"评委这样说… / 399

让心灵说话

辽宁大连·王 冬

🍁 创课缘起

在写人记事的作文中，我们总希望学生笔下刻画的人物能形神兼备，但在长期的作文教学中发现学生大都能正确运用肖像、语言、动作等描写使人物具有"形"，却较少能运用心理描写让人物具有"神"。所以他们笔下的人物形象往往缺乏立体感，不能给人留下深刻的印象，并且在实际教学中我们会发现，即便是教授了方法，学生还是写不出来，原因在于他们缺乏生活经验积累，导致写作困难。所以本节课我将训练重心聚焦于心理描写，不但要讲授方法，还要帮助他们知道怎么运用这种方法，细化到具体应该如何操作。最终目的是让学生能真正运用这些方法进行写作。

🍁 创课思路

《义务教育语文课程标准（2011年版）》中建议要"重视引导学生在自我修改和相互修改的过程中提高写作能力"。传统的讲课方式，大多是在教师讲完所有的方法后，学生才修改自己的文章。而本节课，我采取的方式是在已写完片段描写的基础上，学一个方法，之后就用这个方法修改自己的文章，所有例文都出自教材。三次修改、四次练习，最后再次回归到教材，对课文的一个片段进行

改写。学生在不断的思考和运用中,真正地将方法和知识内化为自己的能力,从而能够真正地运用所学方法进行写作。

教学现场

一、创设悬念,微课导入

在我们的文学殿堂里,像雨果那样能关注人的心灵,并用他手中的笔精彩地描绘各色人物和丰富多彩内心世界的例子数不胜数。今天,我们在课堂上也尝试一下打开心扉,让心灵说话。希望通过这堂课的探讨,我们笔下的心理描写能更出色。心理描写,其实大家并不陌生,那么谁能来说一说什么是心理描写?

(屏显)

对人物在一定环境中,围绕客观事物而产生的看法、感触、联想等思想活动的描写,称作"心理描写"。

(说明:出示微课,强调"在一定的环境中"。)

二、层层指点,步步深入

师:今天我给大家设定的情境是,语文考试公布成绩前后。这是大家都经历过的,我相信你们感触颇深。当时的你们会想些什么呢?让我们一起来看看这位同学当时的想法吧。

(屏显)

今天是考试后的第二天,也是公布成绩的日子。语文老师拿着试卷走进教室,看着那些试卷,我紧张极了,心想:老天保佑,千万别不及格呀!

师:老师先找一位同学来朗读屏幕上的内容。请其他同学思

考：你从哪些地方看出来他很紧张？

生："心想：老天保佑，千万别不及格呀！"

师：你说得不错。首先我们可以肯定的是，他描写的确实是他当时的心理状态。整个段落基本都是作者在自言自语，这也是我们写心理活动经常用到的方法。这种方法通常被称为"内心独白"。它有非常明显的提示词——我想。而老师翻看了大家预习的作品后，发现大家使用的词语基本局限在：我想、我心想、心想、我想到。除了这些词，我们平时还会遇到或用到什么词？请看大屏幕——

（屏显）

第一种：我想、我回忆；我觉得、我感到；我思索、心想……

第二种：冒号的提示。

师：虽然他用了"紧张极了""老天保佑"等词，但我们并没有感觉到他有多紧张，有多忐忑，原因在于他用了一些很抽象的概述代替了具体可感的描写，那么如何进行具体可感的心理描写，把他紧张、害怕的心理表现出来呢？下面我们一起来看例文。

（屏显）

我父亲突然好像不安起来，他向旁边走了几步，瞪着眼看了看挤在卖牡蛎的身边的女儿女婿，就赶紧向我们走来。他的脸色十分苍白，两只眼也跟寻常不一样。……母亲回来了。我看出她在哆嗦。她很快地说："我想就是他。去跟船长打听一下吧。可要多加小心，别叫这个小子又回来吃咱们！"

——莫泊桑《我的叔叔于勒》

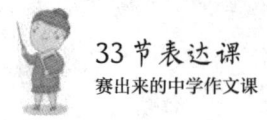

我往后移动了一下,用左脚小心翼翼地感觉着岩石,然后找到了。"很好。"爸爸喊道,"现在,往右边下面一点儿,那儿有另外一个落脚点,就几英寸远。移动你的右脚,慢慢地往下。这就是你要做的。只想着接下来的这步,不要想别的。"……再一次,我做到了……突然,我向下迈出了最后一步,然后踩到了底部凌乱的岩石,扑进了爸爸强壮的臂弯里,抽噎了一下,然后令人惊讶的是,我有了一种巨大的成就感和类似骄傲的感觉。

——莫顿·亨特《走一步,再走一步》

师:从这两段文字中,你们感受到了什么?

生:我感觉他们紧张、害怕。

师:你是从哪些地方看出他们紧张、害怕?

生:我从"瞪着眼看了看""小心翼翼地感觉着岩石"等动作描写看出他们紧张、害怕。

师:你说得非常好。从刚才这位同学的描述中,我们可以看出作者是运用动作描写来体现主人公当时紧张的心情。这就是心理描写的第二个方法——动作提示。通过这些动作,我们能够看到人们的内心世界。从这些词语中,我们感受到了主人公当时紧张、害怕的情绪。除了例文提到的反应,还会有什么样的表现呢?

(屏显)

1. 眼部动作(到处乱瞟、飘忽不定、不敢看对方)。

2. 嘴部动作(咬嘴唇、故意大声说话)。

3. 手部动作(两手相互搓、手紧紧地握着东西、两手搓大腿、挠头、出汗)。

4. 腿部动作（不停地动、不停地来回踱步、发抖、腿软走不了路）。

师：接下来，请同学们用我们刚才所学到的方法修改自己描写的片段。除了加入一些动作的提示之外，我们还可以做些什么呢？请大家一起来读一读下面这两段文字，看从中能不能得到一些其他的启示。

（屏显）

我在雪地上慢慢地走着，忽然，听见后面传来万方的声音。我惊奇地回过头。万方气喘吁吁地跑到我的眼前。他既没戴帽子，也没有穿棉衣。他把手里拿的玻璃罩子盖在我的羚羊上，又把小刀塞到我的手里说："拿着，没有礼物，咱俩也是好朋友！"……我呆呆地站在雪地上。雪花落在玻璃罩上，那羚羊无精打采地望着外面的银白世界，那是一个它从来没有见过的世界。我想，它一定正在为不能在这世界上奔驰而伤心呢！我哭了，我真的号啕大哭起来。雪花和泪水一起落在玻璃罩子上。我从来没有这样伤心过。

——张之路《羚羊木雕》

北京的冬季，地上还有积雪，灰黑色的秃树枝丫杈于晴朗的天空中，而远处有一二风筝浮动，在我是一种惊异和悲哀。

——鲁迅《风筝》

（学生朗读后，第一次修改自己描写的片段）

师：不同的心情看相同的景物时，会产生不同的感受，因此，人的眼睛能根据自己的心情，随主观感受选择景物。只要我们把这些在特定感受笼罩下的景物描写出来，就能充分表现人物的心理状

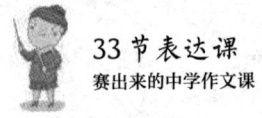

态,比如心情好的时候看太阳,我们会觉得暖融融的;反之,我们会觉得烤得人心情烦躁。心情好的时候看到雪,会觉得一片银白色的世界,纯洁而美丽;反之,我们会觉得凄凉、萧索。那你在紧张、害怕时会看到什么景物?会有什么感受呢?请看大屏幕——

(屏显)

1. 空气都凝固了,安静得掉一根针都能听见,没有一丝风。
2. 空气中凝结着紧张的气氛,使人心里压抑、沉闷。
3. 天空忽然乌云笼罩……
4. 阳光透过窗帘……
5. 同学们的桌子上……

师:请大家用这种方法继续修改你描写的片段,使片段的内容更充实。除此之外,我们还能做些什么?请看大屏幕。

(屏显)

到下午,我的朋友都去了,戏已经开场了,我似乎听到锣鼓的声音,而且知道他们在戏台下买豆浆喝……两岸的豆麦和河底的水草所发散出来的清香,夹杂在水气中扑面吹来;月色便朦胧在这水气里。淡黑的起伏的连山,仿佛是踊跃的铁的兽脊似的,都远远地向船尾跑去了……渐望见依稀的赵庄,而且似乎听到了歌吹了,还有几点火……也许是渔火。

——鲁迅《社戏》

他所改正的讲义,我曾经订成三厚本,收藏着的,将作为永久的纪念。不幸七年前迁居的时候,中途毁坏了一口书箱,失去半箱书,恰巧这讲义也遗失在内了。责成运送局去找寻,寂无回信。只有他的照相至今还挂在我北京寓居的东墙上，书桌对面。每当夜间疲倦，正想偷懒时，仰面在灯光中瞥见他黑瘦的面貌，似乎正要说出抑扬顿挫的话来，便使我忽又良心发现，而且增加勇气了，于是点上一枝烟，再继续写些为"正人君子"之流所深恶痛疾的文字。

——鲁迅《藤野先生》

（学生第二次修改自己描写的片段）

师：这两段文字中的心理描写有什么特点？和前面几个片段相比，作者运用了什么方法？

生：作者运用了想象和联想的方法。

师：不错。有时候人由于现实中无法达到某种目标，就会陷入想象的状态，而这种状态常通过幻觉或梦境的形式得到表现。大家在生活中有没有在饿极了的时候，看到什么都像汉堡、包子等食物的感觉？在特别渴的时候，看到汽油也像水的感觉？我们把这种描写心理的方式称为"幻觉凸显"。它的特点体现在并不是作者真正看到的，而是加入了作者的想象，仿佛在梦境或幻境一般。同样，人在极度紧张、害怕的状态下，眼前或耳边也会产生虚幻的画面或声音，内容往往是自己最怕看到或听到的，把这些详细地描绘出来，就能十分准确地表现人物的内心世界。通常的提示语有——

（屏显）

好像看见、似乎看见、仿佛听到等。

师：还会有什么反应？请看大屏幕——

（屏显）

老师的表情；卷子上的红叉；拿卷子回家之后爸爸（妈妈）的

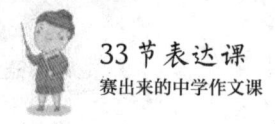

反应；同桌的反应……

师：请大家试着运用这种方法继续修改你描写的片段。

（学生第三次修改自己描写的片段）

（说明：学生代表展示修改后的片段，其他学生和教师点评。）

由此可见，心理描写可以综合运用各种手法，不必拘泥于一种形式，可穿插其他角度。这样可以更形象地凸显人物细微的感情波澜和复杂的心理变化，可以使人物的心理活动富有立体感和层次感，行文也更加摇曳多姿。同时，我们还要注意在运用心理描写时，应符合人物的身份、年龄等特征，写出其在特定环境中的心理活动，从而表现人物的思想与性格特征。不同性格的人，心理活动就不一样，有的人热烈，有的人冷峻，有的人果敢，有的人优柔，这就需要同学们用心观察、体会，细心描摹、刻画，不可千篇一律、千腔一调。

下面就请同学们运用学到的心理描写方法，挑战一下课文中的经典文章。

三、创造写作，挑战经典

师：请同学们朗读下面的片段，并思考作者是运用了什么方法来进行心理描写的。

（屏显）

我交出所抄的讲义去，他收下了，第二三天便还我，并且说，此后每一星期要送给他看一回。我拿下来打开看时，很吃了一惊，同时也感到一种不安和感激。原来我的讲义已经从头到末，都用红笔添改过了，不但增加了许多脱漏的地方，连文法的错误，也都一一订正。这样一直继续到教完了他所担任的功课：骨学、血管学、神经学。

可惜我那时太不用功,有时也很任性。还记得有一回藤野先生将我叫到他的研究室里去,翻出我那讲义上的一个图来,是下臂的血管,指着,向我和蔼的说道:

"你看,你将这条血管移了一点位置了。——自然,这样一移,的确比较的好看些,然而解剖图不是美术,实物是那么样的,我们没法改换它。现在我给你改好了,以后你要全照着黑板上那样的画。"

但是我还不服气,口头答应着,心里却想道:

"图还是我画的不错;至于实在的情形,我心里自然记得的。"

——鲁迅《藤野先生》

生:作者运用了内心独白的方式来表述当时的心理活动。

师:好。接下来,请大家运用我们今天学到的心理描写方法对以上片段进行改写。

(学生改写课文,教师巡视)

师:我刚才看见许多同学已经写好了。那么,请小组成员互相点评修改后的作品,但需要注意的是大家要根据老师的要求进行小组活动。

(屏显)

1. 运用了哪种方法进行心理描写?
2. 你感受到了人物怎样的心情或情感?
3. 优点以及需要改进的地方分别是什么?
4. 推荐组内一篇最优秀的作品在全班交流,并由组员从以上三方面进行点评。

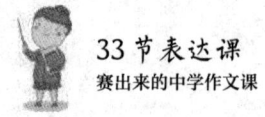

四、小结

法国作家雨果曾说:"世界上最宽阔的是海洋,比海洋更宽阔的是天空,比天空更宽阔的是人的内心世界。"希望这节课能给大家起到抛砖引玉的作用,希望你们拿起手中的笔,写出感人心脾的文章。我相信,只要我们愿意去叩击心灵之门,就一定会唱出最动听、最美妙的心灵之歌!

学生作品

片段一:

今天是考试后的第二天,也是公布成绩的日子,每到这时候,我都会大改以前的活泼,紧皱眉头,望着黑板,感觉整个世界都暗了起来。只能听到老师高跟鞋的"哒哒"声越来越近,我甚至觉得自己已经有些喘不过气来了。我不停地搓手,等待着审判来临的那一刻。

片段二:

时间渐晚,我就不去上学了,反正怎么也学不会,还会受批评,而且一想到需要掌握的内容还没有弄明白,便头冒冷汗,不如逍遥快活。想罢,便掉头一头扎进一望无际的田野,和煦的春风吹遍田野每个角落,增添了几分生机,稻草随微风摇曳,明媚的阳光穿透每一寸云层,而我正在展望着这一切。

(此课例荣获"新作文杯"全国首届中小学作文教学"创课"比赛特等奖)

半瓣花上说人情

湖北枝江·李家玉

创课缘起

中国教育学会中学语文教学专业委员会于2014年12月推出一个关于"写作与教学研究"的课题,并于2015年4月初在天津市南开中学召开课题研讨会,全国各中学教师积极参加。我们学校课题组同人以此为契机,共同商讨确立了"触发、感悟与写作教学"的子课题。我们认为,学生写作时遇到的最大的困难在于缺少发现美的眼睛,不会将语文学习和写作与身边的生活联系起来并作深入的联想与思考;没有触发和感悟就没有写作,写作的过程自始至终都离不开对事物的感知和对生活的感受。作为课题的主持者,本课起初是作为课题研究展示课而进行的。

叶圣陶先生说:"教材无非就是例子。"《荷塘月色》《故都的秋》《囚绿记》三篇文章构思精巧、语言精美、情景交融,是引导学生获得感悟的最好范文。于是我就以此为实验平台并进行适当的拓展,引导学生展开了我的课题实践活动。我认为,倘若学生能以所学内容为触发点,从中获得感悟,体味人生,陶冶情操,珍爱生命,大概也就实现了语文教学的意义。

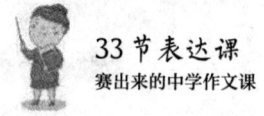

创课思路

正如王蒙所言:"作家的能力首先是感受生活和表现生活的能力。"触发、感悟对写作有着至关重要的作用——能够激活写作动机,能够奠定情感基调,能够丰富文章内容。《普通高中语文课程标准》在"表达与交流"部分指出:要引导学生"学会多角度地观察生活,丰富生活经历和情感体验,对自然、社会和人生有自己的感受和思考"。这就告诉教师要重视对学生感受能力的训练和培养,使之在成长中继续保持对生活的好奇心,敏锐地捕捉和把握大千世界的五光十色,拥有一种面对一丛野菊花而怦然心动的情怀。因此,我先用大家感兴趣的内容营造气氛,然后选择课文里的精彩片段组织学生展开讨论和解读,引导总结出大家创作的秘诀——"事(景)—感—悟"作文三步曲,并以此来指导学生进行课堂写作。

教学现场

一、情景导入——激发体验

(一)课前播放歌曲

多媒体播放孙俪的《爱如空气》。当轻柔的歌声响起,学生一阵欢呼,随即静静地欣赏。屏幕上缓缓地播放着荼蘼的图片,那洁白娇嫩的花瓣,那曼柔清纯的歌声,仿佛教室里到处弥漫着淡淡的香气。

(二)歌曲品鉴

师:有人能说出屏幕上花的名字吗?

（学生沉默）

师：《爱如空气》的第一句歌词是"幸福就像花期开到荼蘼"。

生：原来如此！

师："开到荼蘼"是什么意思呢？荼蘼，是一种蔷薇科草本植物，花白色，有芳香。果近球形，深红色。花期在4—5月，果熟期9—10月。荼蘼色香俱美，其藤蔓若以高架引之，可成垂直绿化的优良观赏花木，以地下茎繁殖。栽培供观赏。荼蘼往往直到春末夏初才会开花。因此，人们常常认为荼蘼花开是一年花季的终结。

（三）活动体验，交流表达

师：我们一起来看看下面的诗句。

（屏显）

荼蘼不争春，寂寞开最晚。

——苏　轼

一年春事到荼蘼，香雪纷纷又扑衣。

——任拙斋

一丛梅粉褪残妆，涂抹新红上海棠。开到荼蘼花事了，丝丝天棘出莓墙。

——王　淇

师：这些诗句都是作者对夏天最后一抹花语的诠释。在《红楼梦》中，曹雪芹便以花喻人暗示几个人物的命运，其中就有荼蘼。可有哪位记得？

生：女仆麝月抽到一张花签，是"荼蘼——韶华胜极"。

师：能否解释一下其内涵？

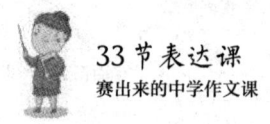

生："韶华胜极"意指花事到了尽头，之后自然是群芳凋谢了。

师：麝月是宝玉府里的丫鬟，她的贤能可比袭人，口才可比晴雯，但她却没有袭人的争荣夸耀，也没有晴雯的傲气尖酸，这是麝月的生存智慧。她顾大局，默默担任配角，收拾残局，也是唯一陪伴宝玉到最后的丫鬟，这也和她"开到荼蘼花事了"的花名签谶语相吻合，堪称"荼蘼花的坚持"。那么，荼蘼花在春末夏初开花，凋谢后即表示花季结束，所以有完结的意思，由此你们能解读出"开到荼蘼"的意思吗？

生：就是花已凋谢，一切都结束了。

生：代表女子的青春已逝去。

生：荼蘼花开，表示感情的终结。爱到荼蘼，蕴含生命中最灿烂、最浓烈、最刻骨铭心的爱即将逝去。

……

师：很好。"开到荼蘼花事了，尘烟过，知多少"，由荼蘼象征结束，大家想一想它会使人产生什么样的情绪呢？

生：伤感。

师：为什么？

生：荼蘼花是春天最后开花的植物，它开花也就意味着春天将要结束，开花的季节就要过去了。

师：你讲得很有道理。所以，人们常常用荼蘼花开来形容女子即将逝去的青春或是感情到了尽头。

（四）展示课题

师：对生命的关注和对生活的热爱，是对世界本真的探寻和诗意栖居的一种人生境界。春雨的曼妙与潇洒，夏花的绚烂与热情，秋阳的和煦与温柔，冬雪的圣洁与飘逸，都可因我们的心灵感动和感悟而令人情绪倾泻。实际上，感受能力可以让人类有限的生命通向无限微妙和深邃的外部世界，从而使人类在感受所有生命浪漫质地的同时实现人生的超越。下面我们就来看看本单元课文大师们是怎样"半瓣花上说人情"的。

二、蓦然回首——课本拾贝

（屏显）

　　月光如流水一般，静静地泻在这一片叶子和花上。薄薄的青雾浮起在荷塘里。叶子和花仿佛在牛乳中洗过一样；又像笼着轻纱的梦。

——朱自清《荷塘月色》

　　北国的槐树，也是一种能使人联想起秋来的点缀。像花而又不是花的那一种落蕊，早晨起来，会铺得满地。脚踏上去，声音也没有，气味也没有，只能感出一点点极细微极柔软的触觉。扫街的在树影下一阵扫后，灰土上留下来的一条条扫帚的丝纹，看起来既觉得细腻，又觉得清闲，潜意识下并且还觉得有点儿落寞，古人所说的梧桐一叶而天下知秋的遥想，大约也就在这些深沉的地方。

——郁达夫《故都的秋》

　　绿的枝条悬垂在我的案前了，它依旧伸长，依旧攀缘，依旧舒放，并且比在外面长得更快。我好像发现了一种"生的欢喜"，超过了任何种的喜悦。

——陆蠡《囚绿记》

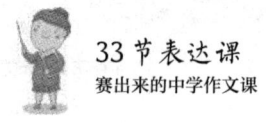

（学生分小组展开讨论并解读）

生：在《荷塘月色》里，作者着力写月色，先写月光如流水般倾泻在花叶上的情景，"薄薄的青雾浮起在荷塘里"是实写；"叶子和花仿佛在牛乳中洗过一样；又像笼着轻纱的梦"是虚写，虚中见实，贴切地表现了朦胧月色下荷花飘忽的姿态，营造出一种扣人心弦的意境。其中动静、虚实、浓淡、疏密，是画意的设置，也是诗情的安排，这就不仅使画面色彩赏心悦目，而且透出一股神韵，氤氲着一种浓郁的诗意。

师："氤氲"一词用得贴切而精妙。

生：在《故都的秋》里，作者描写了视觉和触觉形象。花铺满地，写视觉形象；脚踏花地，写触觉感受。写触觉，更给读者以切身的感受。这里寂静无人，斯人独徘徊，无人可与交流，便只能与自然相交融。揣摩作者的心境，大约是欣喜的，又是寂寞的。

师：为何"大约是欣喜的，又是寂寞的"？

生：文章"清、静与悲凉"的情感基调，还有作者当时所处的环境，美景让人欣喜，处境让人落寞。

生：如果说用"细腻"来形容"灰土上留下来的""扫帚的丝纹"还勉强有点客观性的话，那"清闲""落寞"则完全是主观意念的显现。一片飘零的槐叶能打动情意，几声秋虫的哀鸣更足以牵动心魄，这种深远的忧思和孤独者的冷落之感，正是作者当时的心境。由于在客观事物的描绘中融入了作家的情绪，自然会觉得落寞和悲凉，和故都北平一样，作者的情感也蒙上了一层淡淡的秋意。

生：在《囚绿记》里，表达了作者对生命活力的赞美。"它依旧伸长，依旧攀缘，依旧舒放"，运用了排比的修辞手法，把青藤顽强抗争、不屈不挠的精神展现在人们眼前。所谓"生的欢喜"，就是揭示作者对富有生命力的东西的热爱。作者认为面对蓬勃生机所产生的喜悦超过在任何时候所产生的喜悦。与后文"被幽囚的'绿友'时，'它的尖端总朝着窗外的方向。甚至于一枚细叶，一茎卷须，都朝原来的方向'，哪怕枝叶病损，仍执着地'永远向着阳光生长'"这些描写一起让不甘被囚、追求光明的青藤形象跃然纸上。

师：很好。这些作品带着花的气息、叶的丝纹、枝的青翠、水的光彩，像一幅幅清新优美的画卷展现在我们面前，引领我们领略生活和生命的多彩多姿。那么，大师们的文章对你有哪些写作方面的启示呢？

（学生用3分钟时间概括，然后全班学生交流）

生：三篇文章，一个以静谧清幽的月下荷塘来抒发心情，一个以清静悲凉的故都秋景来寄托情怀，一个借窗前的一株常春藤抒发对光明与自由的向往之情。

生：三篇文章均不着意抒情，但景物之中情感清晰可悟。《荷塘月色》中的"不宁静"是触发点，荷塘之景是载体；《故都的秋》中的"清、静、悲凉"既是情感触发点，又是情景交融的契合点；《囚绿记》则以"绿"为光明和自由的象征。

生：三篇文章均凭借普通文人的眼光来观察和体验，笔下景的味、色和意境、姿态，都笼罩着一层奇异的主观色彩。作者由心中之情所触发，从景中获得感悟，通过"形"将真挚的情感表达出

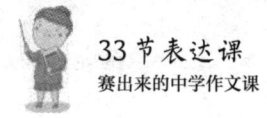

来,将自我心灵之路不断拓宽。

三、技法举隅——打开写作思路

上述例文给予我们一个共同的理念——保持对生活的好奇心,敏锐地捕捉和把握大千世界的五光十色,不断吸收外界的一切能量和营养,从而拥有一颗敏锐而善感的心,拥有一种"面对一丛野菊花而怦然心动"的情怀。王浴海先生在《怎样迅速冲出作文练习困惑的低谷》一文中揭示了一篇作文成功的奥秘:独特的心灵感受,就是生活的醒悟点。醒悟,字面上的解释是走出混沌达到清醒。生活的醒悟点,可以理解为对生活思考的穿透点,对生活感知的突破点,由生活培植出来的文思、灵感的爆发点。它来自自己的生活深处、心灵深处……是作文求之不得的成功内核。

(一)寻找触点,定点生发

触点是激活灵感的发端,是灵感产生的契机。拿到文题,应从宽泛的话题中寻找到能触发自己感悟的触点,生发起自己的生活感悟。任何一件生活小事、一个景物、一个观点都有可能成为触发生活感悟的引子,其关键在于是否抓住了真正有意义的对象并迅速捕捉到,把它演绎成有生命的事物。所谓定点,是指分析事物众多特点之后,从中选择一点或几点进行引申联想。一般说来,触发了灵感的事物,也就是你要描述的对象。这一"触物"一旦进入作文,你就要把镜头对准它,精心地构思,细腻地描绘,朴实地叙写,使"触物"鲜明地突显出来,强烈地感染读者,为后文写出悟点、点明题旨做好铺垫。

(二) 强化意象，虚实相生

在写作构思中，作者头脑中所形成的生活图景和所要表现的主观思想感情融合一致的形象化的思考过程，就是写作中的意象思维。一篇成功的文章，常常虚中写实、实中写虚，意与象融为一体。在写作中，如何解决好"虚"与"实"、"意"与"象"的关系呢？一是构思要有意留下"空白"。一篇文章不可能从头到尾，有条不紊地叙述一个故事。在构思中，有意将某些情节要素省略，使冲突紧凑，情节集中凝练，直奔结局，造成一定的空白和悬念，引起读者的猜测和想象。二是描写情景要虚化。意与象，一个在心、一个在物，一为虚、一为实。描写情景，就要善于化景物为情思、化情思为景物，做到景中生情、情中含景。

(三) 一语破的，升华主旨

"事（景）—感—悟"是作文的三步曲。没有触点——事或景，情感是无论如何也调动不起来的；没有了感情，也就少了悟性，悟不出事物所蕴含的社会意义。故要升华议论，点明题旨，就必须在鲜明地描绘"触物"后，顺势引出题旨。古人云"意高则文胜"，若仅仅写出自然属性，没有把它和我们的现实生活、深刻体验联系起来，就只能写出现象而写不出神韵，作文就失去了灵性。写"悟"，可以散落于全文，也可以凝聚于篇尾，但不要装腔作势，无限拔高，应有较深的意蕴，给人一定的启迪。

四、含英咀华——美文写读

（屏显林清玄散文精美片段）

不管别人怎么欣赏，满山的百合花都谨记着第一株百合的教

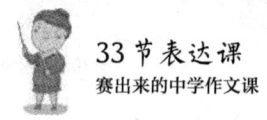

导:"我们要全心全意默默地开花,以花来证明自己的存在。"

——《心田上的百合花开》

牵牛花又叫"朝颜",因为它清晨盛开的缘故。这名字,使我想起"透早就出门,天尾渐渐光"的台湾农村父老的背影。

"朝颜"便是早上的脸,你看,台湾大地早上的脸是多么美,朝颜上还留着昨夜晶莹的露珠哩。

——《牵牛》

我的父亲虽然一生都做着粗重的农事,但他的感情细腻柔软而美丽,正像是含羞草花。

……

每次碰触到含羞草,看它合十祈祷的样子,我也会双手合十,祈愿父亲去到更美丽的世界,也祈愿我们父子有重逢之日。

——《含羞的心》

肥沃的山坡与贫瘠的屋顶,都不能防止菅芒开美丽的花,人如果富裕或贫贱,是不是也能维持同样的志气呢?

——《满山菅芒花》

师:作者是如何写出这样的美文的?

生:构思巧妙。

师:如何才会有这样巧妙的构思呢?

生:对花产生想象和联想。

师:什么使他看到花产生这样的想象和联想呢?

(学生沉默)

师:同学们读文章,很容易注意到的是写作的方法和技巧。其实，比方法和技巧更重要的是对生活的感悟。下面让我们一起走进林清玄的心中，用写批注的方式来感受一下他对这些花的寄语。

（学生写作，10分钟后交流、诵读批注）

生：《心田上的百合花开》引起了我强烈的共鸣，让我深刻地领悟到花其实就是人的写照，不管别人怎么说，自己都要不忘初心，方得始终。

生：开花，意即默默追求，用成功来证明存在的价值。

生：追求的路上要心无旁骛，一路静心吸雨露，花开方为明己时！

生：林清玄是一个善于读懂花心的人。《牵牛》的字里行间流淌着林清玄对台湾农村父老辛勤劳碌的崇敬和对故土的深沉热爱、眷恋之情。《含羞的心》一文则透过含羞草表达了林清玄对父亲的赞美、热爱和虔诚的祈愿之情。

生：《满山菅芒花》一文中，作者由赞扬花的美，进而写到菅芒花顽强的生命力并联想到人；结尾的反诘句深沉地启迪着我们，无论在任何环境下，都要矢志不渝、坚贞不屈，让自己的一生闪耀着人性的光辉。

五、个性表达——炫出成长的风采

师：其实，作者之所以能写出这些经典美文，是因为作者走进了花的心中，听懂了花语。倘若我们能走进一草一木的心中或者靠近自己熟悉的人，必然也能写出感人的文字。现在我们进行写作训练，以《花的随想》《花未眠》《聆听花开的声音》为题，任选一个题目写一则片段。

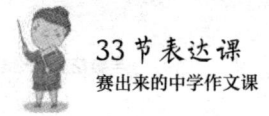

六、习作讲评,分享快乐

(一)选择优、中、差三种类型的作文予以点评

讲评原则:对于优秀习作来说,坚持发现特点,树立榜样;对于中等水平的习作来说,坚持寻找缺点,促进提高;对于一般习作来说,坚持挖掘亮点,激发兴趣。

(二)指名学生上台朗读作文,师生相机点评

学生作品

根

"楚有江汉川泽山林之饶;江南地广,或火耕水耨。民食鱼稻,以渔猎山伐为业,信巫鬼,重淫祀。"

——题记

今天是他时隔五十年后,第一次回到家乡。邻里乡党为了迎接他的归来,特地请了傩戏班子在村子里的戏台上表演。

锣鼓阵阵,大幕拉开,无论男的、女的,都出来了,而且不面向观众,一律背身掩面,女的碎步向后移,像在水上漂一样。台下的观众大叫:瞧!那腰身,那肩头,一身的戏哟。只见那男的,一会儿双摇,一会儿单摇,一边上下飞闪,一边纹丝不动。台下的观众又叫:绝了,绝了!等那角色猛一转身,头一高扬,一声高叫,声如炸雷:豁啷……从人们的头顶碾过,那些面儿才算真真地见着了。

不见也罢了,当真见时,全场一个冷战,从头到脚,每一个指

尖儿、每一根头发梢儿都麻酥酥的：所有的脸都戴着面具，面具底色为红色，额上印画着黑色的火焰，微微带着一点橙黄色火苗，眉毛竖翘，带嗔怒状，眼睛突出，瞳孔放大，呈白色状，双唇下陷，脸颊朝外凸，呈现出一副惊人态。人们纷纷围着傩和神坛站成圈跳起来，男人们依腔随韵，为神巫助歌；女人们则惊讶于神巫的精灵，眼睛睁得大大的，随着神巫的身体转动着……他坐在嘉宾席上静静地看，眼泪簌簌地往下掉……

其实，他的祖上就是唱傩戏的，祖父就是靠着自身山里汉子特有的憨厚和恢宏质朴的唱腔娶回了身姿窈窕、在城里唱京剧已小有名气的祖母。他继承了祖辈的基因，当年家乡闹饥荒，他撇下双亲，到城里以唱戏为生。为了养家糊口，他放弃了原有的土腔土调，改唱京剧小旦——夹杂了家乡傩戏味道的变种。那时他年轻，又是外来户，被戏班子打发到祠堂外的小戏台上。每当人们经过那扇朝阳门时，总能见他扮着女装，摇曳身姿，挥舞盈袖，"家中撇下双亲在，妻儿老小依靠谁……"每每唱起，听的人总能察觉出不同的味道，那些咿咿呀呀的准音未曾变过。日子一天天过去，那股土文交杂的傩戏味儿越来越浓，听他唱戏的人也越来越多。可是他觉得自己不过是身着墨色绣金锦袍唱了一首悲伤漂泊的歌，骨子里的分量依然是飘乎乎的。

如今回到家乡，已是耄耋之年。家中老一辈的人均已离开人世，留下的遗愿竟是让他重唱傩戏。依稀之间，他仿佛看见他的祖爷爷脸戴面具，穿着大红法服，阔步上场献牲献酒，为主人和观众向神祈福……

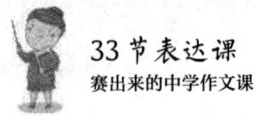

正当他思绪纷飞时，乡长上台致辞，善良的观众给予热烈的掌声，身旁儿时的伙伴咧着没了牙的嘴起哄非要他上台。不知从哪儿来的干劲，他蹒跚地步上戏台，戴上祖爷爷当年的那张无下巴的脸壳，穿上祖爷爷当年的大红法服。绑腿，穿麻鞋，手持打神鞭，走叉步、猫步，时而脚跟着地，时而脚尖用力，时而腾空旋转，时而躬身打坐，猛一转身，头一高扬，一声高叫，声如炸雷：豁啷……

一切都那么顺其自然！老伙伴笑了，依旧是咧着缺了牙的嘴：嗯，就是这种味道，咱祖宗的味道！

（此课例荣获"新作文杯"全国首届中小学作文教学"创课"比赛一等奖）

以"我"观物，文中"有我"

湖北武汉·曾淑君

🍁 创课缘起

任教初中多年，我无数次感叹：现在的学生笔下难见真性情的记叙文佳作。苦思良久后我发现，是因为小作者缺乏"我"的意识，而且这种对自我的淡漠是处于无知状态的。其实对写作而言，重要的不是事件，而是事件在"我"的心灵湖泊上激起的浪花、引发的情感冲突。如果学生在作文中丢失了"我"，那么写作文就只能胡编乱造，或寻章摘句，或无病呻吟，"创作"一篇篇与"我"无关的作文。于是，鲜明的人文性枯萎了，鲜活的个性凋零了，丢失了"我"，压抑了"我"，扼杀了"我"。而写作，需要将人的目光从纷乱的外在引向沉慧的"内在感觉"。基于以上问题，本节意在引导学生用自己的眼去认识事物、观察世界，让文字饱含自我意识。

🍁 创课思路

作文要想有个性化的感受，就需要把接触外界得到的认识、体会、领悟，用恰当的语言真实地表达出来。从角色、形式上看，感他人之所未感，言他人之所未言，这样你的感受就区别于他人，拥有了你的个性表达，你所谈的便是个性化的感受。这就是所谓的

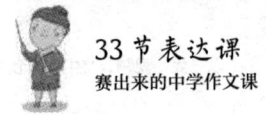

"文中有我"。为此,我以直观的照片给学生视觉冲击,迅速融入教学主题。然后从最容易脱离"我"的游记入手,启发学生开启观察之门,关注心灵感受。再放手让学生自由命题、自主选择、自由表达——写自己最想写的内容,同时进行及时有效的作文评点,让每个学生的作文都得到及时的反馈和矫正,从而增强其表达欲望与自信心。

教学现场

一、导入——神奇的镜头

(说明:屏显两幅图片:第一幅图片是大眼睛女孩特写,第二幅图片是摄影展上被无数手机拍照的照片,此处图略。待学生谈到自己对照片拍摄技法的看法后屏显教师对此的解读。)

作者使用长焦镜头拍摄,使主题放大,视角变小,压缩了空间,突出摄影主体而减少周遭环境在照片中对摄影主体的干扰,起到了烘托主体的作用。另外,这幅图片用近镜头、大光圈对前景进行了虚化处理,这就增加了照片的空间感,同样突出了主体,易于将读者全部的注意力聚焦在画面主人公身上,来仔细分析研读这个山区小女孩的表情与心理,从而引起情感上的共鸣。

摄影作品,尤其是人物摄影作品,要以传"神"为灵魂。对于这幅画来说,它的"神"就是小女孩那双纯净的大眼睛。图片中,作者巧妙取景,画面平衡,使用竖拍,人物充满取景框,对准人物眼睛聚焦,形成一个突出的视觉中心点。在这样的安排下,读者极易被画面的中心——那双大大的眼睛所吸引,走进主人公的内心世界。关于影调，作者采用的是低调、冷色和硬调，以大面积的深暗影像与小面积的浅色影像对比而形成画面，既可以渲染出沉重、忧郁的整体氛围，又可以将拍摄现场中杂乱和与主题无关的背景隐藏在黑暗中，使主体处在明亮处更显突出。同时，这样的拍摄又给作品奠定了一种沉重、忧郁，又使人动力勃发的情绪基调。一方面，小女孩代表山区的贫困儿童，窘迫的现实使进入课堂学习成为一个遥不可及的梦，或者一个极为奢侈的现实，这让我们不禁为他们感到担忧，担忧他们急需知识滋润的心会干涸，担忧他们想要改变命运的梦会中断。但另一方面，在这样艰辛的环境下小女孩还拥有那般清澈坚毅的眼神，这带给从未感觉到生活艰辛、厌烦学习的我们极大的心灵震撼。

师：这两幅图片想要表达的内涵有何不同？

生：我觉得第一幅图片是想表现女孩特别渴望读书的愿望。

师：这属于特写，对吧？你是从哪些细节看出来的？

生：对。作者使用竖拍，人物充满取景框，对准人物眼睛聚焦，形成一个突出的视觉中心点。在这样的安排下，读者极易被画面的中心——那双大大的眼睛所吸引，走进主人公的内心世界。

生：作者采用的是冷色调，大面积的深暗影像渲染出沉重、忧郁的氛围，又将拍摄现场中杂乱和与主题无关的背景隐藏在黑暗中，从而突出主体。

师：请你再仔细观察一下，还有吗？

生：我觉得小女孩蓬乱的头发、肮脏的脸庞与清澈坚毅的眼神形成对比，带给我们极大的心灵震撼。

师：很好！你能从细节处看出主人公的状态，也挖掘出了作者拍摄的目的。那第二幅图片呢？同样是人物，只是镜头拉远了，那么拍摄者想传达怎样的情绪呢？

生：不好说，我觉得它看上去不那么真实。

生：我觉得它像是虚构的，离现实生活很远。

生：作者本意是宣传慈善公益，吸引更多的人参与慈善公益，以帮助那些需要帮助的人，可是这样一来好像就变成了艺术品。

师：很好！摄影者往往通过空间关系来表现心理、情感。两个镜头表现的是同一个事件，可当你改变了景物也就改变了表述的内容。这就是所谓的"有我"。摄影如此，行文亦然。

二、借鉴——以"我"观物的方法策略

1. 写出自己独到的感受

师：《黄鹤楼的风景》和《黄鹤楼游记》这两个作文题目有何不同？

生：我认为一个侧重写黄鹤楼的风光，一个侧重写人的行踪。

生：可是既然写黄鹤楼的风景，"我"怎么会不在黄鹤楼里呢？没去过黄鹤楼，怎么能写出黄鹤楼的风景？

师：《黄鹤楼的风景》就像那些观光导游的小册子，写这本小册子的人也许去游览过，但文章里并没有他的影子，这种情形叫"我"不在里面，也就是在文章里看不出"我"在里面，即"无我"。

生：我明白了，老师说得很对，《黄鹤楼的风景》应该是"无我"，《黄鹤楼游记》应该是"有我"。

生：难道每一篇文章不是"有我"，就是"无我"吗？

师：不仅文章可以这样，每句话也可以这样，比如，"黄鹤楼四面环山"中"无我"，而"我在黄鹤楼上看江流"中"有我"。那我很想在长江里划船呢？

生："有我"！

师：我看见江里的轮船，想起远在他乡的亲人？

生："有我"！

生："有我"与"无我"都体现在文章里有没有"我"这个字吗？

师：写《黄鹤楼游记》这篇文章时，是如此，只要你加上一个"我"字，并且始终不离开这个"我"字，整篇文章的精神面貌就会完全不同。《黄鹤楼游记》是写你在黄鹤楼看到的风景，不是黄鹤楼有什么风景。黄鹤楼里有诗文，如果你没有看见，那么诗文就不重要了。就像本来黄鹤楼下卖茶叶蛋的并不重要，但是如果你买了并感觉到一种别样的情怀，那么它就重要了。

生：那字面上"无我"，实际上"有我"，这种句子又是什么情况呢？

师：嗯。比如"绿杨烟外晓寒轻，红杏枝头春意闹"，这个句子里就"有我"。那么你们说说看，"我"体现在哪里呢？

生：我知道！这句话中的"轻"字体现了作者独特的感觉，因为从客观上看是不会有"轻"这种质感上的评价的。

师：你说得很好！还有吗？

生："闹"字！这里运用拟人的修辞手法，作者用这个"闹"

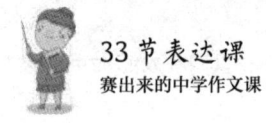

字，意在突出杏花很红很红，就像在枝头欢闹一样。

师：不错！大家悟性很好！游记散文要想避免写成流水账，关键是要写出自己独特的感受。同样的景物，在不同的时代，不同的季节，不同的人笔下，所具有的情韵是不一样的。因为每个人的生活阅历、知识水平、个人爱好都不一样，就算是他们在同一个季节、同一天去同一个地方，所获得的感受也是不一样的。比如，同样写"秋"的美文，如果别人叹"逢秋悲寂寥"，你却能言"秋日胜春朝"，写出你对"秋"的与众不同的感悟，就会让人耳目一新，爱不释手。同为写"雨"，别人写雨的凄冷，你却写雨的热情；别人写淋雨的狼狈，你却写淋雨的欢畅，不也尽显独到的风采吗？故"有我"的独到感悟，则精彩无穷。

2. 建立你对事物独特的认知坐标系

师：如果让你们写一个苹果，要求从不同角度写，那么你们会写什么呢？

生：我会写它的外形、味道。

生：我可能会写这个苹果是从哪里来的，比如，写一个故事，表现母爱、友谊之类的内容。

师：还有从别的角度写吗？

生：可以写牛顿！

生：还可以写苹果公司的标志——残缺的苹果吗？

师：当然可以！看来你们已经了解了，同样一件事可以有不同的角度，这就是在建立自己对事物认知的坐标系。没有自己的坐标系，你就会缺乏逻辑思维能力，就会摇摆不定，就会对事物认识不清晰。我们一旦建好了坐标系，就可以把任何题材都放在里面观察，也就有了观察和判断的角度，也就有了选择和取舍的依据。比如我们这节作文课，如果从这节课的角度命题，那么你们会拟什么题目呢？

生：《一节特别的作文课》《"特殊"的作文课》《一节意想不到的作文课》《非同寻常的一节课》……

师：如果从老师这个角度命题呢？

生：《爱耍花招的老师》……

师：你们拟得都不错。我们还可以从心理变化过程进行命题，比如，《真没想到》《原来如此》等。大家也可以根据自己的爱好及特长选择命题角度，这样文中就会"有我"的。再如，描写一家三口，父亲和母亲争吵，旁边站着他们的孩子，最后两个人打了起来，孩子哇哇哭的场景。这件事有两种写法：一种写法是父亲吵的时候写父亲，母亲吵的时候写母亲，两边来回写。孩子哭了，再写孩子。另一种写法是站在孩子的角度写父母吵架的过程，并重点对这个孩子进行特写。通过对以上两种写法地分析，我们可得出这样的结论，第一种写法就是流水账，第二种写法有角度、有想法、有判断、有意义，表现的是父母吵架对孩子的心理影响。

三、实践——我手写"我"心

师：请同学们思考一下，如何用客观事物来表现自己的心情。下面我们来尝试着写一个"景中有我"的片段。

学生作品

片段一：

我走在回家的路上，身旁的香樟树依旧散发着那股令人心安的淡淡的香味，平日里聒噪的蝉鸣此刻听来却像悠扬的乐章。林荫道下满布我和他们的脚步，空气中弥漫着欢笑与泪水。那块光滑的石板，画满笔记的倡议，簌簌落下的黄叶……阳光从树缝里洒下来，直直地落在林荫道上，风轻轻地滑过脸庞，远处的汽车发动了……

片段二：

渐渐长大后，我离老家渐行渐远，但老家那一片清澈的月光始终倾泻在我的脑海中，牵动着我的思念。我透过沾满灰尘的窗不停地寻找它，我穿过层层高耸的楼寻找它，我站在城市的霓虹灯下仰望它，那清冷的徘徊却最终被闪烁的光芒湮没，终不可见。

片段三：

远处的田野里躺着割下的麦子，脚下的销路好像通往天边。乌云沉重，不知上面压着什么。为什么四周的屋子都没有开灯？风好大，"呼呼"地刮着。不知过了多久，雨来了，地上的裂纹渐渐地消失了，最终变成了泥。我脚上的泥越来越多，步子越来越沉重，终于回到家，我坐在暗红色的沙发上，打开电视，综艺节目刺耳虚假的笑声回荡在空荡荡的屋子里……

片段四：

忽然下起了雨，我无处可躲也不想躲避。雨点一滴滴地落下，越来越密，敲打在树叶上发出刺耳的声音。雨越来越大，似乎永远都不会停……

片段五：

我走在回家的路上，寒风"呼呼"地吹着，街道两旁梧桐树的叶子"沙沙"地摆动着，鸟雀叽叽喳喳叫个不停。马路上车水马龙，每辆车都发出尖锐的鸣笛声。我恍惚中走到家门口，才发现自己手中的试卷早已被汗水浸得湿透。

片段六：

明明已踏入五月，可那风吹过来还是让人觉得很冷。看上去青翠欲滴的树叶居然也片片飘落，虽然它死死地抓住树枝。只有月还是明亮的，黑夜中河水慢慢地将落叶坠下点出的波纹一圈圈平复了，夜，又恢复了宁静。

（此课例荣获"新作文杯"全国首届中小学作文教学"创课"比赛一等奖）

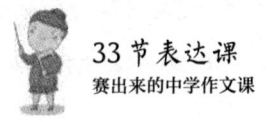

无声也能胜有声

江苏南京·王 瑞

🍁 创课缘起

有一天,家人在看电视剧,我没有听到电视的声音,却不时地听到他们发出一阵阵笑声。我好奇地瞅了一眼,原来是在看小品《胡椒面》。只见陈佩斯看见朱时茂解开扣子,以为要打架,大惊,也解开自己军绿色的薄棉袄,站起身。朱时茂脱掉衣服,陈佩斯也脱掉衣服,摘下帽子,做健美操动作,显露肌肉,还用蔑视的眼光看着对方。两人没有太多对话,却很吸引人。我也被他们夸张的样子逗乐了。我敏锐地捕捉到这一教学良机,并想起上次作文的一大弊病:学生写作时大多以对话凑字数为主,缺乏生动的细节,没有画面感,导致人物形象不鲜活。我想:写人叙事是否可以像这个小品一样,以无声的刻画来展现人物特点呢?于是,我以这个小品为观察点,教学生如何更鲜活地刻画人物。

🍁 创课思路

为了让学生意识到"无声"细节描写对人物刻画的重要性,我选择小品《胡椒面》中主人公的动作和神态表演片段播放给学生看,将其作为写作素材,让学生当编剧,仔细观察演员的外貌、动作、神态等,把其中最感兴趣的镜头写成剧本,在交流中提炼"无声"的细节描写方法。然后以《望江南》为例，引导学生选镜头，添加细节，使习得的写作方法学以致用，以突出细节描写的合理化和明晰化。最后在互评和修改中进一步学习他人之长，补己之短，提升写作水平。

教学现场

一、创设情境，设疑激趣

师：同学们，今天我们来表演小品。

（学生刚开始都很惊异，然后欢呼雀跃）

师：老师写了一个剧本，请大家推荐两个演员表演。

（屏显）

一个知识分子和一个工人同坐在饭馆的一张桌子上吃饭，两个人抢一瓶胡椒粉。最后，知识分子拿走了胡椒粉，那个工人对着服务台喊："师傅，戴眼镜的把胡椒粉拿走了！"他见没人理会，就把大碗塞进怀里拿走了。

生：老师，这怎么演啊？完全看不懂它想要表达什么。

生：两个人物是怎么抢的，为什么抢？交代得不清楚啊！

生：老师是想让我们表演怎样的两个人呢？

……

二、角色体验，交流表达

师：这个剧本是老师看了小品《胡椒面》后写的，从你们的反应来看，老师写得不好。那么，下面大家一起来看这个小品，帮老师修改一下剧本吧！你们先自己看，然后在小组内分享给你留下深

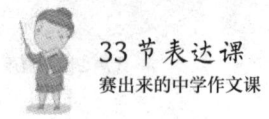

刻印象的镜头,并根据这一镜头,为剧本添加一些细节。写好后,在本组内推荐一到两名演员,一个人读剧本,另一个人按照剧本真实、细致地表演。

(屏显)

请大家看看小品视频,在小组内分享给你留下深刻印象的镜头,并根据这一镜头,为剧本添加一些细节。

(教师播放小品《胡椒面》部分视频,学生观看后按要求写,然后分小组交流、讨论。小组代表展示,其他学生补充)

生:只见工人急促地吞下一口馄饨,但在即将吞下的那一刻,他又立刻吐了出来,一只手摸着烫着了的喉咙,另一只手拿着筷子用力地搅动着馄饨,边搅边用嘴吹,又硬生生吞下去一个,咽了下口水,还不忘用手捂住肚子……

生:他添加了许多动作描写,很形象。此外,还可以加一些演员的表情,比如一开始看着馄饨准备开动的时候,眼睛瞅着,眼里全是香喷喷的馄饨,口水都快流出来了。后来烫着了的时候,那个表情立刻就变了……

师:你观察得很仔细。听了你的讲述后,老师都能想象出吃馄饨被烫还忍着吃的样子。总之,动作、神态细节变化的添加,可以使这个大大咧咧的人物更加鲜活。

(板书——细)

生:我认为还可以加入外貌描写。两个人的身份、性格不同,穿着自然也会不同。例如,陈佩斯饰演的是民工,行为举止不讲究,所以他的帽子是歪着戴的……

师：不错。现在请你在本组推荐一到两名演员，一个人读剧本，另一个人按照剧本真实、细致地表演。

（屏显）

在本组中推选出写得最好的剧本，并推荐一到两名演员，一个人读剧本，另一个人按照剧本真实、细致地表演。

（学生表演后，教师点评、总结）

师：这个小品本身，虽然陈佩斯只在结尾处说了一句话，但是成功在两个演员幽默夸张的动作、神态展示上。虽然时间短，但是因为剧本对剧中人物的形象特征、形体动作等都予以了详细描述，使得表演的学生能够尽情地发挥，所以成功地展现了人物的特点。可见，即使没有过多的对话，也会很精彩！这让老师想到一句话：此时无声胜有声。

（屏显）

此时无声胜有声。

——白居易《琵琶行》

师：其实，我们平常的写作与写剧本有很多相似之处。上次许多学生的作文中，都出现了一个问题，一开始简单地介绍事情的起因，然后用对话凑足字数，最后以寥寥几句话结尾。只用三言两语描写重点场面与经过情形，忽略人物的活动，对人物的外貌、神情、动作、心理变化等一笔带过，使得文章平淡无趣，人物形象不突出。而从刚才大家所写的内容我们可以看出，虽然对话不多，但动作、神态等无声的细节描写都能传神地刻画人物形象，给人以逼真形象之感。因此，我们在写作时不仅要关注人物的对话，还要观

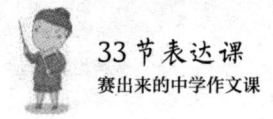

察他们的外貌、言谈举止,甚至需要揣测人物心理。

三、细节打磨,快乐写作

师: 同学们,你们刚才做"编剧",任务完成得很出色。现在老师请你们来当导演,根据学过的《望江南》来拍摄一个短片,展示中国古代女子对久久不归的丈夫的思念。我们先以第一句"梳洗罢"为例,根据这三个字,你们会选择什么镜头?

(屏显)

望江南

温庭筠

梳洗罢,独倚望江楼。过尽千帆皆不是,斜晖脉脉水悠悠。肠断白蘋洲。

生: 我认为第一个镜头应展示窗外的景色。

师: 请你具体说一说。

生: 天刚亮,路上还没有行人。说明女子起得早,早早地来到江边等候丈夫。

生: 我认为这时天还没有亮。女子盼夫心切,可能一夜没有入睡,天不亮就起床,说明心情急切。

师: 在镜头中,怎样表现天还没有亮呢?

生: 我选择的镜头是,天还是黑的,树梢上挂着月亮淡淡的影子,天边隐隐闪现泛白的痕迹。

师: 很好。你能够真实、合理地揣测人物的心理。

(板书——真)

生: 我选择的镜头是,女子坐在镜子面前梳妆,镜头对准镜子里的女子，她一改往日的倦容，此时面带桃花，眼中含笑，画眉，涂唇。

师：你不直接写女子的外貌，而是写镜中画面，"女为悦己者容"，这镜头多妙啊！

生：我觉得此时镜中的女子眼中可能还有泪花，因为她独守空房很久，可能终日以泪洗面，此时回想起那曾经孤独的过往，不禁心酸起来。

师：是啊！曾经的思念，此时顷刻间汇聚成泪，难以抑制地、纵情地流下。这眼泪里是多少日夜的苦等啊！

生：她可能也会回想两个人曾经美好的生活，而现在终于要梦想成真了，流下了幸福的眼泪！

师：可以说是苦尽甘来，喜极而泣。

生：我选择女子起床的镜头，因为她起床的时候心情一定很高兴。

师：大家说说这个镜头怎样？

生：我觉得他选得不好，因为她每天都起床，所以他选的镜头不能说明她高兴。

师：你说的很有道理。我们拍摄镜头要选择最重要的、最能体现主题的画面。写作也是这样，添加细节就是要挑选特写镜头，不能太宽泛，而要精准，恰到好处。

（板书——精）

师：这些无声的镜头让老师眼前仿佛出现了那个多情的女子。大家独具慧眼，选的镜头都很恰当，这也说明大家在文学创作上有

很大的潜力，会合理地想象，外貌描写、动作描写、神态描写、语言描写和心理描写的运用使得人物形象更加生动形象，加入的细节真切、细致、精当。现在请大家根据刚才所习得的方法，选择《望江南》中的其他句子，进行扩写。

（学生写练笔）

四、习作互评，分享快乐

师：请大家以小组为单位，挑选出最优秀的文章，相互借鉴；挑出改进空间最大的文章，提出改进建议。

（学生迅速展开讨论，讨论结束后，小组代表展示）

望着一只小船悠悠地出现在天际边，女子顿时又精神起来，眉宇间不禁流露出对未来生活的一种期待与欢喜，手紧紧地握着栏杆，身体前倾，极目远视，恨不得那只小船立刻出现在眼前。小船终于靠岸了，一个个陌生而疲惫的人走下来，不是；那个，也不是……眼中原本的神采也消失了，像沉寂的夜空一样。女子往回缩了缩身子，又倚在旁边，开始等待下一只小船。可是，一直等到太阳落山，一直等到江面上没了船只的影子，一直等到眼睛通红，一直等到期望被失望淹没，也不见其君。

生：我觉得对女子的动作和神态描写得很逼真，真实地表现了女子难以抑制的激动和兴奋。

生：这段文字写得详略得当。作者重点描写了小船来时女子的情态，其他的均略写，并且做到了细节精当，不拖沓。

师：不错。细节的精当，使得省略的部分也能给我们提供更多的想象空间。

……

师：现在请同学们根据大家刚才点评的亮点，在自己的练笔中选择一小段进行修改。

（学生修改。教师请部分学生分享他们修改前和修改后的练笔，对改进显著的，报以掌声鼓励）

五、课外提升，修改作文

师：同学们，这节课我们体会到了写作中"无声胜有声"的魅力，细腻的外貌、神态、动作、心理描写可使人物形象更加鲜活生动，一改往常用语言描写堆砌文字的风格。同时，我们也要在生活中仔细观察，这样才能在写作时精准地挑选凸显人物性格的细节。

让我们用心感受生活，用无声的文字描绘出那些动人的瞬间吧！

（屏显）

课后作业：

1. 根据课堂所学的写作方法和注意事项，修改上次的作文，删去不必要的内容，将重点部分进行扩写，添加无声的细节，使人物鲜活起来。

2. 在班级群中看卓别林的无声表演视频，用生动的语言描绘出他的表演；将《望江南》扩写成一篇不少于600字的文章。两个作文题目二选一，写好后，把文章发在班级博客上。

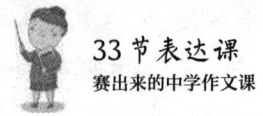

学生作品

望江南

　　一个凉风习习的清晨，万籁俱寂，悄然无声，偶尔有清冷的风拂过。抬头望天，天还没有亮，半轮清幽的月高挂在天空，洒落一地的清辉。

　　然而，就在这静谧的清晨中，有一家已经点起了灯，在四周漆黑的院落中格外显眼。我从窗口望去，只见一位身形玲珑有致、体态娇弱的美貌女子坐在梳妆台前。三千青丝垂下，她拿起散发着桃木香味的木梳，一下一下地梳理着墨黑浓密的长发。她美丽的面容上带着几分喜悦与期待，眉宇间又堆了几分愁思，正是那"剪不断，理还乱"，怎一个"情"字了得！片刻后，我又见她用指尖沾了些胭脂往脸上抹去，晕染开了几缕红晕，正是"人面桃花红"！那纤细白皙的玉手，拿起眉笔，对着面前的小铜镜细细地描起来，眉如远山青黛，目如小杏含香，几分娇俏，几分柔情！那一抹水莲花不胜凉风的娇羞，又寄托了对谁的柔情似水？她面容又柔美了起来，目光如春水般柔软，带着喜悦与期待，又添了一份怀念与缠绵的眷恋。兴许是回忆起了过去与夫君一同游览美景，共同嬉笑玩乐的场景，又想到自己的夫君即将回来，两人互相陪伴的美好景象了吧！她微微一笑，对着镜子又抿了一下娇唇，唇如红花瓣般鲜艳美好。选了一只夫君最喜欢的簪，斜斜地插入发中，珠玉叮咚。她对着镜子一照，这才满意。欢快地走到衣橱前，看着这件，比比那件，最终选了一件夫君最喜欢的衣裙穿上。走起路来，步步婀娜生姿。她脸上又添了些愉悦，连脚步都不由得轻快了许多，兴许是觉得，很快能看到夫君了吧。她提着灯轻轻拢了门，向江岸走去，路旁的花草上，缀满了盈盈生光的露珠，偶尔也反射出微微的晨光。凉风习习，在这寂静的清晨，令人不由得生了几分凉意。她斜斜地倚靠着栏杆，娇柔似弱柳扶风。一袭淡青的衣裙，在风中挽起一朵又一朵的莲花。她那坚定又喜悦的眼神，一直盯着江面。许久，江面无船。她的眉宇间染上几分急切与哀愁，隐隐有些惴惴不安，但她又压制了下去，心想：一定是我起得太早了吧，夫君还没有上船呢！过了一段时间，终于有一只船驶来，她急切地凝神端望着，那是一位身穿灰布长衫的读书人，一身儒雅的气质，却并不是她的夫君！不是，不是，还不是。一艘一艘的船驶来，一个又一个的人走下船，但都不是她的夫君，她不禁悲伤起来。

此时，已是黄昏，归雁飞来，掠过天际，江水远去，金色的流光荧荧。一阵凉风袭来，寒意又添了几分。夕阳西下，残阳如血，逐渐散尽，可这思君之情，却如流水般悠悠。等不得，苦离别，怎一个"悲"字了得！相思愁，悲怆上心头，忍不住泪流，肠断白蘋洲。

（此课例荣获"新作文杯"全国首届中小学作文教学"创课"比赛一等奖）

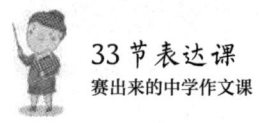

让光影照进作文

湖北武汉·张利琼

创课缘起

在工作中，我经常听到同事们吐槽作文课，往往是老师讲得卖力，学生听得无力，其效率极低。我也有同感。穷则思变，我花了很长时间琢磨作文教学的突破之法。我是一个电影爱好者，对优秀的影片有着浓厚的兴趣。一天，我无意中在网上搜到了一部电影《小鞋子》，最开始看时还漫不经心，越往后看越被剧情所吸引，看到最后十多分钟，我泪流满面。这样一部低成本制作的电影何以能够打动全世界的观众呢？我认为是细节的力量。我突然来了灵感：我们在教记叙文写作时最需要突破也最难突破的是如何让学生学会运用细节描写。何不以这部电影为例来引导学生学习如何在记叙文中运用细节描写呢？

创课思路

这堂课的主要目的是用电影激发学生的写作兴趣、启发学生学会运用细节描写的写作方法，而我把电影引入写作课，是基于电影艺术和文学艺术有很多表达上的相通之处。我大致设计了以下教学环节：第一个环节，看电影，说细节，感受细节强大的力量，进行体验式学习，这个环节是想达成"老师不教，电影教"的目的，进而达到用情感体验代替知识传授的效果;第二个环节,读经典,悟细节,向电影和文学作品学习细节刻画的方法,进行领悟式学习;第三个环节,写生活,用细节,学会用文字"拍摄"生活的电影,进行实践性学习。

教学现场

一、现场调查,导入激趣

师:老师工作之余有三大爱好——读书、旅行、看电影。我们来做个现场调查,在座的同学爱看电影的请举手!

(很多学生兴高采烈地举手)

师:今天我们上的是我的系列电影课程"看电影,学写作"中的一课——《让光影照进作文》。

二、看电影,说细节,感受细节强大的力量

师:有这样一部电影,它不仅获得了1999年奥斯卡最佳外语片奖的提名,还获得了许多其他国际大奖,更取得了绝好的票房成绩,它被誉为"世界上最伟大的儿童影片"。也有人认为将它定位于儿童影片太委屈了,它更是一部民族电影。它就是伊朗电影史上第一次入围奥斯卡最佳外语片提名奖的影片《小鞋子》,又名《天堂的孩子》。请同学们先阅读屏幕上的内容了解这部影片的剧情。

(屏显)

阿里取回为妹妹沙拉修理的小鞋子时,不慎把这双妹妹仅有的鞋子弄丢了,为了免除父母的惩罚,他与妹妹达成协议:每天妹妹

上学时穿他的鞋子,放学后再换给他去上学。于是兄妹俩每天交换着穿一双鞋。

阿里了解到全市小学生长跑比赛季军的奖品是一双鞋子,他苦苦哀求老师批准他参加比赛,一心想得季军,为妹妹赢得一双鞋子,却得了冠军。

师:从剧情上来讲,这部影片的剧情非常简单,仅仅讲述了一对兄妹与一双小鞋子的故事;从场面上来讲,电影里百分之九十以上的背景都是简陋粗糙的,陈设都是陈旧不堪的;从技术上来讲,除了阿里赛跑一段用了慢镜头以及旋转摇移等拍摄手法渲染紧张气氛之外,平实的摄影风格贯穿始终。那么,究竟是怎样的力量使得这部电影从它问世以来便一直深深叩击着人们的心灵呢?我第一次观看这部影片时,眼里含着泪,嘴角洋溢着笑。我的心被影片中的一些细节所打动。

(屏显)

什么叫细节?

生:细小的情节。

师:说得不错。

(屏显)

细节就是细小的环节或情节,说得更具体一点,是指人物、景物、事件等表现对象富有表现力的细枝末节。

师:由于时间关系,我们在课堂上不能观看整部影片,就让我们一起观看影片最后的10分钟吧。请大家边看影片边用关键词记下影片中那些打动你的细节。

（师生观影10分钟）

师：请大家先在小组内分享一下打动自己的细节，然后我们请各组派出代表在全班分享。

（小组讨论）

师：好，现在是全班分享时间。

生：阿里在奔跑时因过于疲惫跌倒了，他爬起来，眼神里充满坚毅，继续向前冲去。他的喘气声很重、很清晰。

师：你关注到了阿里的动作和神情，"坚毅"这个词用得好！

生：阿里冲线后，老师跑上前对他说："阿里，你真棒！"筋疲力尽的阿里问老师的第一句话是："我是不是得了季军？"

师：你关注到了电影中人物的语言。

生：阿里获得了比赛的冠军，校长、体育老师都来和阿里合影，阿里却把头埋得深深的。摄影记者在给他拍个人照时要他抬起头来，他抬起头时，一脸沮丧，眼里还闪着泪光。

师："沮丧"是阿里的表情，也是阿里的心情。你把阿里的神情观察得很仔细，抓得精准。阿里为什么沮丧？

生：是因为他没能为妹妹赢得一双球鞋。

师：你还关注到了什么细节？

生：随着集体奔跑的嘈杂声和喧闹声隐去，我们只听见鸟鸣声和徐徐的风声。

师：其他的同学关注的是人物，而你关注的是环境，这叫"景物细节"。你能理解导演设计这个细节的匠心吗？

生：鸟鸣声和微风声能带给人愉悦的感受，它是不是预示着这

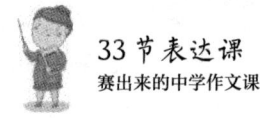

个故事有一个美好的结局？

师：是的。

生：阿里拿到冠军后回到家，在水池边脱下鞋，只见鞋底已被磨穿，完全不能穿了。阿里脱掉袜子时痛得龇牙咧嘴。

师：你也关注到了阿里的动作和神情。这个细节表明什么？

生：这个细节从侧面反映出阿里奔跑时倾尽了全力。

生：阿里把脚放进水中，一群美丽的金鱼欢快地游过来，环绕在他的脚边，似乎在与他嬉戏和低语。

师：当你看到这个画面时，你心中涌动着什么感受？

生：我非常感动，金鱼似乎在"安慰"阿里。

生：这个画面太美妙了，让人有种流泪的冲动。

师：你是一个善于感受的孩子。我也有强烈的同感。

生：我想补充一下阿里赛跑过程中的一个细节，有一个时间点他好像是队伍中的第二名，他扭头看了看后面，稍微放慢了脚步。此外，还有一个细节，当后面的人超过他时，他拼命想追赶上去。在这样激烈的竞争中，阿里既想落到第三名，又不想跑到第一名和第二名，他的内心是多么煎熬啊！这个细节让我非常感动。

师：同学们对影片中细节的感受非常到位。正是因为这些细节的再现，才使得这样一部简简单单的电影震撼人心。

（屏显）

细节的力量是巨大的。

师：那么，是不是只要是细小的环节就能打动人？

生：不是，这个细节要能突出人物形象和电影的主题才能打动人。

师：也就是说，选择的细节必须典型。这些能够打动我们的细节，看似普通，其实是编剧和导演非常用心营造的。同学们再看，这些细节全部是以人物为刻画对象吗？

生：不是。有人物，也有情节和景物。

师：对。细节有人物细节、景物细节和情节细节等。影片主要通过哪些方面的细节来表现阿里这个人物形象呢？

生：动作、神态、语言……

师：不错。电影是视觉艺术，自然也呈现了阿里的外貌。那么电影是如何展现阿里的心理的呢？

生：电影中呈现的动作、神态、语言等方面的细节都是阿里心理的真实写照。

师：说得非常好。电影常会通过人物的动作、神态、语言等来表现人物的心理。

三、读经典，悟细节，向电影和文学作品学习细节刻画的方法

师：电影是一门艺术，文学也是一门艺术，艺术与艺术之间在很多方面是相通的。接下来，我们就探究一下文学作品中的细节刻画与电影中的细节刻画的相通之处。请大家看屏幕上《背影》片段。哪位同学来朗读一下这段文字？

（屏显《背影》片段并请学生朗读）

父亲是一个胖子，走过去自然要费事些。我本来要去的，他不肯，只好让他去。我看见他戴着黑布小帽，穿着黑布大马褂，深青

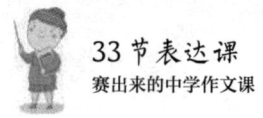

布棉袍,蹒跚地走到铁道边,慢慢探身下去,尚不大难。可是他穿过铁道,要爬上那边月台,就不容易了。他用两手攀着上面,两脚再向上缩;他肥胖的身子向左微倾,显出努力的样子,这时我看见他的背影,我的泪很快地流下来了。

(学生朗读后,教师解读)

师:正是这样一段文字,为中国文学贡献了为人父者的特殊面貌——背影。它让作者流泪,也让无数读者流泪。其实,作者想要写的也就这么一层意思。

(屏显)

我看见他艰难地穿过铁道。

师:通过阅读这个片段,你从中发现了什么奥秘?

生:原文运用了细节描写,将父亲过月台的过程写得细致入微。

师:作者是怎么将父亲过月台的过程写得细致入微的呢?

生:运用一系列的动词来展现父亲过月台的过程。

师:你分析得不错。大家一起来找找看这段文字用了哪些动词?

生:走、探身、穿过、爬、攀、缩、倾。

师:我们现场来示范一下父亲过月台的动作,想一想,能不能换成其他的动词?

生:不能。

师:作者描写的这段文字和"我看见他艰难地穿过铁道"一句相比,前者用一系列的动词有什么好处呢?

生：将过月台的整个过程延长了。

师：嗯。如果将这段文字拍成电影，镜头应该呈现父亲的每一个动作，这样才会有感染力。这个镜头会让你联想到《小鞋子》中的哪一组表现人物动作的镜头呢？

生：阿里在奔跑时跌倒了，他爬起来继续向前冲，并大声地喘着气。

师：我记得这组镜头在电影中是以慢镜头的形式呈现的，慢镜头很好地突出了动作细节，这一点和《背影》中的这段文字有异曲同工之妙。

师：那能不能从电影中和文学作品中找到刻画动作细节的共同方法呢？

生：写一组动作而不是一个动作。

师：是的。那么，怎么变一个动作为一组动作呢？在我看来，我们可将动作细化，这样就延长了整个过程。在表述的时候，我们用的动词一定要尽可能地精准。我们可提炼成以下几个四字短语。

（屏显）

细化动作，延长过程，锤炼词语。

师：我们再来研究一下如何用细节来表现人物的外貌和神情吧。下面我们先回顾一下电影《小鞋子》，导演抓住什么来表现阿里的外貌和神情？

生：我印象比较深刻的是阿里的眼神和泪光。当阿里获得冠军时，摄影记者在给他拍个人照时要他抬起头来，他的眼神尽显沮丧，眼里还闪着泪光。

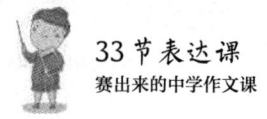

师：眼神和泪光是很微小的细部，因此我们写人物的神情，就要善于抓住细部。下面我们一起来欣赏一首经典歌曲的歌词，感受一下这首歌是如何表现人物神情的。

（屏显）

像一阵细雨洒落我心底／那感觉如此神秘／我不禁抬起头看着你／而你并不露痕迹／虽然不言不语／叫人难忘记／那是你的眼神／明亮又美丽

——《你的眼神》

师：这首歌的词作者抓住了什么神情？

生：眼神。

师：作者运用了什么手法来描绘眼神？

生：作者不仅调动感官，发挥想象，而且运用比喻的修辞手法，把"明亮又美丽"的眼神带给人的感觉比成是"像一阵细雨洒落我心底"。

师：你分析得不错。我们来小结一下刻画人物神情的方法。

（屏显）

抓好细部，巧用修辞，调动感官。

师：我们再来研究一下人物的语言。我们所熟悉的《小鞋子》中阿里的台词多吗？哪一句给你留下的印象最深刻？

生：阿里的台词很少。我印象最深刻的是阿里冲线后问老师的第一句话是"我是不是得了季军"。

师：为什么你印象最深刻的是这一句？

生：因为几乎所有的参赛选手都想得到冠军，但阿里却想得到季军,这说明小小年纪的他不是为了名次和最好的奖品去参赛,而是想为妹妹赢得一双鞋子。他的这句话很好地体现了阿里人小责任心大、信守承诺的性格特点。

师:看了这部电影后,我们再来读经典文学作品。屏幕上呈现的这段文字你们应该很熟悉吧。它来自哪篇课文?

(屏显)

我和母亲走在前面,我的妻子和儿子走在后面。小家伙突然叫起来:"前面也是妈妈和儿子,后面也是妈妈和儿子!"我们都笑了。

——莫怀戚《散步》

(教师请学生朗读文段中儿子的话)

生:《散步》。

师:这段文字需要重读哪个词?要读出什么来?

生:这段文字需要重读的词是"也",要读出童趣,读出惊喜,读出儿子的机灵劲。

师:从他朗读的这段文字里,你听出这是一个怎样的儿子?

生:天真活泼,聪慧机灵。

师:想一想,在整个散步的过程中,儿子可不可能只讲了这一句话,如果不只讲了这一句话,那么作者为什么会选择这一句来写?同学们可以联想前面我们对电影台词的分析来思考这个问题。

生:儿子肯定不只讲了这一句话,但这一句话最能体现儿子的性格特点。文中儿子的童真童趣和活泼聪慧的特点正是通过这一句话才得以体现。

师：由此可见，电影和文学作品中描写语言细节的方法是相通的。

（屏显）

选典型语，一语传神，突出性格。

从电影和文学作品中，我们学到了描写动作、神情、语言的方法，总结如下。

（屏显）

刻画动作细节：细化动作，延长过程，锤炼词语。

刻画神情细节：抓好细部，巧用修辞，调动感官。

刻画语言细节：选典型语，一语传神，突出性格。

四、写生活，用细节，学会用文字"拍摄"生活的电影

师：看电影，说细节，感受细节强大的力量；读经典，悟细节，向电影和文学作品学习细节刻画的方法。接下来，我们来尝试写生活，用细节，学会用文字"拍摄"生活的电影！

（屏显图片《牵手》）

师：老师来分享一下自己用文字"拍摄"的生活微电影。请大家看屏幕上的照片，这张照片是我在武汉的东湖梅园拍的，照片上的这对老人是我的父亲和母亲。前年我的母亲做了一次手术。母亲病愈后，我发现一个生活细节，无论是爬楼梯还是走平路，父亲都会紧紧地牵着母亲的手，而母亲则会听话地让父亲紧紧地牵着，神情恬静安然。你看画面，我高高瘦瘦的父亲牵着我矮小的母亲，一步步地，稳稳地，走向梅林深处，走向美好深处。我曾悄悄和父亲说："妈妈已经恢复了，她自己能独立行走了。"父亲说："只有你妈走得稳稳的，我才心安啊。"我的父亲和母亲没有读过《诗经》中"执子之手，与子偕老"的句子，却很自然地做到了。

同学们，画面上我的父亲母亲是幸福的，画面外拿着手机拍摄他们的我幸福着并快乐着。他们牵手的细节让我真正领悟到了岁月静好的真正内涵，并获得一种生活的力量。

（屏显）

细节，不仅是艺术表达的力量，也是生活的力量。一个懂得关注细节的人，一定是个懂得感受爱和幸福的人。

师：同学们，你们的父母也都有老去的那一天，彼时彼刻，会是怎样的场景呢？请同学们结合现实生活中爸爸或妈妈的形象，展开合理的想象，以《当您老了》为题，拍摄属于你的爸爸或妈妈的一部微电影。

（屏显）

对于记叙文来说，最令人铭记的是，细节；最感动人心的是，细节；最有力量的是，细节。最是细枝末节处，一枝一叶总关情！

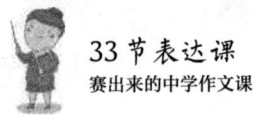

观察生活中的细节,摹写生活中的细节,让细节充实我们的文章,让细节丰富我们的心灵!

学生作品

当您老了

——写给妈妈

喊您一声"老妈",奶奶便轻声呵责:没大没小,加个"老"字干什么。爸爸则半开玩笑:想把你妈喊老吗?但我觉得这个称呼会让人倍感亲切。其实,您一直都是我幼时记忆中的模样,丝毫无变化,而我又那样笃定您不会变老,所以,我虽嘴上说您"老",心里却盼望您永远不会变老,可是您真的会如我所愿吗?

当您老了,头发白了。在午后清闲的时光中,风和鸟都缄默无言,只有和煦的阳光温暖地拂过。在靠窗的位置,您用右手提起一把轻巧的雕花木椅,缓慢地,一步一步地挪到明黄的阳台上,您显得微微有些吃力,弯下身子,再将木椅轻轻搁在地上。半转过身,扶着椅背,背朝着太阳坐下,然后在暖暖的阳光下沐浴着,微眯起眼。伴着阳台上花草四散的芳香,舒服地打个盹,轻靠椅背,像只慵懒的猫。此刻的您,没有年轻时的激情,没有年轻时的容颜,但一直拥有我对您的爱。哪怕脸上有苍老的皱纹,哪怕行动不再利索,依然有一个人爱着您,爱您的一切,爱您的灵魂,就像您爱我一样。

当您老了,步子慢了。您会捧出一摞旧照片,平放在膝盖上,每一张仔细端详，咀嚼回味逝去的过往，细数年轻时的快乐时光，细数那段细水长流的日子。也许您会指着照片上的一处景点问："原来我们去那里玩过！什么时候去的？我都忘了。"也许您会看着我小时候的照片感叹："这么一丁点儿的小孩，转眼都长这么大了。"然后开始不厌其烦地讲我儿时的糗事和乐事。您放心，到时候我一定会坐在您身旁，陪您一件一件、一遍一遍地重温过去，陪您一起开怀大笑，陪您一起叹息。也许您还会拿出您高中时的毕业照，看着当年的自己喟叹："那时候头发好黑呀，不像现在白花花一片。"我一定会温柔地搂着您的肩，告诉您："哪有！在我眼里，您一直都很漂亮，永远是我最爱的妈妈！"不在乎岁月变迁，不在乎您步履蹒跚，不在乎您总爱犯困，不在乎您唠叨……

只因为我爱您。当您老了，请您记得，有一个人对您的爱，始终如一。

（此课例荣获"新作文杯"全国首届中小学作文教学"创课"比赛一等奖）

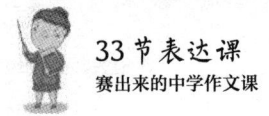

浓妆淡抹总相宜

江苏无锡·孔卫琴

创课缘起

无锡市江阴市第七届"望江杯"读书知识竞赛七年级新生的名著阅读试卷上有一道微写作题:在《爸爸的花儿落了》一文中,因为想逃学,小英子挨了爸爸打,哭了;后来爸爸又送来花夹袄和两个铜板,小英子又哭了;再后来,爸爸在医院过世了,小英子却没有哭。在此过程中,"哭"与"不哭"都表现了小英子的成长。请你结合自身经历,写一写,你生活中的"哭"或者"不哭",并写出你对此的认识或感受,其中对"哭"或"不哭"的描写,是考查重点。经过统一阅卷后,我们发现很多学生都是有记叙无描写,或者有描写却不恰当,学生在写作过程中呈现的问题便是作文教学的良机。让学生在课堂上了解描写,学一点描写的方法,便是这节创课的依据。

创课思路

七年级学生对描写并非一无所知,在写作过程中也会有意无意地用到描写,但学习描写到底有什么诀窍,怎样才能在写作过程中用好描写,学生并不是很清楚,也缺少具体的操作方法。上海师范大学教授郑桂华曾经在作文课《描写的奥秘》中将描写梳理为三个层次：是什么—怎么样—像什么。王荣生教授主编的《写作教学教什么》中提道：描写，实际上是两件事，一件事情是把瞬间发生的事情展开来；另一件事情是把综合性的事情分解开来。所以，这节课我试图通过三个环节实现教学目标：七嘴八舌说礼物、各尽其能写礼物、或情或理悟礼物。其中"七嘴八舌说礼物"是引子，"各尽其能写礼物"是这节课的重点，"或情或理悟礼物"回扣描写。

教学现场

一、七嘴八舌说礼物

师：有句话说"千里送鹅毛，礼轻情意重"，其实我们都喜欢礼物，不管礼物轻重。（板书：礼物）同学们肯定也收到过自己喜爱的礼物吧？如果你曾收到一件令你至今难忘的礼物，那么请你说说是什么礼物。

生：贺卡。

生：毛绒玩具大白。

生：一套乐高。

生：一套书，里面有《爱哭的女生也坚强》《智慧比漂亮更重要》等。

生：一个长途电话的祝福。

生：一个闹钟。

生：一个小黄鸭玩具。

生：同学在QQ上送的祝福。

师：谁送给你的。他为什么会送给你礼物？

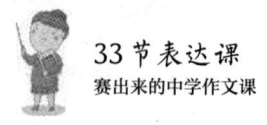

生：爸爸送我的生日礼物。

生：过年时，叔叔带给我的礼物。

生：朋友送我的生日礼物。

生：我爱看书，所以，阿姨经常送书给我。

师：同学们收到的礼物真丰富，也很具体，看得到，摸得着，听得见。有些礼物，不一定来自别人的馈赠，也可以是大自然或社会的赠予带给你的心灵感受，那你收到过这样的礼物吗？比如说——

生：我觉得雨后彩虹就是大自然赠予我的礼物。

师（追问）：为什么？

生：那次考试我数学考得很糟糕，回家被妈妈批评了一顿，我哭着跑出家，正好雷阵雨刚过，我漫步在小区的花园里，突然看到天上出现了一道彩虹，彩虹唤起了我重新奋斗的勇气，所以我觉得彩虹就是大自然馈赠给我的礼物。

师：说得真好，还有吗？

生：我觉得我每天在上学路上遇到的朝阳就是大自然馈赠我的礼物。它蓬勃有力，努力向上，和我们一样有活力。

生：枝头的小鸟也是大自然馈赠给我的礼物，它们就像我的小伙伴一样，不时地带给我欢乐和歌声。

生：我们老家种的枣树也是大自然馈赠给我的礼物，枣花的香味、枣子的香甜带给我童年美好的回忆。

师：大自然给予我们的各种礼物，都蕴含着这么丰富的含义。当然社会上一些美好的人、美好的故事、美好的品质也能作为礼物。总之，我们可得出这样的结论：礼物可以是具体可感、他人赠送的事物，可以是大自然对我们心灵的慷慨赠予，也可以是种种美好的人或事物给我们的精神激励。我们这节作文课尝试把他人赠送的具体礼物来"写"给大家看。

二、各尽其能写礼物

（屏显）

描写不是死板地照抄实际事物。用适当的文字，把事物外面的和内面的特质表达出来，使人家认识它的整体，这才算描写到了家。

——叶圣陶

师：接下来，我们要着力写出礼物的外在特点和内在特质。

（学生动笔写作并准备交流点评）

生：那块水晶糕在阳光照耀下，散发着金色的光斑，咬在嘴里，那柔滑清爽的口感，加上香甜的味道……啊，真是人间极品！

生：他写得很具体。他写出了水晶糕的颜色、口感和味道。

师：他是用哪些词语来修饰的？

生："金色""柔滑清爽""香甜"。

师：他简单地添加了一些修饰语，就让水晶糕颜色可见，触感可知，味道可闻，从而变得十分具体、生动。

生："小甲虫！"我无比兴奋地喊道，瞪大了眼睛，凝视着它。只见这只小甲虫身着一身乌黑的盔甲，上面点缀着白色的小斑点。它那小巧的头上，两对触角微微颤动着，乌黑的小眼睛，特别可爱。

生：他用"乌黑"形容甲虫的身体，"白色""小"形容斑点，用"微微颤动"形容触角，"乌黑""小"形容眼睛。

　　师：你点评得非常仔细。两位同学都用了修饰词来形容事物的具体特点。有整体，也有局部；有颜色，还有气味；有静态，也有动态。那么，他们对礼物的情感有没有表现出来呢？

　　生：有。他们运用描写的表达方式，并用"人间极品""可爱"这样的词分别来评价水晶糕和甲虫，将他们对水晶糕和甲虫的情感都潜藏在这些见微知著的细节里。

　　师：如果想要表现得更丰富，那么还可以写什么？

　　生：写当时欢乐的场景。

　　师：对。用欢乐的场景来烘托主人公快乐的心情。

　　生：可以写送礼者的神情、语言等。

　　师：是的，"礼物"不是从天而降的，总有人送给你。

　　生：也可以写一写"我"的心理。

　　师：你可以试着写一写。当然，你对礼物的情感可以写喜欢，也可以写不喜欢。其他同学还要分享吗？

　　生：我写的礼物是妈妈做的鸡蛋汤。鸡蛋液沿着碗壁滑入水中，像一大束阳光徐徐倾泻下来，渗入透明的水中。鸡蛋几乎是在瞬间转化成一团团软绵绵的淡黄色的云朵，飘来飘去。

　　生：她运用了比喻的修辞手法，将妈妈做鸡蛋汤的过程写得更加生动、具体。

　　师：确实如此，运用比喻的修辞手法可以将描写的对象写得更加生动、具体。其他修辞手法同样可以起到这样的作用，下面请大家在自己写的片段里加上一个修辞手法试试其表达效果。

　　（学生动笔，再交流）

师：大家有没有发现，刚刚三位同学描写的对象分别是水晶糕、甲虫、鸡蛋汤，这就是"有什么"；他们用了一些词语来形容礼物的特点，比如"金色""乌黑"等，这就是"怎么样"；最后一位同学用了"像一大束阳光""淡黄色的云朵"来譬喻，这就是"像什么"。

（板书：是什么—怎么样—像什么）

师："怎么样""像什么"告诉我们要充分调动我们的眼睛、耳朵、嘴巴、手等感官，让读者像作者一样，看到、听到、尝到、触摸到所要描写的对象，更高明的是我们想到了和这个事物特点相似的事物，唤起了大家共同的感受。这就是浓墨重彩写礼物。

师：现在请你闭上眼，回忆一下你曾经拥有的礼物，请你用一句话来概括你心中最重要的礼物。

生：水晶糕的糯软里藏着奶奶的爱。

生：那本书的蓝绿封面像一股清新的风，轻轻吹拂在我心里。

生：贺卡上眨眼的动漫女孩，好像我那亲切可爱的同学。

生：奶奶在毛衣上勾出的那朵小花，温馨、可爱。

师：当你用回忆再次抚摩"礼物"，一些更加细微的东西就会浮现在你的脑海里，那就是礼物的内在特质，我们写作文的时候就可以对其反复渲染。下面老师带领大家欣赏名家写作片段，体会描写的表达效果。

（屏显）

我带了我的行囊去搭小河上的板船，然而一到了河上，我又有了新的发现：河岸上很多贝壳，这些贝壳大小不等，颜色各殊，白

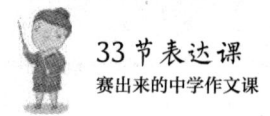

的最多，也有些是微带红色或绿色的。我喜欢极了。我很大胆地捡拾了一些，并且在清流中把贝壳上的污迹和藻痕都洗涮净尽，于是贝壳都变成空明净洁的了，晾干之后，也都放在行囊里。我说是"大胆地"捡拾，是的，一点也不错，我还怕什么呢？贝壳是自然界的所有物，就如同在山野道旁摘一朵野花一样，谁还能管我呢，谁还能笑我呢？而且，不等人问，我就这么说："捡起来给小孩玩的，我们那里去海太远。"这么说着，我就坐在船舷上，看两岸山色，听水声橹声，阳光照我，轻风吹我，我心里就快活了。

——李广田《礼物》

还是因为摆在桌上的梳子——全套梳子，包括两鬓用的，后面的，样样俱全。那是很久以前德拉在百老汇的一个橱窗里见过并美慕得要死的东西。这些美妙的发梳，纯玳瑁做的，边上镶着珠宝——其色彩正好同她失去的美发相匹配。她明白，这套梳子实在太昂贵，对此，她仅仅是美慕渴望，但从未想到过据为己有。现在，这一切居然属于她了，可惜那有资格佩戴这垂涎已久的装饰品的美丽长发已无影无踪了。

不过，她依然把发梳搂在胸前，过了好一阵子才抬起泪水迷蒙的双眼，微笑着说："我的头发长得飞快，吉姆！"

——欧·亨利《麦琪的礼物》

三、或情或理悟礼物

师：你曾经喜欢的礼物，现在还喜欢吗？

生：喜欢。它一直放在我的床头，我只要发现它脏了，就会叫妈妈帮我洗干净。

师：说明你很珍惜他人送给你的礼物。

生：我喜欢的礼物已被我弄坏了。

师：你千万别自责。也许是你不小心把它弄坏了，也许它坏得正是时候，你可以拥有一件新的礼物了。

生：我曾经最喜欢的礼物已经找不到了。

师：我们生命中很多珍贵的东西都是不知不觉地丢失了，那么，你会想象它们被你遗忘或丢失后的命运吗？

生：我想象过它的命运。有时候我会想那些被我处理掉的书，它们曾经是我的礼物，现在也许已落到另外一个女孩手里，她也会像我一样爱读里面的故事，我翻过的书页上也会粘上她的手指印。

生：我想象过它的命运。我的蓝色毛衣会穿到山区孩子的身上，让他们冬天不再寒冷。

师：你真是一个有爱心的孩子。

师：你曾经喜欢的礼物，现在不再如新，甚至再也找不到了。如果你要在作文中写礼物后来的样子，只需轻轻一点便可，留点想象和余味给读者。每一件礼物都有自己的命运，对此你有什么感悟吗？

生：只有失去，才会懂得珍惜。

生：虽然礼物不见了，但是我们的情意一直都在。

生：生命中有些东西需要珍藏，或许可以使用记忆的方式。

师：人生经历的某人、某事、某物，都是命运赠予我们的礼物。珍藏应该珍藏的，丢弃应该丢弃的。同学们的认识和感悟可以作为这次作文《礼物》的中心，而我们的描写要让我们的礼物让读者看得见。

学生作品

礼　物

在我的抽屉里，静静地躺着一个红色的手电筒，它小巧可爱，用手正好握住。这个手电筒是我去年冬天收到的最好的礼物。

又是一个寒冷幽黑的夜晚。

我背着书包，在昏暗的路灯下行走着，零散的车辆和行人快速地经过我的身旁，又消失在路的那一边。幽暗的楼道下，我心里一边默数着台阶的数目，一边诅咒着这可怕的黑。楼道的灯坏了三四天，物业还不来修。

我总是害怕这淹没一切的黑，可是有什么办法呢，紧了紧书包带，小心翼翼地准备走上楼，心里不禁打起了小鼓。

"吱呀"一声，底楼楼道一旁的门打开了，出来的正是李阿姨，"放学回来啦！"她每次都招呼我，声音快乐又柔和。"是的。"我的声音颤抖着。她笑了笑，"你等一下"。她转身从家里拿出一个手电筒。手电筒打开的一刹那，光芒照亮了楼道，前面不再是黑黢黢的庞然大物，我望向眼前的墙，一大一小的影子并排站着，"我送你几步。"李阿姨很自然地说道。我们一起向上走，光圈随着身影爬着楼梯，也像水中的涟漪，一圈一圈漾出去，把黑暗推得远远的，我的心忽而镇定下来。我微微转头看向李阿姨，她也看向我，我们一起笑了，她的一只手随即揽过我的肩，我这才发现，现在的我快赶上她的个子了，我们在一个楼道里快有四五年了。

她陪我一起到了家门口，我连忙向她道谢，她拍了拍我，说：

"这点小事算什么,快回去吧。"

第二天早晨,我照例老时间出了门,阳光可真好啊,和晚上的幽暗真是天壤之别。

走到楼底,发现李阿姨正站在门前,她见到我又笑了笑,笑容像洒下来的阳光一样灿烂。她从口袋里拿出一个东西,塞到我手里:"拿着吧,这个小巧一点,随时带着方便,免得晚上看不清路。"

我接过来,很轻很小,原来是个手电筒,还带着微微的温热,红色的塑料外壳在阳光下闪烁着光芒,银白色的按钮像一块宝石一样嵌在外壳上,尾部拖着手提的带子,有点调皮的味道。"谢谢您,李阿姨!"我用手握了握手电筒,把它塞进我的口袋,迈着轻快的步伐去上学了。

傍晚,还是那个幽黑的楼道,还是那个怕黑的我,但我的脚步却不再迟疑和畏缩。我从口袋里拿出手电筒,摁下银白色的按钮,一圈明亮的光照在前面,墙面印出我拉长的身影,"嗨,你好!"我的影子好像在说。光圈又开始随着我的脚步晃晃悠悠移动着,我们是在春水里坐船吗,一路有光,一路黑暗退却,我的心犹如烂漫的春花一般,一点儿也不害怕黑暗这家伙了!

到了家,走进书房,我抬头看着窗外的高楼,一家家窗户不知道什么时候都亮起了灯,它们互相辉映着,又好像在互相打招呼。它们也好像成为一家人了。我再摸一摸手电筒,上面还带着微微的温热。"真好!"我低语,小心地将手电筒放进我的抽屉。

(此课例荣获"新作文杯"全国首届中小学作文教学"创课"比赛一等奖)

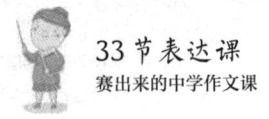

以诗为名，为"我"作传
——"自传诗"写作

浙江温州·吴方方

🍁 创课缘起

走近自己的心灵，追问"我是谁"的本源问题大概是最理所应当的。正如创意写作一贯倡导的"写你所知道的"，那么，这个"知道"，不正是从最熟悉的陌生人——"我"开始吗？于是，承接着上节课"心理诗"发掘自我的热度，我为学生设计了"自传诗"的写作练习，以期学生能够以诗歌的角度接近自己的内心。

倘若正儿八经地教授诗歌写作，恐怕是一项巨大的工程。首先，课堂上要训练诗歌语言组织；其次，还要掌握诗歌的形式；再次，诗歌内容的选择也是个难点，而最艰难的无疑是诗情的陶冶及其背后隐含意义的揭示。作为创意诗歌入门课，我不希望学生被一堆晦涩的理论唬得晕头转向，从而丧失写作热情，但课堂仍需要一个抓手，激发学生的写作热情，对此，我决定从形式与内容的训练开始。

🍁 创课思路

分行是诗歌最大的外在表现形式，废名先生甚至将它看作新诗唯一的形式。因此，在引导学生进行诗歌创作前，我将威廉斯的诗歌《留言条》以句子的形式呈现给学生，请他们猜测它的出处并尝试修改成诗，以期培养他们诗歌创作的敏感度与自信心。继而，我通过冥想、头脑风暴等方式，请学生感受自己的生命状态，为自我寻找一个独特的喻体，并进一步用自传诗范例与教师诗作来帮助他们理解自传诗的写作要领。最后，诗歌分享将是我们品尝诗歌硕果的幸福时刻，它的意义在于，我们开始写诗、读诗，成为"诗人"。

教学现场

一、以诗激趣，叫醒创意

经过第一节课的点拨，学生已对创意写作课的概念有了初步了解。因此，当我声称本学期还将继续开展更多创意写作课时，他们显出欣然接受的淡定，眼神之中似乎也增添了一份期待。

我首先呈现了美国诗人威廉斯的诗歌《留言条》的具体内容，并故意将它以普通文段的形式展现：

"我吃了放在冰箱里的梅子，它们大概是你留着早餐吃的，请原谅，它们太可口了那么甜又那么凉。"

"大家一起猜猜，这段文字老师可能是从哪里抄来的？"几个聪明的女生窃窃私语起来，有的说是歌词，有的说是诗歌。

男生们对猜谜最带劲。"老师，我知道！"最活跃却也最讨厌写作业的张天炫叫嚷起来，高高地挥舞着手臂，急切地噘着嘴跺着脚。我示意他可以回答了，他站起身自信地说："肯定是从你家的留言本上抄的。"

我追问他为什么，他不好意思地挠挠头，又想了想说，"看起

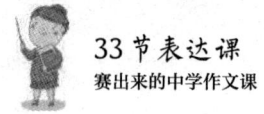

来像"。

"你这一句'看起来像'可太厉害了，一语道破了天机啊！这就是一张留言条！"我大加赞赏。这个淘气的男生不好意思地笑了笑，眼神却难得的专注。

课代表戴亦韵则不紧不慢地举手补充说："因为它讲的是一个很简单的事情，就是告诉别人，他吃了别人家的梅子。就像我们平时随意写在留言本上的那样，但是感觉又有点韵味。"

"那么，大家觉得我们有可能把这么随意简单的内容变成一首诗吗？用什么办法呢？思考一下。"

孩子们七嘴八舌地议论开来，有的还在质疑：这样也能变成诗吗？"分行就可以吧，世上本没有诗，回车键用多了也就有了诗。"学习委员黄慧慧顽皮地说。"断在哪里好像也不一样呀。"她时而看着投影上的"留言条"，时而轻蹙眉头，一副竭力思索的样子。经过一番讨论后，我们决定用分行和断句的方式来改编诗歌。于是有了这样两个版本——

版本一：

　　我吃了
　　放在
　　冰箱里的
　　梅子
　　它们
　　大概是你
　　留着

早餐吃的

请原谅

它们太可口了

那么甜

又那么凉

版本二：

我吃了

放在冰箱里的

梅子

它们大概是你

留着早餐吃的

请原谅

它们太可口了

那么甜又那么凉

两个版本的诗歌内容完全一致，可通过断句、分行的变化，意韵却略有不同，孩子们通过精心比较后挑选了版本一作为最后的版本。当我将威廉斯的原作展现出来时，他们发现和自己的断句、分行完全一致，不禁快乐地欢呼起来。

"看到没有？我们都有成为诗人的潜力，只要我们愿意，我们都可以成为诗人！"我顺便兜售了创意写作教学的理念——不是学做作家，我们就是作家！

《留言条》的展示给予了学生莫大的鼓舞，他们大概觉得任何

内容都可以入诗，只要多用回车键就可以写诗了！而这也正是我最初撒的善意的谎言，因为，他们太需要一种轻而易举的成功感来驱逐过去不愉快的写作阴霾了。

用意象连缀成诗歌的意境是诗人常用的策略，但这样的表述比较艰深，我选择用"比喻"一词来代替。选择喻体的过程也就是提炼意象的过程。因此，这节课的目标就是用"比喻"和"分行"来写一首自传诗。

二、打开自我，冥想生命

寻找喻体的困难在于，学生最初的思维相对单一，想到的喻体也较为寻常。加之没有对喻体进行独特、细腻的表达，诗歌很容易流于平庸，而不幸的是，平庸往往是诗歌最大的杀手。白云、树、草、石头、表、彩虹等喻体被学生欢欣雀跃地提了出来。这些喻体虽然都可以入诗，但从学生的表达来看，依然停留在喻体本身特点的层面，而不是喻体与本体的相似点上，而我期待的却是对自我生命的独特表达。基于此，此时对喻体作个性化的引导就显得尤为必要。

我竭力赞许他们的喻体，同时鼓励更多独特喻体的发现。用举例子的方式引导学生发现更多的喻体。比如，一块嚼过的口香糖，之后被粘在桌子底下，好像有一种被遗弃的感觉，你是否有过？一只圆鼓鼓的气球，飞到空中，却突然在高空中痛苦地炸掉，像不像你志得意满的时候突然失败了的状态？夏季里，一只被遗忘的羊毛手套，是否有些像某些时刻深感无助的自己？树叶覆盖在树枝上，是不是有点依偎着温暖的感觉？循环开放的花朵，凋零与绚烂交替是它们的命运，什么又是我们各自的命运呢？我努力将喻体落实在某种感觉里，试图以此建立起学生与喻体之间独特的联系。

为了让他们潜入自己的内心，我又播放了中村由利子的钢琴曲《火宵之月》。我请孩子们闭上眼睛去冥想，试着去观照自己的内心，倾听自我内心的声音，从而找到那个最能体现自己生命状态的喻体。

三、共品例诗，分享"师"作

我展示了山姆·斯沃普老师班上三年级小学生的自传诗作品：

诗作一：

　　我是一个谜，
　　因为我说得不多，
　　而且很难弄懂。

诗作二：

　　我是一根折断的树枝，
　　掉到地上，
　　被人踩踏。
　　人们笑我，叫我瘦子，
　　还说我太长。
　　但有一件事，树是我朋友，
　　它鼓励我，谁也不能把我怎么样。
　　树叶让我暖和。

诗作三：

　　我是一支铅笔，

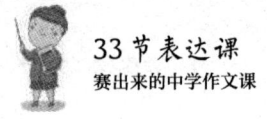

已准备好，

写下我的人生。

或是自信而困惑的自己，或是苦涩却不乏温暖的独特感觉，都诠释出了自传诗独到的魅力。孩子们一边惊讶于美国三年级学生的写作水平，一边感受着自传诗的特点。当我说自己也写了一首自传诗时，他们又都振奋起来，既好奇又期待。

我也带着对他们同样的期待，深情地朗诵了自己的自传诗：

  我

  是一支莲蓬

  前世

  我住在

  花的心里

  今生

  我落入了

  旅人的梦里

朗诵完毕后，孩子们赞赏地鼓起掌来。我的期待没有落空，于是趁热打铁，向学生分享了我的写作体验。我说："我之所以选择莲蓬这个喻体，是因为暑假里在浙江师范大学读书，每天放学回家的路上，都会看见一位老奶奶的莲蓬摊，因为从未吃过莲蓬，觉得好奇，便买了几支来尝。吃着吃着，又莫名地想到一支莲蓬的生命是如此奇特，在它成长的生命里，不正是住在荷花的心里吗？而成熟的它，命运似乎还没有完结，辗转到我这个异乡人的手里。我喜欢莲蓬这样美好的生命辗转，于是，我希望以莲蓬来比拟自己，寄寓自己想要一段美好的旅行的愿望，也算是对自己命运的一种寄托吧。"

听完我的分享后，孩子们若有所思，随即开始了属于自己的思考征程。

四、以诗为名，为"我"作传

平日里字迹十分潦草却又很聪明的张福楠在作文本上写下："我是秒针，每日每夜每时每刻都在工作着。"我见他抓耳挠腮，又重重地画掉写下的内容，便凑上前去看。原来他找到了喻体，却又一时语塞写不下去。我便鼓励他说，"试着写写秒针工作的状态，哪些地方和你很像呢？"他拍拍脑门，若有所获般地提起笔，又重新写下：

秒　针

我是秒针
每日每夜
每时每刻
都在工作着
一天中
我没有一丝空闲
此时
已是黄昏
我多么希望
如时针般

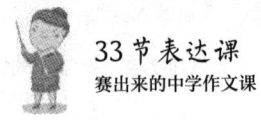

> 自由
>
> 散漫

我喜欢他用"时针"的自由散漫来作对比，很有创意。我表扬了他，他却红了脸，羞怯地低下了头。

语文成绩一直不太理想的林希诺也让我刮目相看。虽然他的字迹已经在努力端正了，却依然潦草，但看得出他在很用心地写。他写下的是：

> 我是一只萤火虫
>
> 我是一只萤火虫
>
> 虽然
>
> 照亮不了
>
> 自己前进的路
>
> 但却能
>
> 照亮
>
> 真正的自己

平时在作业方面因为态度和字迹问题拿"C"的他，原来是这样的有想法！我暗暗为自己的惯性思维感到惭愧，又由衷地为他感到高兴，也许诗的种子已在他的心里萌发出稚嫩的芽了吧。

五、朗诵诗歌，交流创意

在经历了深沉的冥想与安静的写作后，孩子们的自传诗基本上已大功告成。我请他们先在自己所在的小组内朗诵自己的诗歌，而其他组员则负责认真倾听，并提出中肯的意见（以赞美为主），继而以同样的形式轮流朗诵诗歌。

教室里顿时炸开了锅，我却很享受此刻的热闹。在经历了安静的写作后，他们终于可以轻松而愉悦地朗读自己的自传诗了，这似乎也是一种变相的发表。因此，孩子们虽然用力朗诵得面红耳赤，可脸上却洋溢着满满的欢乐。

在巡视中，我发现多数学生都能找到自传诗的喻体，一些学生在引导之下，已能展现喻体与自己的相似点，如华慧珊的《我是一滴眼泪》、戴亦韵的《海东青》等，但部分学生没能较好地表现出本体与喻体之间的相似点，只着重于纯粹讲述喻体，如程庆松的《我是一把匕首》。还有一些学生的诗歌已能呈现出一种转折感，令人惊喜。如戴亦歆的《暗淡的灯烛》，开篇写灯烛之微弱，最后则以"但是，在漫长无尽的黑夜中，我却可以站在最中央，化作一个炫目的金乌！"来作结语，读来颇有气势。

最后，我邀请了愿意分享的同学现场分享自己创作的自传诗。林俊杰得意地举起手来，我邀请了他。只见他强忍着笑意，用诙谐幽默的声调大声朗读道：

我是一颗手榴弹

　　我是一颗手榴弹
　　安静时
　　我有很多朋友，
　　生气时
　　一点
　　就炸

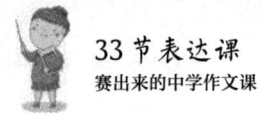

学生们听罢哈哈大笑起来。

我极力夸赞了他的喻体与自传诗。确实，他巧妙地用"手榴弹"这一喻体把自己写得真实有趣。

自传诗的分享似乎给教室带来了一种流动的欢乐。尽管多数学生的诗歌语言还比较随意，一些学生对自己的理解也还比较肤浅，但撇开这些求全责备，他们的写诗热情已被轻轻点燃。一些孩子也许听到的是他们从未听过的赞美，而这种赞美直接来自他们创作的作品，这对于他们写作成功感的唤醒是一种难得的体验与收获。

正如写作学专家马正平先生的DCC作文教学体系将"D（即动力学）"摆在首位一般，写作成功感的建立是一个写作教学中绕不开的话题，也是一个要在写作课堂上被持续关注并予以落实的关键环节。自传诗因为是一种直接的自我抒发，无形中减轻了学生不知"写什么"的尴尬感，为他们轻盈地打开自我提供了一种便捷的方式，而用选择喻体、断句分行的方式来进行诗歌创作，则让他们从"怎么写"的困境中解放出来。因此，写一首自传诗几乎是没有难度的，学生能很轻易地通过"写"来打破对"写"的恐惧，让他们重拾写作信心。我将自传诗设置在第二课，其主要目的也正是在于以最简易的方式，激发与唤醒学生的写作思维与写作热情。

我们以往常常提倡以"读"促"写"，但从某种意义上说，写作只能是以"写"促"写"，只有"写"你才会"写"，也只有"想写"你才会"写好"，这就好比游泳，在岸上大谈理论，不如下水畅游一番。

写出来容易，但要想写好依然是件难事。在喻体与意象的选择上,学生的思维仍然停留在过去常规的事物中,通过创意的激发、对感觉的描摹,他们在不断张开的想象中探索出了独特的自我。喻体的选择过程其实就是一种从外物到内心的摸索,好的喻体是可以寄寓诗人的灵魂的。自传诗需要的不是一个客观的、独特的喻体,而是一个真正能诠释自己某种生命状态的意象。较为惊喜的是,通过思考与写作,学生从一个个雷同的粗糙的表达中解脱了出来,逐渐走向了一个言说自我生命的自己。

除了以诗为名,为自己立传之外,写作自传诗的初心还有什么呢?我久久地叩问自己。

在我的自传诗的写作中,我将自己喻为一支莲蓬,一支前世住在荷花心里、今生落入旅人梦里的莲蓬。这个喻体或者说意象的选择,其实也暗含了我对自己生命状态的一种渴望。我渴望活在一种缥缈的诗意中,活在一种自由行走的状态里,而这样的"我"却不是现实意义中的我。在诗歌里,我可以打开自己,探寻自己内心对生命的渴望,在以诗为名的表达中,追寻到那种理想中的生命美感与生命愉悦。我想这是我对自传诗更为深层的期待。

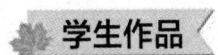 学生作品

作品一:

我

我是一枚

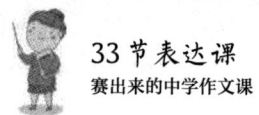

果实
只希望
在
青涩的等待
与
努力中
拥抱
美好
与丰硕的自己

作品二：

海东青

我是
折了翼的海东青
虽然
有着搏击长空的梦
但是
却只能站在鹰群中
昂起头仰望

作品三：

我是一片叶子

我是一片叶子
本是

嫩绿的新芽
时光却一不留神地
从我身上跨过
如今
追忆往日时光
清晨的露珠
就是
我的眼泪

作品四：

我是一个木偶

我是一个木偶
睁着空洞的眼眸
绳索控制着我的四肢
限制着我的一举一动
只能任人操纵却
无动于衷

（此课例荣获"新作文杯"全国首届中小学作文教学"创课"比赛一等奖）

跟着课文学"抒情"

安徽淮南·胡秀红

创课缘起

一次考试结束后,我批阅完作文《我的家乡》后,发现很多学生过于刻意运用技法,出现了开头、结尾千篇一律抒情,中间叙事缺少真情实感等现象,导致抒情流于泛滥和空洞,自我迷失在写作的路上……这样的文章往往因缺少真实体验而显得虚假、生硬,自然也无法打动读者。其实,写好此文并不难,找准情感寄托是关键。依托文本,用好经典范文,紧密联系生活实际,挖掘写作素材,同时使用恰当的抒情方式和方法,写出一篇文质兼美的文章并非难事。

创课思路

首先,教师由"感"和"情"的篆体写法引入,让学生体会汉字的魅力,同时启发学生要想使自己的文章能打动人或触动他人的心灵,就必须要有"真情感"。其次,在学生明确"什么是抒情""抒情的两种方式"的基础上,教师带领学生走进文本,借经典名篇引路,学习几种常见的间接抒情的方法并归纳总结每一种抒情方法的特点,用以指导写作,纠正写作中存在的抒情泛滥、情感失真等问题。最后,再由理论转为实践,进行当堂练笔,由句到段,由段到篇,循序渐进地完成写作训练。

教学现场

一、造字者说：情由心生

（屏显）

感　情

屏幕上呈现的这两个字同学们都能认得，是"感"和"情"。"感"字下面是"心"，上面是"咸"，"咸"的意思是"全，都"，这个字的造字本义"感动"，即外界事物对人心理情绪的激发触动。"情"，形声字，从心，青音，本义"感情"，人之喜怒哀乐皆为"情"。造字者认为整个心灵都被触动的体验才叫情感。

白居易在《与元九书》中说："感人心者，莫先乎情。"意思是说没有比由衷而发的感情更能打动人心的了。具体到写作上，同学们要想让自己的文章有触动人心的力量，那就必须要用"真情"写作。今天我们就一起学习抒情。（板书：跟着课文学"抒情"）

二、日积月累：初识抒情

1. 什么是抒情

在生活中，我们常会有动情之时，会用"这几朵月季花真漂亮"来表达我们对花的喜爱之情，也会用"我有好几年没见到爷爷了，我很想他"来表达我们对爷爷的思念之情。

（屏显）

"情动于中而形于言"就是抒情。抒情，即表达情思，抒发情感。

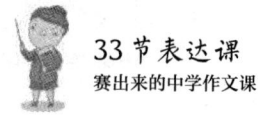

2. 抒情的方式

（屏显）

我喜欢雨，无论什么季节的雨，我都喜欢。

——刘湛秋《雨的四季》

小草偷偷地从土里钻出来，嫩嫩的，绿绿的。

——朱自清《春》

赏析：

（1）没有借助任何别的事物，直抒胸臆表达自己对雨的喜爱，简单而直接。（直接抒情）

（2）没有直接的感情流露，把情感融入景物描写中，"偷偷"一词写出小草不经意间萌发带来的惊喜，"钻"字写出了小草破土而出的旺盛生命力，表达了作者对春天的喜爱之情。（间接抒情）

借助经典篇目中的语句，我们可以感受到直接抒情和间接抒情的表达效果。

3. 比较直接抒情和间接抒情

直接抒情，即作者不借助别的事物，直截了当地表明自己的情感。其表达效果强烈、鲜明。

间接抒情，没有直白的抒情语句，而是把情感渗透在叙述、描写和议论中，由读者慢慢体会。效果含而不露，耐人寻味。

在一篇文章中，有人常常会同时使用两种抒情方式。直接抒情和间接抒情并没有优劣之分，选择哪一种是由抒情者自身、抒情对象等诸多因素决定的，选用的方式不同，其表达效果自然也会不同。

（屏显）

当你思念一个人的时候，你可以诗情画意地表达："衣带渐宽终不悔，为伊消得人憔悴。"而不是撕心裂肺地喊："我想死你了！"

这段话是为了鼓励大家多读书，增加自己的文化底蕴，但从网上的阅读和点赞量来看，也能反映出中国传统的审美观念更崇尚含蓄美，情感的抒发也以间接抒情为主。

当然，"我想死你了"的表达也并非在什么情况下都不好。比如小品演员冯巩每次出场的标志性话语：亲爱的观众朋友们，我想死你们了！这种表达方式更直接、更强烈。如果换成"亲爱的观众朋友们，'衣带渐宽终不悔，为伊消得人憔悴'"，虽说整句话的意境更加有诗意，但失去了特定场合特定人物风趣幽默的味道。

其实，在我们学过的课文中有很多经典抒情片段，所以我们可借鉴这些名篇中的抒情方法，它可以帮助我们更好地掌握抒情这种表达方式，而直接抒情比较容易判断。因此，接下来，我们的教学重点是从经典篇目中学习几种间接抒情的方法。

三、走进经典：习得方法

借鉴名篇，学习间接抒情的方法。

（屏显莫怀戚《散步》片段）

片段一：

这南方的初春的田野！大块儿小块儿的新绿随意地铺着，有的浓，有的淡；树枝上的嫩芽儿也密了；田野里的冬水也咕咕地起着水泡……这一切都使人想着一样东西——生命。

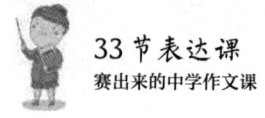

片段二：

但是母亲摸摸孙儿的小脑瓜，变了主意："还是走小路吧！"她的眼睛顺小路望过去：那里有金色的菜花、两行整齐的桑树，尽头一口水波粼粼的鱼塘。

学生赏析，教师补充明确：

这两处抒情都有其情感触发点。第一处是在"我的母亲又熬过了一个严冬"后，也就是说因为母亲熬过了严冬，才有了一家人田野散步的场景，也才有了作者眼中的美景和内心对生命的赞美！第二处是在走大路还是走小路的分歧上得到很好解决后，一家人互敬互爱、和谐温馨，一切都是那么美好而幸福！所以，当我们揣摩清楚作者的心情时，就能明白两处景物描写对表现主题、抒发情感起着重要作用，并非随意安排。两处景物描写不仅点燃了春天的美丽和生机，传达出万物复苏的生命感慨，更展现了一家人散步的美好情景和幸福心情。

总结：融情于景（板书：融情于景）。

（屏显）

融情于景（借景抒情）：情感是流淌在文章中的血液，"情"有时不一定要直接表达，可以"隐藏"，隐到不直说别人也能感觉到。借景抒情，关键是选择善于引发真情的景物。

（屏显端木蕻良《土地的誓言》片段）

当我躺在土地上的时候……我想起那参天碧绿的白桦林，标直漂亮的白桦树在原野上呻吟；我看见奔流似的马群，听见蒙古狗深夜的嗥鸣和皮鞭滚落在山涧里的脆响；我想起红布似的高粱，金黄的豆粒，黑色的土地……

学生赏析，教师补充明确：

文章列举了东北特有的物产，借助这些富有东北气息的事物，间接地表达了作者对故乡的炽热爱恋之情。

总结：融情于物（板书：融情于物）。

（屏显）

融情于物（托物言志）：这种方法是将个人之"志"依托在某个具体之"物"上，"物"便具有了某种象征意义，成为作者的志趣、意愿或理想的寄托者。实际上就是通过状物来抒情。融情意于物象，着笔于描写，着眼于抒情。所抒之情有所依凭，不仅具体、形象，也更深沉动人，更能引起读者的共鸣，此法看似只是对事物的描绘，但细细读来却字字含情。

（屏显萧红的《回忆鲁迅先生（节选）》片段）

全楼都寂静下去，窗外也是一点声音没有了，鲁迅先生站起来，坐到书桌边，在那绿色的台灯下开始写文章了。

许先生说鸡鸣的时候，鲁迅先生还是坐着，街上的汽车嘟嘟地叫起来了，鲁迅先生还是坐着。

……

鲁迅先生背影是灰黑色的，仍旧坐在那里。

人家都起来了，鲁迅先生才睡下。

学生赏析，教师补充明确：

这几段文字中萧红没有一处直接抒情，似乎漫不经心地写着，但心底的感情却如湍急的激流，敏锐地捕捉到了鲁迅先生的生活细

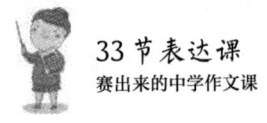

节,从细微处写出了其对鲁迅先生的爱戴和敬仰。

总结:融情于事(板书:融情于事)。

(屏显)

融情于事(记事抒情):借叙事抒情,叙事是手段,不必追求事件的完整过程,而是要把浓郁的情感融入叙述中。要选择生动感人的细节作为情感的凝聚点,着力用情。

(屏显莫顿·亨特的《走一步,再走一步》片段)

此后,我生命中有很多时刻,面对一个遥不可及的目标,或者一个令人畏惧的情境,当我感到惊慌失措时,我都能够轻松应对——因为我回想起了很久以前悬崖上的那一刻。我提醒自己不要看下面遥远的岩石,而是注意相对轻松、容易的第一小步,迈出一小步,再一小步,就这样体会每一步带来的成就感,直到达成了自己的目标。

学生赏析,教师补充明确:

全文内容在此得以升华,结尾的这句议论更是点睛之笔,起到了点明中心、升华主旨的作用。(板书:融情于理)

这些经典篇目中的抒情方式值得我们借鉴学习,可在我们的实际写作中运用抒情这种表达方式。

四、指点迷津:恰当抒情

据我所知,学生写作文时普遍存在以下问题:第一,开头、结尾千篇一律的抒情方法;中间叙事、描写缺少真情实感;第二,为了应付作业、考试的错误思想泛滥;第三,刻意运用写作技法,套用常规写法,或直接用题干内的关键词来"为文造情"。

针对这些问题，关于"抒情"，老师想给两点温馨提示：

1. 找准情感触发点，书写真实情感

海明威在《同"音乐家"的一席独白》中有一段话可以带给我们很大的启示——

（屏显）

你如果在鱼跳的时候兴奋起来，你就回想一下，使你产生这种感觉的具体动作是什么：是钓丝从水面上升起来，是它像琴弦似的绷紧，水开始滴下来，还是它跳的时候猛撞溅水的动作？回忆一下声响，说了些什么话。找到产生感情的东西，找到使你激动的行动。然后写下来，要写清楚，叫读者也看得见，能产生与你同样的感觉。

只有用饱满的情感直叩读者心扉，文章才具有内在的魅力。在写作中，恰当地抒发真情实感，能增强文章的感染力，深化文章主题，令读者回味无穷。

2. 选对抒情方法，把握抒情的度

直接抒情与间接抒情结合使用，要做到恰当使用。关于抒情的"度"，曾听过这样一句话："书写到某地步，自己觉得所有的感情倾吐出来了，这就是最适当的限度。"所以，找准情感触发点，选对抒情方式，你的文章才有触动心灵的力量。下面我们运用所学方法，牛刀小试。

五、牛刀小试：学以致用

（屏显）

文题：《我的家乡》

1. 一句话练笔（运用直接抒情）

我们每个人都有家乡，如果老师让同学们用一句话来表达自己对家乡的情感，你会怎么写呢？

2. 片段写作（运用间接抒情）

（1）写作导引：融情于景法。

大美安徽，风光旖旎。黄山、九华山、天柱山……天下闻名！合肥天鹅湖公园、芜湖赭山公园、马鞍山雨山湖公园、阜阳文峰公园、蚌埠龙子湖公园、淮南龙湖公园……每一座城市都有这样的心灵栖息地，家乡的风景无处不在。如果我们把真情融入美景，是不是更能表达出自己对家乡的情感呢？请你运用融情于景的表达方式，写一个片段来表达你对家乡的情感。

（屏显教师下水片段）

旭日东升，舜耕山上游人如织，红梅竞相绽放，争奇斗艳，它们在微风中放歌，在阳光下舞蹈，空气中充满了醉人的芳香！夕阳西下，余晖铺满淮河两岸，把大地染成了金色，河面的波光在我的心头激荡……

（2）写作导引：融情于物法。

我们安徽不仅风光旖旎，而且物产丰饶。

（屏显）

合肥市：大圩葡萄、三河米酒、长丰草莓……

芜湖市：铁画、大米、傻子瓜子……

宣城市：宣纸、宣砚、灵芝、山核桃……

六安市：六安瓜片、霍山黄芽、石斛、花生糖……

淮南市：煤炭、火电、豆腐、牛肉汤……
宿州市：香稻米、烧鸡、酥梨、牛肉……
亳州市：中药材、牛肉馍、苔干……
滁州市：大闸蟹、明光酒、茶叶、绿豆……
池州市：麦鱼、九华佛茶、东至云尖……
……

我们是否也可以借助自己家乡的特有物产来表达自己对家乡的情感呢？请你们写作后交流、展示所写片段。

（屏显教师下水片段）

黑色的煤炭蕴藏远古的呼唤，红色的火电把黑暗的世界点亮，白色的豆腐源远流长……红、黑、白、蓝、绿，五彩淮南绽放耀眼的光芒！早起、晚行，大街小巷，处处有牛肉汤的浓香……

（3）写作导引：融情于事法、融情于理法。

家是成长的摇篮，家是温馨的港湾。家乡是我们每个人成长的沃土，无论时间如何推移，世事如何变迁，在那片土地上，都有我们留下的足迹，有关于我们成长的故事。故事中有家乡事，更有家乡人！现在请你拿起笔，运用融情于事或融情于理的方法抒发你的情感。

3. 篇章写作（将直接抒情与间接抒情相结合）

课后作业：请你运用所学的抒情方法，以《我的家乡》为题，写一篇文章。

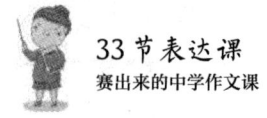

学生作品

我的家乡

人的一生很短，兜兜转转，游过祖国的壮丽河山，看过世间的山川美景，但忘不掉的，终究是家乡。家乡，是藏在心底的白月光。

这里是淮南——我的家乡。这里四季皆有景，美丽各不同。春天，你可以去山南，感受"儿童急走追黄蝶，飞入菜花无处寻"的欢乐场面，油菜花的香气飘到舜耕山上，藏进山间的风里，穿山而过的风应是惊动了树上正在酣睡的叶，它们便在枝头上如蝴蝶般翩翩起舞，舞动的光影宛若在半空中泛起层层涟漪；夏天，你可以去焦岗湖，欣赏"接天莲叶无穷碧，映日荷花别样红"的美丽风光，这里有千亩荷花淀，万亩芦苇荡，被誉为"华东白洋淀""鸟的天堂"；秋天，你可以漫步银杏林，捡拾记忆，感受慢时光，欣赏"满城尽到黄金甲"的壮观景象；冬天，你只需推开窗，便能领略"忽如一夜春风来，千树万树梨花开"的美丽景象。大多数人心中，故乡像一座亘古不变的孤岛，终生守望，成为激励自己前行的力量。关于故乡，每个人都有太多想记录下来的东西。

故乡的山

这座并不出名的小城，却有一座名山——八公山。这里有形成于几亿年前的"淮南虫"化石，是世界上发现最早的古生物化石，被国际地质学界誉为"蓝色星球"上的生命之源。相传淮南王刘安曾在此炼丹，并发明了豆腐，演绎出"一人得道，鸡犬升天"的故事。八公山下"风声鹤唳,草木皆兵"的故事更是闻名遐迩。博大精深的《淮南子》也在这里诞生。

故乡的水

大江大河见过不少,但都没有家乡的好。在我的家乡,有一条河穿城而过,这条河叫淮河。在淮河儿女的共同努力下,如今的淮河再也不是曾经那条一到夏天,大雨几天就水漫堤坝的河。坝更牢固了,水更清澈了,两岸的风景也更美了。生长在淮河两岸的孩子的生活里总是离不开它的陪伴,家住河畔,夏日傍晚,乘着凉爽的晚风尽情在河边奔跑、嬉闹。淮河岸边,热闹非凡。柏油马路两旁的路灯散发出的昏黄灯光弥漫天空,似乎是在抚慰着迟归的人。耳边偶有一两缕发丝被江风吹乱,黄昏像夕阳一样,淹没草虫的鸣声,一切都是那么美好!淮河岸边的人们总会执着于第一眼看到并在心里掀起波澜的事物,每当看到河面上的游船或渔船和不停摆渡向前的人,总会心怀一丝希望,因为,他们终将上岸,奔向远方。

故乡的美食

一谈到美食,淮南的豆腐是一定要说一说的,称它为"豆腐之乡"一点都不为过。相传,淮南王刘安在家炼丹不成,胸中烦闷,外出散心,忽见对面北山下来八位老人,虽须长齐胸,但神采奕奕,健步如飞。刘安大惊,疑是神仙,便求长生不老妙方,老人说是吃了用磨碎大豆做成的食物。刘安如法炮制,得豆腐。从此,豆腐之法就从八公山下传播开来。细腻醇香的豆腐一直统治着淮南人的味蕾。如今豆腐的制作早已突破传统,不断推陈出新。当然,耳

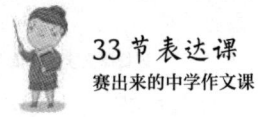

听为虚,眼见为实,你要是能来淮南品尝一次豆腐宴,才能彻底感受到这神奇豆腐的魅力。淮南可以点赞的美食远不止豆腐,上窑的馓子,夏集的贡圆,焦岗湖的鸭蛋……淮南的牛肉汤更是美名远扬!

　　　　　　故乡的人

　　一方水土养一方人。家乡的人们总是很纯朴,骨子里便带着一种豪爽和热情。初中以来认识了很多好朋友,每当我遇到自己难以解决的困难和伤心的时候,他们总能给我最温暖的力量。不是影子一般的朋友,只在光明里相随。我相信,在这最美的年华里认识的朋友,一定会是一辈子最好的朋友,他们没有了儿时的幼稚,也没有成人世界的世俗与圆滑,少年的肩上是草长莺飞和明月清风,为了心中的梦想和那束光,逆着洋流乘风破浪。

　　我爱我的家乡。爱这里的山,恋这里的水,迷这里的美食,敬这里的人。

　　(此课例荣获"新作文杯"全国第五届作文教学"创课"比赛一等奖)

游戏+写作：微微一赞很倾城

湖北老河口·杨富昌

创课缘起

近年来，我的游戏语文写作研究也加上了"微写作"。我期待用这样一个小巧有趣的写作形式，对日复一日按部就班的、枯井不波式的应试写作操练进行反驳，抑或补充。我一踏进"游戏+写作+微写作"园子，眼见姹紫嫣红，美不胜收，而在记忆中典藏着一种小巧的、典雅而有趣的文字样式，想到刘禹锡的《陋室铭》，想到启功的《自撰墓志铭》；重回古典，想到唐人寒山的三字诗……在教学过程中，我让学生用"三字格"的体式，小赞相伴几年的同窗；你来我往，答谢酬赠，一定好玩。于是，我抓住灵感，将课题命名为《游戏+写作：微微一赞很倾城》。

创课思路

游戏写作的基本理念就是把写作活动游戏化。本节课则是将微写作活动游戏化。上课时，教师先引导学生进入趣味十足的读赏环节，让学生喜欢上"三字格"的趣味写作体式，产生提笔一写的冲动。顺势，教师明确并激趣展开本节写作活动——用这有趣的"三字格"的写作体式赞扬同学，且营造出一种神秘有趣味的写作氛围——所有被赞美对象必须保密，写前可以猜一猜自己将会被谁

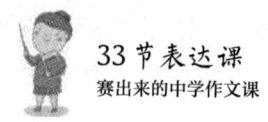

赞美，进而揭开谜底，诵送赞词。最后，"文"尚往来，答谢酬赠，体验所谓的交际语境写作。

教学现场

（教师提前将阅读材料《自撰墓志铭》及其背景资料的写作专用稿纸下发给学生）

一、明题目：激发学习兴趣

（屏显）

《游戏+写作：微微一赞很倾城》

师：同学们，这节课老师和大家一起来学习写作。你们看到这个课题，肯定就会想，老师是庸俗的追剧高手，但老师想告诉你们，这将是一节好玩的作文课。

二、读与赏：品好玩的形式，悟好玩的写法

师：请同学们先品读一篇好玩的小文章——启功《自撰墓志铭》。你们自己先默读熟悉文章内容，然后男女生对读。

（屏显）

中学生，副教授。博不精，专不透。名虽扬，实不够。高不成，低不就。瘫趋左，派曾右。面微圆，皮欠厚，妻已亡，并无后。丧犹新，病照旧。六十六，非不寿。八宝山，渐相凑。计生平，谥曰陋。身与名，一齐臭。

——启功《自撰墓志铭》

师：有疑难想要质疑的，请看背景材料。

（屏显）

背景材料： 启功（1912—2005），书法家、画家、鉴定家、文史学家。生前为北京师范大学教授、中国书法家协会主席等。高中时中途辍学。后拜齐白石等名家为师，学书画。虽然中学未毕业，21岁时却被时任教育总长的傅增湘赏识，推荐至辅仁大学附中教国文。1949年后辅仁大学并入北京师范大学。1957年，北京师范大学评议新增教授人选，启功全票当选为教授。1975年，其患难妻子章宝琛去世，无子女，此后一人孤单生活。启功淡泊名利，生活简朴，但助人毫不吝啬。1991年11月在香港举行字画义卖，所得163万元全部捐于北京师范大学，作贫困学生的奖学金。启功诗书画称"三绝"，其书法技艺精深：先摹赵董后欧阳，得"二王的用笔，欧柳的结体"而自成"启体"，蜚声书坛。书界评其为"外柔内刚、自然洒脱、清隽儒雅而妩媚华美"。且又在古典文学、文献学、语言文字学、佛学、敦煌学、文物鉴定学上都卓有建树，一生所学宏博：《启功全集》（20卷），前10卷为著述，包括诗词创作、讲学、口述历史、书信、日记等内容；后10卷为书画作品，包括启功创作的册页、成扇、手卷等。

师： 老师特别喜欢这篇经典趣文，兴致所起，从它的形式、字数、音韵、修辞、趣味、表情达意、作者写作趣味等方面入手写了一篇小文，创造出了自己的宝贝——《"三字格"之歌》，希望对同学们的写作有所启发。下面请同学们先默读熟悉内容，然后齐读。

（屏显）

"三字格"之歌

三字格，真美丽。两小文，为此体。<u>三叶草，一览余</u>。伸两

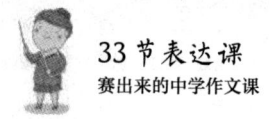

枝，七言句。微篇幅，方寸地。特色明，言语凝。喻铺排，对工整。脚押韵，上口顺。辞章绮，典雅甚。真性情，诙谐很。赏风景，寻常人；造风景，为大神。三字格，创客居。兴致起，立挥笔。腾挪跳，舞和蹈。表真情，流真意。立音韵，拟扬顿。先炼词，再炼句。字斟酌，句揣摩。字玑珠，句锦绣。假大空，杜绝尽。悦自己，美他人。写者快，读者欣。一气成，好玩甚。创客心，方成文。有文成，虹东升。放翁诗云：文章本天成，妙手偶得之。

师：老师希望同学们帮老师向在座的小顾客推销老师的《"三字格"之歌》，让他们喜欢上它，重点向在座小顾客说说你对画线句的理解。在你们推销它之前，我们先回到课题，老师向大家引荐第一个朋友——微微，我们把她叫作"贝微微"，这是你们最爱看的电视剧里女主角的名字吧！这里"贝微微"来指代"微微"，形成"三字格"。

三、赞与答：用好玩的形式，创好玩的作品

（一）赞同学

师：现在我们来认识第二个朋友——课题中的"赞"，全名"赞美"。请听老师的介绍（教师深情地朗读屏幕上的内容）。

（屏显）

说赞美

你有过被赞美的体验吗？你发自肺腑地赞美过他人吗？你是否一直在吝啬你的赞美？

赞美是人世间至真至纯的感情最率性的表露!"我爱孟夫子,风流天下闻"是李白对孟浩然的赞美;"白也诗无敌,飘然思不群"是杜甫对李白的赞美;"独有工部称全美,当日诗人无拟论"是韩愈对杜甫的赞美;"谁敢横刀立马,唯我彭大将军"是毛泽东对彭德怀的赞美……

"笔落惊风雨,诗成泣鬼神","史家之绝唱,无韵之离骚",赞美创造美,创造惊艳美丽的文字!那是冲天绽开的焰火,那是雨后初霁的彩虹,那是惊心炫目的闪电……

赞美又是世界上至善至美的善行美举:赞美,会让一颗落寞之心幸福地战栗;赞美,会让一朵久闭的花苞粲然开放;赞美,会让一颗蒙尘的星骤射光芒。它是一片云推动另一片云,是一棵树摇动另一棵树;是为别人开一朵花,又为自己开一朵花;是奉献的同时也有收获……

赞美可改变,可重塑。赞美是激发,是成全。

赞美,因赞而美!

师:赞美这么美,这么走心。我们这节课的重头戏就是:"三字格"大造宝——用"三字格"好玩的形式,写赞词,颂赞歌,作赞赋,愉悦地、纯粹地赞美身边朝夕相处的同学、惺惺相惜的朋友。这是"游戏+写作",写前不可交流,赞美谁、被谁赞都不知道哦!我写他,他写我,像谜一样神秘。下面我们进入好玩活动之一——确定我赞美谁,并猜想谁会赞美我。有可能你是花丛中央,光彩照人,收到"一抱抱"赞词,杨老师眼红得两眼都要冒火苗;也可能你是墙角一梅,孤独开放,没有收获只言片语,杨老师和你一

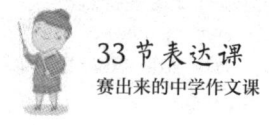

起悲伤欲绝……当然，为避免这两种极端现象发生，让享受赞美的人更多，允许两个人偷偷交流一下眼神，发一个暗号，暗送秋波。

（学生交头接耳）

师：现在你们已对完暗号，请拿起笔来，把久住在你心中的那个人写到纸上，笔落花开，流淌心声，开启我们倾城之"赞"模式。谜底与作品稍后老师为大家揭晓。

（学生用"三字格"写作"赞歌"，教师相机指导）

师：写作"赞歌"可命名为"赠×××"或"赞×××"，在内容上，可写品德、才能、特长、嗜好、班级贡献、代表事件、生活细节等。总而言之，温情辅之以才情，优秀作品就诞生了。

（学生写作完毕后，教师选择赏读作品，然后组织赠文活动）

师：赞美之花已经怒放，赞美之香已经飘荡，现在有一件比开花更伟大、更刺激的事，不知道大家敢不敢做？半分钟能不能做到？（学生齐声应答"能做到"）那么，下面我们一起进入好玩活动之二——赞他就敢送给他！赞他就真送给他！赞我就要送给我！赞我就真送给我！桃花潭水深千尺，不及汪伦送我情！请大家30秒内把赞词送给你的男神女神！克服羞涩，让我们的心脏幸福地颤抖吧！

（二）礼酬答

师：同学们，享受赞美真是幸福！让我们抬起头，看看这些静静欣赏你、赠你幸福的人，你是否心潮澎湃，产生了一种要感谢的冲动？中国古代诗歌里面有一个很特殊的类型叫"酬赠诗"——两个有情有义的诗人，甲先写给乙一首叫"赠"，乙后回写给甲一首叫"酬",李白与杜甫、白居易与刘禹锡等好多诗人朋友的赠酬诗篇,成就了一段段流芳千古的文学佳话,留给后人一笔笔宝贵的精神财富。来而不往非礼也,赞而不谢不义也。下面我们进入好玩活动之三——酬人之赠,花开两朵!拿起笔来,用你满腹的才情,用你真挚的谢意,依然用"三字格"的形式,酬答、酬谢、回馈同学之赠,写就属于我们班的文学佳话!

(学生再用"三字格"写作酬诗答文,命名"酬×××"或"答×××")

师:收到多份赞美的同学一时回写不了那么多,留一篇,把其他的送回,以后再回馈酬文;没有收到赞词的同学,将赞词续写,提炼精致,一会儿将精品赠给对方。

四、教师总结:"三字格"写作理念

师:"微微"一"赞",倾国"倾城"。现在你们知道课题的巧妙之处了吧。倾国倾城的"三字格"写作之道,是微小、精细、简朴的写作之道,是多趣味、真性情、有创造的写作之道,是炼词炼句、炼得佳句的写作之道。同学们以后可多玩一玩这种写作样式,养成字斟句酌的习惯。

学生作品

作品一：

赠董凌风

董凌风，可凌峰。年一七，常第一。个不大，志不小。人虽少，心气高。不怕苦，不怕累。不怕淡，不怕咸。意志坚，不怕难。爱班级，光彩添。为自己，锦绣前。白日里，奋笔书。夜阑静，挑灯读。科科优，门门秀。尤擅长，打乒乓。面虽冷，实热心。帮同学，不含糊。只要问，必全应。有口碑，人佩服。

作品二：

酬黄思雨

黄思雨，诗意女。两年前，认识你。貌不扬，心美丽。短头发，眼睛亮。个子高，有点胖。小脑袋，大智慧。思想好，能分析。学习好，更努力。上课听，下课记。疑难题，钻研迷。抢发言，尽心力。学霸级，老师喜。班有你，真牛气。

（此课例荣获"新作文杯"全国第二届作文教学"创课"比赛特等奖）

捕捉情感线索，诗化亲情体验

广东广州·吴　祺

🍁 创课缘起

　　"亲情"是每位学生都有生活体验的话题，但在现实生活中，亲情观念日渐淡薄，特别是初中生，普遍以自我为中心，往往只图享受，忽略感恩；只有自己，没有家人；只有物质，情感淡薄。针对这一有必要写、有话题写的主题，教师应该把课堂重点放在回顾生活体验上，从生活细节点滴中去感悟，激发学生的共鸣感，但每个人的故事迥乎不同。这就需要唤醒学生独特的亲情体验。怎样唤醒呢？教师计划通过"亲情"这一话题开启生活闸门，让话题成为聚焦生活，再现生活，引导学生从日常生活中捕捉情感线索，这样中心因线索而聚焦，文章也就立起来了。

🍁 创课思路

　　引导学生捕捉情感线索的关键在于再现生活，只有让学生回到具体生活情境，才能赋予线索以真情实感，并通过线索聚焦生活细节。感动在于细节，精彩在于定格，那一刻的记忆便是真实可触的。课堂成为学生的相册，记录的是成长路上的喜怒哀乐和酸甜苦辣。因此，课堂伊始，便通过镜头聚焦，迅速捕捉生活线索，进而定格生活细节，诗化亲情体验。最后教师通过拟写提纲的形式，引

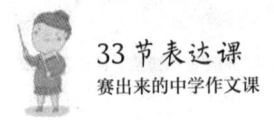

导学生完善思路,优化布局,完成创写准备。

教学现场

师:请你们说一个含有"家"的四字短语,并且含"家"的意思和"家庭"有关。

(屏显)

家有敝帚、家丑莫扬、保家卫国、国破家亡、家破人亡、家徒四壁、丧家之犬、成家立业、家道中落、白手起家、当家立事、告老还家、安家落户、打家劫舍、大家闺秀、家长里短、家家户户、家道中落、家贫如洗、齐家治国、拉家带口、忧国忘家、倾家荡产、万贯家私……

有人说:家是生活的起点又是终点。

家是黑夜里的北斗,是沙漠中的绿。

家是避风的港湾、疲惫人生的栖息地。

家给人提供了无限的乐趣,同时也创造了无穷的苦恼。

也有人说:"家是我们最重要的地方,最熟悉的地方,也是我们最容易忽略的地方,也是覆水难收、破镜难圆的地方。家是我们小心经营的地方。"

师:之前我们品读了朱自清的《背影》、莫怀戚的《散步》、史铁生的《秋天的怀念》、李森祥的《台阶》四篇范文。你们发现这四篇文章的共同点是什么呢?

生:这几篇课文通过"背影""台阶""散步"等生活中极其平凡的人、事和物,向我们展现感人的亲情,都是叙事抒情性散文,都是写亲情的，都有写作线索。

师：你分析得不错。我们通常把这些潜藏在生活中令人感动的"背影"和"台阶"称作"线索"。下面我们来了解一下线索的含义与作用。

（屏显）

在文学作品中，线索是贯穿整个情节发展的脉络。它把作品中的事件连成一体，表现形式可以是人物的活动、事件的发展或某一贯穿始终的事物或情感。一部叙事作品通常只有一条线索，复杂的事件也有多条，线索在文章中起连贯的作用。如果有了好的生活素材，再加上有使之连贯的线索，那么文章就成为一串美丽的珍珠。读课文时，抓住了线索，就容易领会中心思想；写文章时，抓住了线索，就容易围绕中心，组织材料，使文章内容集中，脉络清晰，中心明确，条理井然。

师：总之，要想写出有深度、有力度的亲情类作文，我们就要紧抓一个中心线索，选取一个独特的角度，去挖掘亲情中最珍贵的人、事和物，去诗化独特的生活体验。今天这节课，我们将通过四项活动，围绕"抓住生活线索，提炼写作角度，诗化亲情体验"这一思路，学写亲情类作文。

一、酝酿素材，捕捉线索

师：请展示你用照相机或日记记录下的家庭生活中令你感动的人、事或物，并补充线索——生活中令"我"感动的有_____。

（屏显）

妈妈的手、妈妈的眼睛、妈妈的脚印、妈妈的唠叨、爸爸的舅

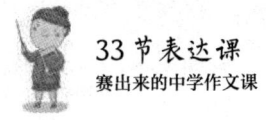

声、爸爸的额头、爸爸的背影、爸爸的手腕、奶奶的叮咛、爷爷的拐杖、弟弟的玻璃球、姐姐的发卡、那把伞、那封家书、那辆单车、那条小路、那座石桥……

师：原来平凡的生活中那些微不足道的小事，竟然可以让我们如此感动。这些令人感动的平凡小事不就是生活中所蕴含的丰富的写作线索吗？假如以"手"为线索，你会联想到生活中的哪些事情？

（屏显）

妈妈勤劳能干的手；爸爸维持生计的手；妈妈那双为我缝衣钉扣的巧手；爸爸给我施以惩罚的手；妈妈那双结满厚茧的手；爸爸那双把我举得老高老高的有力的大手；妈妈那双为我轻轻摇着蒲扇的清凉的手；爸爸那双抚摸过"我"后脑勺的温暖的手……

师：生活中一双双平常的手竟在大家的发言中显得格外亲切，格外感人。这些生活的细节不正是独特的写作角度吗？如写父亲那双把我举得老高老高的有力的大手，这是疼爱着"我"的父亲；如写爸爸那双抚摸过"我"后脑勺的温暖的手，这是关爱和鼓励着"我"的父亲；如写爸爸维持生计的手，这是艰辛的父亲。可见，在丰富的生活琐事中，我们在抓写作线索的同时，还要提炼独特的写作角度。下面我们就结合生活体验选定一个中心线索，选取印象最深刻的一个角度，列出写作提纲。然后，请同学们谈谈你选取的线索及其独特的写作角度。

二、定格瞬间，展现细节

师：请你结合生活体验，将片段一中"父亲挥手送别"这一瞬间定格展现出来。

(屏显)

片段一：

将走的时候，母亲和姐姐出来相送，父亲腿脚不方便，我便没有让他出来。可车启动了，我却看见父亲在远处挥手送我，那手臂就是一道最美的弧线——爱的弧线。

生（修改后展示）：将走的时候，母亲和姐姐出来相送，父亲腿脚不方便，我便没有让他出来。可车启动了，我却看见父亲在远处看着我，他那双在田里劳动过大半辈子的手，布满了沧桑的岁月痕迹，在风中微微抖动着，艰难地举起来，在空中画出一道最美的弧线——爱的弧线。

生（修改后展示）：将走的时候，母亲和姐姐出来相送，父亲腿脚不方便，我便没有让他出来。我在车里朝着窗外的人挥手，就在这时候，我看见不远处的山坡上，父亲不知道什么时候，也出来了。风很大，父亲倚在墙角，也正向我告别，他吃力地想抬起被病痛折磨的手臂，没抬起来，又试了一下，还是没抬起来，这时车启动了，当我向山坡上扫去最后一眼的时候，父亲的手臂已在空中画出了一道最美的弧线——爱的弧线。

师：同学们，请你们回想一下刚才两位同学分享的修改后的片段，你们觉得修改前后两者在表达效果上有什么变化？

生：我觉得修改后的片段，有几处非常触动我。修改后，父亲挥手与我告别的举动更加令我感动；修改后，深深的父爱让那道爱的弧线更美丽、更感人。同时，修改的片段以"父亲的手臂"为线索，通过父亲挥手送别的细节描写，抒写了感人的父爱。

师：我们通过定格这一生活瞬间，展现了感人的生活细节，让亲情更美丽、更动人。可见，写亲情类作文就是要善于捕捉生活中最典型的细节，精心打造，做到细微处见亲情。对于亲友在关爱瞬间的言行举止和心理活动，要进行详细生动的刻画。总之，只有定格生活细节，展现感动瞬间，才能打动人，感染人。我们现在不妨就这段文字，根据之前完成的写作提纲，写一段生活中令你感动的瞬间来与我们交流。

（学生课堂练笔后交流）

三、诗化体验，抒写感悟

师：亲情总是那样充满诗意。只有诗意的解读，我们才能真正地读懂生活中看似平凡的亲情。下面请同学们阅读片段二和片段三，谈谈它们抒发情感的方式有何不同。

（屏显）

片段二：

父亲的手就像雨伞，为我的生活遮风挡雨。父亲的手就像树根，为我的成长输送养料。父亲的手就像风筝的线头，永远在那一头默默牵挂着我。我要用最自豪的声音向全世界人说："我是世界上最幸福的人，我拥有世界上最好的父亲。"我爱我的父亲，我也爱父亲的那双大手，即使你已面目全非，但你始终是我们父子俩情感的纽带，大手，谢谢你，你辛苦了。

片段三：

爸爸的鼾声就像是一组民族乐器，正面对着夕阳在空旷的田野上演奏着人们早已不再陌生的乐曲。慢慢地，慢慢地，声音飘到了草原上。可在草原上,只剩下那短短的余声依然在碧海蓝天中回响。在生活中,有很多事会发生。再平常不过的事,只要你换一种角度或心境去看,就一定会发现其中的美好。在我的眼里,爸爸的鼾声也如此美丽!

(学生谈抒情风格的不同)

师:可见,写亲情类作文要善于诗化生活体验,可以直抒胸臆,也可以借景抒情,还可以将议论与抒情相结合。总之,诗化生活体验,抒写亲情感悟将起到揭示中心、深化主旨的作用,能更加生动地展示感人至深的动情亮点。

(屏显)

请你们结合自己选定的线索,根据片段中不同风格的两个例句,任选其一来仿写:

例1:父亲的手就像雨伞,为我的生活遮风挡雨。父亲的手就像树根,为我的成长输送养料。父亲的手就像风筝的线头,永远在那一头默默牵挂着我。

(提示:用比喻句和排比句,同时运用直接抒情的表达方式。)

例2:再平常不过的事,只要你换一种角度或心境去看,就一定会发现其中的美好。

(提示:可用关联词造句,同时运用议论、抒情表达方式。)

(学生结合自己的线索仿写,完善写作提纲)

师:再平常不过的亲情,只要你抓住有独特视角的生活线索,定格展现生活瞬间,诗化生活体验,就一定能感悟到亲情的动人之处。

四、美文赏评，拟定提纲

（屏显）

请你为范文拟写写作提纲。

🍁 学生作品

爸爸的摩托车

雨丝毫没有停的迹象，虽已是清晨，但天际在雨水的冲刷下现出可怕的暗沉。我伫立在楼道里等待着爸爸踩燃摩托车，不经意间被雨丝濡湿了头发。

天边的墨色裂开了缝隙，绽放出了丝丝缕缕微弱而诡异的光。我知道时候已经不早了，但爸爸这边毫无进展。我撑起伞，走入雨幕之中，向爸爸示意后便匆匆朝车站赶去。

爸爸的摩托车，故障真是越来越多了。

依稀记得在我还很小的时候，爸爸突发奇想，决定买一辆摩托车。在当时，对于家境普通的我们而言，摩托车算得上是件奢侈品，爸爸的想法自然遭到了母亲的反对。我不知道爸爸是如何说服母亲的，只是难以忘记的是，某天爸爸笑着将一辆银白色的摩托车推到我面前。阳光下，干净张扬的银白色和爸爸眼中的自豪如此耀眼。

爸爸的摩托车，竟也有那样光辉的时光。

曾一度以为摩托车是最好的家用交通工具。比起自行车、汽车，我还是对坐在爸爸的摩托车后座上，让路边景色映入眼帘，让清爽微风拂动发梢更为中意。上学、放学、公园、广场，爸爸的摩托车载着我行驶在路上。我却从未发现,一直倚靠着的爸爸的背,渐渐驼了。

爸爸的摩托车,原来也曾让我开心。

随着时光的推移,我开始对爸爸的摩托车产生莫名的反感。它跑得越来越慢了,它外观不够好看,它发出的噪声更大了,它也越来越难启动,尤其是在下雨天。爸爸的摩托车,我对它只有百般的挑剔。也曾对着摩托车的主人抱怨过,而他总是漫不经心地一笑而过。雨水拍打着伞,清脆之声却只让我愈加烦躁。我明白自己很可能会迟到,于是,我又开始抱怨爸爸的摩托车的不争气。

爸爸的摩托车,变老了,也不经用了吧。

我只顾避开积水快速向前行走,尽力不去想象我站在书声琅琅的教室外被老师训斥的狼狈场景。突然,身后响起熟悉的喇叭声。我回过头去,爸爸骑着摩托车越来越近。我看见爸爸穿着的蓝色雨衣覆盖着摩托车,只有在雨衣被风撩起的刹那才能注意到远不如昔日耀眼的银白色。在昏暗蒸腾的雨气中,那一抹银白色还是那样闪亮。摩托车一点点靠近,那些色彩却融化在雨中不再清晰。它载着我在拥堵的车海中穿梭,它载着我在林荫大道上行驶,它载着我感受倾泻的月光,它载着我穿过呼啸的寒风,那些点滴的过往蜂拥而至,占领了我的心。终于,雨水冲走了我对它所有不好的情绪,唯留下感激。

爸爸的摩托车,载着我穿梭于渐渐逝去的流年。纵使它会慢慢老去,失去往昔风采,但它始终都会在我需要它时出现,不计前嫌地带我走出雨季。一如爸爸,即便不再年轻,却永远陪伴着我。

(此课例荣获"新作文杯"全国第二届作文教学"创课"比赛特等奖)

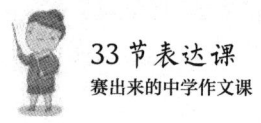

带"我"去写诗

湖北宜昌·廖茹玲

创课缘起

诗歌写作教学历来是被边缘化或者直接被忽略的,大概是因为学生在考试中不要求写诗。幸运的是,统编版初中语文教材九年级中出现了"写诗歌"的专题,并鼓励学生"尝试创作"。在这样的欣喜中,如何有创意地教孩子们学写现代诗,就成了一件充满诗意而又有挑战的事。中考可以没有诗歌写作,但青春怎能没有诗歌呢?

创课思路

要想写得诗味浓一些,可以借助形象,并融入想象,来抒发自己的情感。基于此,我们可以以"意象"为切入点,展开诗歌写作教学。意象是诗歌的基本元素,诗歌是外在形象与诗人内在情意的交融。把握了意象,就拿到了开启诗歌大门的钥匙。具体教学思路如下:第一,品读台湾诗人郑愁予的诗歌《雨说》,从其中的"我"开始,分析"我是谁",弄清"意象是什么"。第二,通过对自我个性特点的分析,找到最能承载个人情感的具体意象,明确"谁是我",寻找到生活中的自我。第三,通过"我想说"的环节,说出想说的话,吐露真实情感。第四,让"请它说",形成由生活到诗歌的转换。第五,在修辞上进行整理,使之能成为诗的语言。整个过程简洁，条理清晰，一目了然。从哲学到生活，再到诗歌，把看似高深的东西，通过简单的拆解，让它变得轻松且容易。

教学现场

一、再读《雨说》，明确意象——"我"是谁

（一）说说"我"是谁

（屏显）

雨说，我来了，我来探访四月的大地/我来了，我走得很轻，而且温声细语地/我的爱心像丝缕那样把天地织在一起/我呼唤每个孩子的乳名又甜又准/我来了，雷电不喧嚷，风也不拥挤……雨说，我来了，我来了就不再回去

师：重温台湾诗人郑愁予的诗歌《雨说》，寻找上镜率最高的字眼，你发现了哪个字？

生："我"。

师：这个"我"究竟是谁？

生："我"是四月的春雨。诗歌的题目是《雨说》，这里的"我"肯定是雨。屏幕上呈现的第一句说"我来探访四月的大地"，所以，"我"就是四月的春雨。

师：你分析得不错。大家都这么认为吗？

生：不是。我认为，"我"就是诗人自己。因为这首诗歌有个副标题"为生活在中国大地上的儿童而歌"，所以，为中国孩子歌唱的肯定就是诗人自己了。

师：你关注到了副标题，推理也很清晰，让人无法反驳。这个

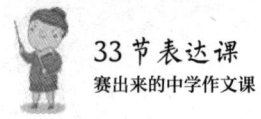

答案是不是最标准的呢?

生:不是。我觉得,"我"是春天的使者、是爱与天使的化身。

师:为什么?

生:因为屏幕上呈现的最后一句"我来了就不再回去",表明了我是奉献者,只要孩子们生活得幸福、甜蜜,我就可以牺牲一切。这不是天使是什么?

师:你们分析得非常精彩!这样看起来,每一个答案似乎都是正确的呀。这是怎么回事呢?

(学生讨论)

(二)明确"我"的内涵

生:我觉得,从外在来看,"我"就是春雨,但从内在来看,"我"又是作者自己。

师:那春天的使者呢?

生:那是作者对自己的希望。

师:那它是外在还是内在呢?

生:应该是内在的。

师:你分析得很特别,而且内在与外在的说法也很形象,想要表达的意思也有了,但我认为不够准确。

生:我觉得,作者是想通过"雨"这个具体的东西,来表达自我的情感与愿望。

师:这个说法非常准确。诗人借助"雨"这个具体形象,表达了自己对"生活在中国大地上的儿童"的亲近、关爱与祝福,也表达了他对祖国美好未来的祝福。

（屏显）

在"雨"这个生活中客观存在的具体事物身上，可以恰当地承载作者所需要表达的很多主观的情感。"雨"就是作者情感的载体，它在诗歌中的专有名称叫"意象"。

师：知道"意象"这个概念后，大家回顾一下我们学过的文章或诗歌，看看能不能找到一些具体的意象。

（学生翻书，讨论）

（三）例谈诗歌"意象"

生：周敦颐曾在《爱莲说》中说："予独爱莲之出淤泥而不染，濯清涟而不妖，中通外直，不蔓不枝，香远益清，亭亭净植，可远观而不可亵玩焉。"这里作者是想借莲花出自淤泥而依旧美丽的特点，来表达自己不同流合污的志向与节操。这里的"莲"应该就是意象吧？

师：大家觉得他分析得对吗？

生：对！

生：王之涣在《凉州词》中说："羌笛何须怨杨柳，春风不度玉门关。"这里诗人借羌笛凄切哀怨的声音，来表达戍边将士的凄苦生活和诗人的凄凉哀愁。这里的"羌笛"就是意象。

师：同学们都分析得非常正确。我们再来看屏幕上呈现的这两句诗，你们说说其中的意象分别是什么。

（屏显）

宁可枝头抱香死，何曾吹落北风中。

——郑思肖《寒菊》

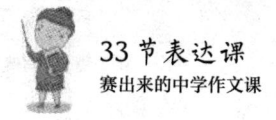

粉骨碎身浑不怕,要留清白在人间。

——于谦《石灰吟》

生（齐）：菊花与石灰。

师：非常正确。诗人郑思肖借菊花枯死枝头、孤傲绝俗的特点来表达自己坚守高尚节操、宁死不肯向元朝投降的决心。诗人于谦则借石灰烧成粉末依然保持洁白的特点，表达自己立志做清白之人。现在看来，意象真的很神奇，它能说出我们想说的话，也能寄寓我们心中最真实的情感。接下来，大家想不想与它做个游戏？

生（齐）：想！

师：那我们就先来找一找，"我"在哪里？

二、反观生活，寻找意象——谁是"我"

（一）大家来找"我"

师：我们先来做个游戏"大家来找'我'"。需要大家注意的是，这不是玩躲猫猫的游戏，而是以小组为单位，寻找最准确的自我。

（屏显）

小组合作：用两三句话描述自我，并请同组的伙伴评价你的描述是否准确。

（学生分小组活动，并记下同伴对你的评价）

（二）现实中的"我"

师：了解了大家眼中的"我"之后，同学们一定会感慨：原来我是这样的呀！或者我怎么会是这样的呢？同时，你也一定会有一些忍不住想说的话。现在请你拿出纸笔，把它们写下来。

（屏显）

写出你最近时光中最快乐、最悲伤或最郁闷的事情（情绪）。

（学生动笔写作）

(三) 物化的"我"

师：在写作过程中，我发现同学们都沉浸在自己的情绪中，都在尽力地寻找真实的自我或真实的情感。这个内容我们先不着急进行展示。写作过程多少有点辛苦，所以，接下来，我们再来做一个游戏——"寻找我的代言人（物）"。

（屏显）

结合刚才的写作内容，在现实生活中寻找与你的个性最像，最能代替你去表达你内心情感的具体事物。

（学生竭尽全力地在寻找与自己最像的人或能够代替自己的物）

师：同学们基本上都找出了自己的代言人或物，下面你们在小组内交流一下，让组内的其他同学评价一下它是否能为你代言。如果不能，就请大家核议后再选择。

(四) 诗中的"我"

师："物我合一"是古代诗人表达自我情感或志趣的最高境界，那么，下面请你们将自己上次写好的语段进行修改，将所有的"我"都替换成物化的"我"（即代言物），然后再将语句调整通顺。

（学生再次写作）

师：刚才我看见有同学已迫不及待地想要把诗读给大家听，不过你们别急，就像你们每次自拍之后，还要经过一道工序的处理，才会把照片发到朋友圈一样，所以，我们还需要哪道工序才能与大

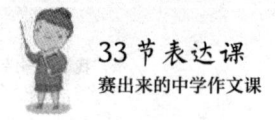

家分享。

生：美颜吗？

师：对，我们的诗歌也需要"美颜"！

三、巧用修辞，写出诗味——为"我"美颜

（一）再读《雨说》，感受修辞

师：我们没有"美颜相机"，该怎么做呢？那么，我们先来读读郑愁予的《雨说》。

（屏显）

君不见柳条儿见了我笑弯了腰啊／石狮子见了我笑出了泪啊／小燕子见了我笑斜了翅膀啊……那旗子见了我笑得哗啦啦地响

师：请你说说这几个句子有什么特点？

生：它们都运用了拟人的修辞手法。

师：很好，看来学习课文时你很认真。文章多次使用拟人的修辞手法，如果将其删去，这几个句子就不完美了。现在请大家动起来，为你的诗歌"美颜"吧！

（二）运用修辞，为诗"美颜"

师：我看到有位同学的诗写得不错，但他却不太会使用"美颜相机"。我们一起来帮帮他的诗"美颜"一下。

（屏显）

我是一棵卑微的小草／在寒冬里／我被冰雪冻僵／但春天到来时／我才发现／只要根还在／我就能染绿整个大地

——《草说》

（学生交流、讨论，商议如何为其作品升格，商议完后，屏显

升格后的作品）

（屏显）

草说，当寒冬挥起利剑／无情地将我斩杀／我为根吹上一口仙气／只等春风对它耳语／将它唤醒／那时，我高昂的头颅／将染绿整个大地

——《草说》

师：谁来说说升格后的诗歌的意象、代言与诗意分别指什么？

生：草是意象，是"我"的代言，表达了"只要根还在，我就能染绿整个大地"的积极向上的思想，类似于"野火烧不尽，春风吹又生"的意蕴。

师：很好！原诗本就含有这个意思，经过我们修改后，语言更美，诗味更浓。

四、归纳意象，诗以言志——"我"归何处

（一）归纳意象，明确"言志"

师：当然，无论是意象，还是修辞，都不是诗歌最重要的地方。大家想一想，郑愁予的"雨"寄寓了作者怎样的情感？

生：作者想表达的内容是他想化为爱的天使，为生活在中国大地上的儿童带去幸福与甜蜜。

师：是的，这才是作者想表达的内容，而"雨"不过是一个载体而已。就像周敦颐借"莲"向世人宣告自己的洁身自爱与坚贞品格；于谦借"石灰"表达自己为了社稷苍生不惜粉身碎骨的坚强意志和决心。

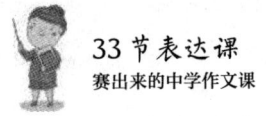

（屏显）

诗人通过"意象"这一具体的事物，代自己而言，抒发自己的思想、情怀，表达自己的志向、抱负，此所谓"诗以言志"，是诗的最本质特征。

师：请大家再次品读自己的诗歌，看它是否在"言志"。

（二）读诗改诗，言志为上

以小组为单位，交流展示自己所写的诗歌，注意一定要先读后品，而本次讨论的重点是评析诗中是否"言志"。如果没有的话，就请大家一起讨论怎么修改。

（三）佳作推介，共赏好诗

请各组推选出本组的优秀作品，然后在全班朗读展示。

学生作品

作品一：

笔说，别总是时时依赖着我 / 张开手指，放下我 / 去温柔地抚摸寂寞的航模 / 去用试剂与烧杯弹唱一曲实验室之歌 / 去耐心地捋捋雪山草地的长须 / 去轻轻抚平泰山长城的皱纹

——《笔说——对手无言的低语》

作品二：

麻雀低头，默默无语 / 这个天空的孩子 / 放弃了不劳而获的谷粒 / 即使倒在黑暗的夜里 / 也绝不做囚笼里的奴隶 / 无论是直线还是曲线 / 它都要飞向天空 / 去迎接阳光的绚丽

——《麻雀说》

作品三：

风儿说，我要吹动你手里的笔 / 让答案在纸间跳跃 / 风儿说，我要拨动你的神经 / 将紧张感一寸寸撕裂 / 我要轻抚你的心脏 / 让这个加速运动的物体走得慢一些 / 我要擦干你的汗水 / 让它悄悄滑落中 / 融化你对考场的恐怖

——《风儿说》

（此课例荣获"新作文杯"全国第二届作文教学"创课"比赛特等奖）

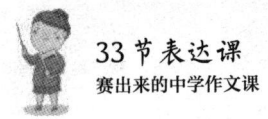

无诗不少年

江苏南通·丁 锋

创课缘起

我与诗有着不解之缘。上学时就发表了多首诗作，工作以后偶有写作，亦有诗作发表。自十年前起，我每年都会在所带班级开展赛诗会，并将佳作投稿，学生诗作均有不少斩获佳绩。后来，教授九年级学生，料想学生应有一定基础，便多次布置小诗写作，不承想结果不尽如人意。要么格调不高，思想内容平庸俗套；要么表达直白，缺乏形象表达意识；要么语言散文化，缺少诗歌应有的节奏韵味。因此，我觉得有必要在九年级紧张教学的间隙，开展一堂小诗写作指导课，引领学生真正走进独特的诗歌世界，享受诗歌创作带来的快乐。

创课思路

作文教学应注重例文与技法的自然融合，因此，我先通过呈现几组诗歌，引导学生理解诗歌创作的基本要求。这一部分分为三个板块：一是以"生活不止眼前的苟且/还有诗和远方"引入诗歌写作要有"格调"的评析；二是以"生活不止眼前的苟且/还有诗和远方的田野"引入诗歌写作要"形象"表达的评析；三是以这句诗引入诗歌写作要讲究"韵律"的评析。这三个板块均以同一句歌词引入,然后以呈现问题诗作、师生评析、原作者朗读典型佳作、多方评议、教师小结等环节推进。第二部分设计为现场写作和展示交流。主要是为图画配诗的写作、展示和交流,让学生在尝试应用中进一步体验诗歌创作之趣。

教学现场

一、谈话导入,明确任务

在正式上课前,我们先对之前你们写的两首小诗做一下点评。

二、品析习作,感悟特色

(一)理解"格调"

师:最近有一首歌特别流行,我们一起来读一读它的歌词。

(屏显)

生活不止眼前的苟且/还有诗和远方……

师:它告诉我们写诗要注意什么?

生:要有意境。

生:视野要开阔。

生:要有那种壮阔的情怀。

师:也就是境界要高一点,是吧?(学生齐声回答"是")生活中鸡毛蒜皮的事真是太多了,往往羁绊着我们前进的脚步。我们要想实现心中的理想,就必须有仰望星空的胸怀。这启示我们写诗首先要有格调。口说无凭,我们以这次大家写的诗为例,请大家齐声朗读一下屏幕上的内容。

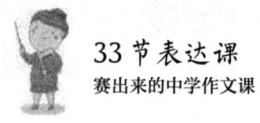

（屏显）

赠母亲

十四年前 / 您使我呼吸到第一口空气 / 感受到第一缕阳光 / 感谢您多年的照顾 / 您爱我 / 我也爱您 / 您从小把我当宝 / 我却总是不听话 / 现在 / 我长大了 / 我可以自理 / 不需要您操太多心了 / 要钱的时候给我就行

师：朗读过后，你们评析一下他写得怎么样？

生：我觉得最后一句写得太赤裸了。他只关注现实的"苟且"——金钱，这样显得很庸俗，造成整首诗的格调不高。

师：写诗的人怎么能把整首诗的格调提高呢？

生：要善于发现生活中的小细节，并将自己的立意站在生命的高度，采用以小见大的写作手法，诗的格调自然就提高了。

师：说得好！现在我们仔细探讨一下如何让诗的格调高起来，请大家再看屏幕上的下一首诗。

（屏显）

赠母亲

昏暗的灯光 / 幽黑的天际 / 您端坐在一旁看书 / 书本愣是好长时间都不翻面 / 只因 / 您的眼光总是在身旁奋笔书写的我的身上 / 时钟在不知不觉中走了一圈又一圈 / 您忍着睡意坚持陪着 / 我不睡 / 您也不睡 / 慈爱的目光打在我身上 / 眼中充满着担忧与心疼 / 夜深了 / 万物都在沉睡 / 您在旁边 / 不敢发出一点声息 / 白天为工作奋斗 / 晚上还没有多长时间休息 / 我知道 / 一切都因为我 / 您睡吧 / 没

关系／有些沙哑的语气／略微困意的声音／我不语／手中的笔加快了节奏／只因您是我的母亲

生：这首诗主要写了两件事：一是写母亲对我的关爱；二是写为了让母亲早点休息，我紧锣密鼓地做作业。

师：这首诗主要表达了作者对母亲的感恩。从他的描述中，我们可以看出，我们懂得母亲的恩情，不能只停留在语言上，要有感恩的行动去付诸，这样整首诗的格调就提高了。

（屏显）

夕 阳

几只归鸟掠过天空／划破如血残阳／远处，有风吹来／拨动着竹林美妙的音符／竹叶纷纷而下／将水面压抑着／压抑着／空气也凝固着／凝固着／渐渐地／夕阳收敛了光芒／橘黄色镀在万物上／惆怅之中／蓦然抬头／天空阴暗／我问／夕阳／夕阳／你现在的沉默／为了什么／你答／孩子／孩子／只为明朝的喷薄

师：你觉得这首诗表达了作者什么志趣？

生：写夕阳……（略显迟疑）

师（点拨）：一般来说，一篇文章的重点句很可能寄托着作者要表达的志趣或情感。请你仔细阅读一下最后一句话，想一想，为了明朝喷薄的是什么？

生：夕阳。

师：只是写夕阳吗？

生：也有可能作者在抒发自己远大的抱负。

师：对。言志是诗歌创作的一大传统，所以表达深挚的情感、远大的抱负或博大的胸襟，可能是提升诗歌格调的重要方向。

（二）感受"形象"

（屏显）

生活不止眼前的苟且 / 还有诗和远方的……

师：还有诗和远方的什么呢？

生：理想。

师：歌词是这样写的：生活不止眼前的苟且 / 还有诗和远方的田野。大家来评一评多一个"田野"和没有"田野"有什么区别？

生：田野寄寓着作者回归自然的质朴情怀。

师："田野"在诗中被称为"意象"。这就启示我们写诗要学会形象地表达。下面以你们的作品为例来理解一下怎么能做到形象地表达？

（屏显）

赠给阳光

阳光透过窗扉 / 直射在褪色的桌上 / 书影斑驳 / 欣喜，欣喜 / 地上水珠折射的阳光映在墙上 / 我以为是虹 / 我推测 / 阳光是五光十色的 / 然而 / 三尺讲台上的您告诉我 / 阳光是白光 / 令我恍然大悟 / 猜想 / 您手中的粉笔是阳光 / 您为我热的牛奶是阳光 / 您因操劳而白的发是阳光 / 懂了，懂了 / 父爱是阳光 / 您就是我的太阳 / 沐浴阳光 / 您在黑板前浅唱物理的高深 / 我在课桌旁低吟父爱的深沉

师：老师想采访一下这位作者，你是怎么想到写这首诗的？

生：我是想写点物理知识，因为太阳光是白光，所以就形成了这首诗。

师：你聚焦的形象是什么？

生：阳光。

师：竟然用到了物理知识。我也想采访一下这位父亲，您有什么感受？

鲍老师（王子越父亲）：读过女儿写的这首诗，我心里非常激动，感觉女儿很懂事。（众生笑）

师：这首诗写得真好。所以，写诗还要有新意，发常人不发之言，选取常人不选之角度。

（三）体会"韵律"

师："生活不止眼前的苟且/还有诗和远方的田野"，请大家大声朗读这两句歌词，思考一下这首歌曲有什么特色？

生：读起来感觉韵律感很强。

师：是的。优秀的诗歌读起来总是朗朗上口。下面我们一起来看看你们的优秀习作，并试着点评一下。

（屏显）

赠亚楠

静若处子有时看/动如脱兔定胜男/友谊六载坚不摧/相视一笑美流年

生：这首诗写得非常好。前两句运用描写的表达方式，生动形

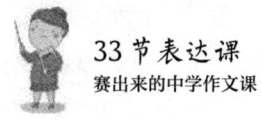

象地再现了朋友的性格特点;后两句运用直接抒情的方式,表达两人之间美好的、长久的友谊,而且全诗押 an 韵,读起来富有韵律美。

师:接下来,老师要考考大家,请你们思考一下,用什么方法修改一下屏幕上的这首诗才能使其韵律读起来更加和谐?

(屏显)

曾经 / 初识的地方 / 现在 / 仍飘散着稚嫩 / 气息

曾经 / 欢笑的地方 / 现在 / 仍回响着熟悉 / 声音

曾经 / 分手的地方 / 现在 / 仍闪着泪滴 / 盈盈

(学生自由交流后展示)

曾经 / 初识的地方 / 现在 / 仍萌动着稚嫩 / 轻轻

曾经 / 追逐的地方 / 现在 / 仍回响着欢笑 / 声声

曾经 / 分手的地方 / 现在 / 仍闪烁着泪滴 / 盈盈

三、写作交流,分享表达

师:下面就请大家给这幅画配上几句诗。你们先仔细观察图画上有些什么?它们之间有什么联系?

(屏显)

(教师相机点评,并屏显佳作)

悠悠碧波映衬着少女动人脸庞/阵阵馨香巧逗着少女小巧的鼻尖/倏忽,白雪奔跑而来/一睹倾国倾城之容颜/半捂着脸轻叹:真美,真美/河岸边的芬芳,低垂着笑颜/低吟浅唱,水边有佳人/一笑春水漾,再笑绽花妍。

师:这首诗写得春意盎然。因为佳人一笑,春水荡漾,使得形象和形象之间产生了联系,有了联系,它们的内涵就变得更加丰富了。

四、课堂小结,二度创作

师:现在我们来看看同学们对这首小诗的改写成果。

(屏显)

生活不止眼前的苟且/还有诗和远方的田野/你赤手空拳来到人世间/为找到那片海不顾一切

师:我们可借诗歌来表达自己对高雅人格的追求。为了不辜负这种体裁,老师也写了一首小诗,欢迎大家批评指正。

(屏显)

芦 稷

不是芦苇漫野地荡漾/是写在夏季田埂的诗行/炎阳一季/这诗行竟长成君子模样/其冠峨峨衣袂飘飘/其姿亭亭神采飞扬/秋纯净君以高远/君滋润我以甜香/梦里也溢满童年家乡/够我咀嚼一世/这一世便让人回想田野里矗立着的一列诗行/于是生命拥有了凛冽的芬芳

师:诗人艾略特曾说过,诗歌代表着一个民族最精细的感受与

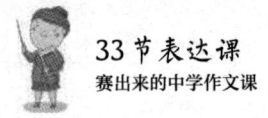

智慧。老师希望大家课后继续修改自己的诗作,力求做到有格调、有形象、有韵律,以至表达自己最精细的感受和智慧。

学生作品

作品一:

赠母亲

如果生命是最静谧的夜/那么您是我心口最亮的星/缀满相思/流淌成银河的璀璨

我爱您额前的白发/丝丝缕缕的斑驳/浸润了世界上/所有最美的光辉/化作绕指的柔

我爱您眼角的细纹/我想/若是能把她们串成一线/那么这头连着是我/那头连着是您

我爱您十指尖/少女时/她们如葱茎般水嫩/书写了多少青春往事/现如今/她们为我编织最温暖的巢

我最爱您唇边的笑/是一朵微绽的花/一片摇曳的叶/一团呼吸的云/一只蝶的薄翼/浮动的那一阵香气/赠予我一世界的/春暖花开

作品二:

等

只要您的屋里有一盏灯亮着/她就会一直等下去/直到把你等待成/一盏能照亮世界的灯

作品三：

给杜甫

静静随着游人 / 来到您曾生活过的草屋 / 浣花溪畔的那处 / 绵竹、松树和花木 / 挺拔的身姿是您的风骨 / 一千多年前八月的一个深夜 / 屋内床头床尾漏雨如注 / 您心忧天下寒士之凄苦 / 升华为沉郁顿挫的音符 / 在中华儿女的心中长驻

（此课例荣获"新作文杯"全国第二届作文教学"创课"比赛特等奖）

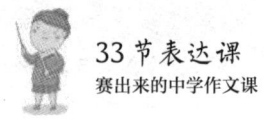

33节表达课
赛出来的中学作文课

巧用穿插显丰韵

湖北荆州·苏良明

创课缘起

通过小学几年的作文初体验，学生基本已经学会如何把事情完整地写下来了。进入初中阶段，我总觉得学生作文内容干瘪、不充实，没有感染力，所以，我阅读学生的作文，无法获得审美体验，很容易陷入阅读疲劳。如何引导学生认识到并解决作文中这一普遍存在的问题？我认为学习教材中名家名篇的方法就是一种更行之有效的方法。

创课思路

叶圣陶说："教材无非是个例子。"教材是学习写作的宝贵资源。本节课教师将引导学生从他们熟悉的课文出发，通过比较分析，让学生明白穿插的含义和具体作用。事实上，教会学生写作，就需要让学生回到真实的写作情境当中，因而，这堂课的侧重点就放在三个写作训练任务上，通过三个阶梯式的训练，学生逐步加深对穿插手法的认识与理解，从而掌握运用穿插手法的技巧。

> **教学现场**

一、比喻导入

一篇好作文犹如一个英俊潇洒的男子，又如一个风姿绰约的女子。帅男靓女不仅需要有高挑的身材，还需要有丰满的肌肉。虽然我们现在这个时代以瘦为美，但瘦骨嶙峋还是很恐怖的。好作文也是如此，一篇好作文，不仅需要有清楚的故事情节、结构作为"骨架"，还要把故事写具体，写得有感染力，来丰富作文的"血肉"。今天，老师就和大家一起探索如何把作文写具体、写得有感染力的方法。

二、认识"穿插"

1. 下面请同学们朗读屏幕上呈现的片段，并说一说它在表达方式上有什么特点。

（屏显）

时间越来越晚。这时，树林里一道手电光照来照去。趴在悬崖上的我听到了杰里和爸爸的声音！爸爸的手电光照着我。爸爸催我下来，可我却害怕得要哭。爸爸告诉我，不要想着悬崖有多高，距离有多远，只要一步一个台阶地往下移，就可以下来了。我照着爸爸的方法去做，终于爬下悬崖。

2. 我们再来朗读原文表述同一内容的部分，它与屏幕上呈现的前一个片段相比，增加了哪些内容？

（屏显）

暮色中，第一颗星星出现在天空中，悬崖下面的地面开始变得模糊。不过，树林中闪烁着一道手电筒发出的光，然后我听到了杰

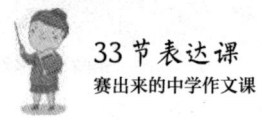

里和爸爸的喊声。爸爸！但是他能做什么？他是个粗壮的中年人，爬不上来。即使他爬上来了，又能怎样？

爸爸远远地站在悬崖脚下，这样才能看见我。他用手电筒照着我，然后喊道："现在，下来。"他用非常正常的、安慰的口吻说道："要吃晚饭了。"

"我不行！我会掉下去的！我会摔死的！"我大哭着说。

"你能爬上去，你就能下来，我会给你照亮。"

"不，我不行！太远了，太困难了！我做不到！"我怒吼着。

"听我说，"爸爸继续说，"不要想有多远，有多困难，你需要想的是迈一小步。这个你能做到。看着手电光指的地方，看到那块石头没有？"光柱游走，指着岩脊下面的一块突出的石头。"看到了吗？"他大声问道。

我慢慢地挪动了一下。"看见了。"我回答。

"好的，现在转过身去，然后用左脚踩住那块石头。这就是你要做的。它就在你下面一点儿。你能做到。不要担心接下来的事情，也不要往下看，先走好第一步。相信我。"

这看起来我能做到。我往后移动了一下，用左脚小心翼翼地感觉着岩石，然后找到了。"很好。"爸爸喊道，"现在，往右边下移一点儿，那儿有另外一个落脚点，就几英寸远。移动你的右脚，慢慢地往下。这就是你要做的。只想着接下来的这步，不要想别的。"我照做了。"好了，现在松开左手，然后抓住后面的小树干，就在边上，看我手电照的地方，这就是你要做的。"再一次，我做到了。

就这样，一次一步，一次换一个地方落脚，按照他说的往下爬，爸爸强调每次我只需要做一个简单的动作，从来不让我有机会停下来思考下面的路还有很长，他一直在告诉我，接下来要做的事情我能做。

突然，我向下迈出了最后一步，然后踩到了底部凌乱的岩石，扑进了爸爸强壮的臂弯里，抽噎了一下，然后令人惊讶的是，我有了一种巨大的成就感和类似骄傲的感觉。

此后，我生命中有很多时刻，面对一个遥不可及的目标，或者一个令人畏惧的情境，当我感到惊慌失措时，我都能够轻松应对——因为我回想起了很久以前悬崖上的那一课。我提醒自己不要看下面遥远的岩石，而是注意相对轻松、容易的第一小步，迈出一小步，再一小步，就这样体会每一步带来的成就感，直到达成了自己的目标。这个时候，再回头看，就会对自己走过的这段漫漫长路感到惊讶和骄傲。

3. 从文学作品内容丰富性、情绪感染力等角度来看，哪个片段表达更丰富、更细腻？

4. 根据自己的理解概括穿插的含义，体会穿插的作用。

三、运用"穿插"

(一) 训练一

(屏显)

难得双休，我临时决定邀约一伙人去旅行，目的地——杨林山，旅行方式——骑单车。到了约定的时间，10个到了7个，1男6女，于是，我们这趟说走就走的旅行就这样开始了。_____。一路上，我们敞开胸襟，说唱嬉闹，真正做了一回自由之人。我最爱听

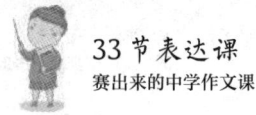

符紫怡唱歌了,这回她放开喉咙,或吼或吟,倒是别有一番风味。一行中唯一的男士刘明昊是个活跃分子,有他同行,旅程绝对不寂寞。途中经过桥市镇,我想起班上好几个同学家住桥市镇,大家纷纷打趣说要去他们家讨口水喝。

——选自《新作文·杨林山游记》

1. 请结合前后文内容在文中横线处穿插一句描写性语言。
2. 感受体会此处穿插内容要遵循的要求。
3. 小结收获一。

(二) 训练二

(屏显)

人的一生中会交到各种各样的朋友,或好或坏。好朋友会让你受益匪浅,坏朋友则如恶魔缠身。我很幸运,交到一个良师益友。是你,让我改掉了性格里不好的因子;是你,让我不断吸取教训走向成功。你的名字叫作"失败"。

依稀记得,四年级时,学校里组织大型的朗诵比赛。我一向自诩朗诵水平全班第一,理所当然参与了活动。比赛前,我甚至没有熟读朗诵材料,一直自信地认为,一等奖非我莫属。到了活动开始,整个现场人山人海,热闹非凡,我不禁有点小紧张。"下面有请四年级(1)班蔡梦延同学为大家朗诵,大家欢迎!"当听到广播里叫我的时候,我的脑袋立马一片空白,除了自己的心跳声,其他什么声音都听不见了,我的两腿也像灌了铅一样沉重。当我站在舞台上结结巴巴朗诵完原先准备的诗歌时,我知道,我失败了。我把自己关在空荡荡的房间,一遍遍问自己,为什么会这样?为什么我赛前那么自大呢?为什么我不好好准备呢?

_____

_____。

也依稀记得,七年级时的一次期中考试,考数学的时候,我提前半个小时就做完了试卷,自以为会得到96分以上的优秀分,不承想只得了可怜的76分。考试结果让老师很是生气,老师厉声质问我的情景,至今让我心有余悸。我万分惊讶地检查试卷,发现几乎所有错题都是由我的马虎造成的,不是漏掉负号,就是把题目看错;不是计算错误,就是忘记小数点。我悔不当初,巴不得狠扇自己两个耳光。哎,从小学到初中,我犯这样的毛病真的太多了,为此,老师没少批评过我,看来这马虎的老毛病真得改改了。

_____

_____。

十多年的人生征途上,我遇到过数不清的失败,当我无数次和你交往,我渐渐明白了你带给我的谆谆教诲。我把你当成人生的导师,希望你不断带领我去做一个更好的自己。

1. 请同学们在文中两条横线处穿插合适的内容。

2. 下面我们来分析探究一下在叙事结束后穿插一两句议论的好处。

3. 小结收获二。

(三) 训练三

(屏显)

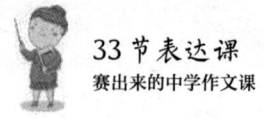

温馨旅途

正值炎热的暑假,居住在县城的伯父去世了。昨天,是他老人家出殡的日子,作为侄儿,我和爱人必须得去送他老人家最后一程。送完老人,在回朱河的客车上,我看到了非常温馨感人的一幕。

我和爱人上车时,车上只有三个乘客,一对60来岁的夫妇,坐在正对车门的左边第一排座椅;另一个是个瘦瘦的青年男子,坐在靠车门的第一个座椅。我和爱人选了那对夫妇后面一排的座椅。一会儿,又上来一位满脸白须的高个老人。空调里嗖嗖的冷气很快就让我们通体透凉。

还未出城,又有一位戴浅红色帽子的老人要上车,她胸前背后挎着的两个大包足有100斤重。她艰难地一步一步移上车,可由于包太大,人上了车,背后那个包却卡在了门框处。女售票员见状,职业性地帮着拉了一把,老人终于上了车。也许不想再耗费体力,她就顺势坐在车门对着的一条长凳上,也就是那对夫妇的左前方。

售票员售完票,我们才得知老妇人将在中途的红南桥下车,然后步行到相隔3里多路的太平桥去。她大包小包装的都是从县城采购的辣椒、白菜、藕等蔬菜,准备带回家去卖。

这么热的天,还要背这么沉重的货物走回去,那对夫妇中的妇人显然动了恻隐之心,她掏出一张5元钱递给了老人,关心地嘱咐她搭辆麻木车回去,老人推了好半天,最后,很感激地收下了。

车到红南桥,老人下了车,大家似乎都受到刚才那件事感染,纷纷伸手帮忙。

客车又一次出发了,老人的身影渐渐远去,但是我们的内心却被这难得的温馨一幕深深感动着。

1. 请同学们阅读上文,找一找,哪些地方可以穿插内容,并试着补充。

2. 学生汇报、展示自己的讨论成果后,请小组成员评价一下看谁的穿插更有道理。

(屏显)

温馨旅途(完整版)

这几天,监利天气又进入了烧烤模式,大清早,太阳照在人身上,就能让人汗流浃背。中午,人们是能不出门就不出门,谁愿意大热天的被架在火炉上当乳猪烤呢?

可是,由于县城的伯父去世了,昨天,是为他老人家送葬的日子,作为侄儿,我和爱人必须得去送他老人家最后一程。送完老人,搭客车回朱河的途中,却让我看到了非常感人的一幕,真的是满满的正能量!

我和爱人上车时,车上只有三个乘客,一对60来岁的夫妇,坐在正对车门的左边第一排座椅;另一个是个瘦瘦的青年男子,坐在靠车门的第一个座椅。一会儿,又上来一位满脸白须的高个老人,估计长年累月在农田劳作,他的肤色呈古铜色,而且淌着一颗颗的汗珠。他一上车,就直呼"凉快",可是,说起价格,他倒是嘀咕了几回。我和爱人坐在两位老夫妇的后面一排,也终于从刚才车下的烧烤模式中解放了出来。

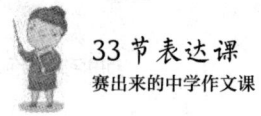

还未出城,又有一位戴着浅红色帽子的老人要上车,这位老人很显然比车上其他几位老年乘客更年长,她矮小的身躯,满脸的皱纹,由于被汗水浸湿,她的眼睛几乎眯成一条缝,尤其是她挎在右肩上的一根绳子拴着的胸前大纸箱和背后的大白袋,大纸箱和大白袋都装得鼓鼓囊囊,加起来差不多要有100斤!

老人左脚艰难地抬上车,左手抓紧青年男子面前的一根把手,再一边抬右脚,一边试图把胸前的大纸箱往前推上车,无奈,纸箱太长,进不了门框。站在跟前的女售票员见状,职业性地伸手帮忙把纸箱旋转了一个角度,再用力一拉,老人终于趔趄着上了车。虽然车后面还有很多座位,但老人很显然不想再耗费体力移到后面去,她就顺势坐在车门对着的一条长凳上,也就是原先车上那对夫妇的左前方。

过了好大一会儿,最后上车的老人似乎才回过神来,她渐渐睁开双眼,不过似乎也没睁大多少。售票员售完票,我们才得知老妇人将在中途的红南桥下车,然后到相隔3里多路的太平桥去。她这大包小包装的都是辣椒、白菜、藕等蔬菜,准备带回家去卖。

"您今年多大年纪?"夫妇中的妇人问。由于坐在她后排,我看不清她脸上的表情。

老人稍稍转过脸:"整70啦!"

"70了,还在辛苦做事?"

"我大女儿都50了。趁还做得动多做点。"

"真是佩服您!这大热天的,好受罪哦!"妇人满是可怜的语气,"下车以后,怎么回去?"

"走回去啊！搭麻木车得三四元钱，或许5元钱。"老人显然舍不得花5元钱搭麻木车。

"5元钱也要搭麻木车啊，温度这么高，会把您晒出事的。"妇人挺同情老人。

"您这是要钱不要命！"售票员突然插上一句。

妇人右手在口袋里摸索着什么，哦，她掏出了一张10元钱，要求售票员换两张5元钱，然后，她给老人递上一张：

"来，我给您付个路费，等会您搭辆麻木车，别太苦了自己！"

"我不要，谢谢你们！"老人一边说，一边把钱推给妇人。

"您收下吧，一点小事，别推辞！"妇人一定要把钱给老人。

两人相互推了好半天，老人很感激地终于收下了。

"我收了，心里老要放个事。"老人还在感念妇人的恩情。

"这有什么呢？5元钱，又不多，您就当没这回事。"妇人的丈夫也帮着劝老人，他不想让老人有心理负担。

老人接过钱后，不知小声念叨了多少遍"这事我要记一辈子"，妇人也不知说了多少句"这点小事，千万别放心上"。

一路上，外面骄阳似火，但车内却清爽宜人。

车到红南桥，老人要下车了。靠近车门的售票员、青年男子、妇人的丈夫都争着帮忙，有人帮忙开车门，有人帮忙搀扶老人，有人帮忙搬行李，大家似乎都被这温馨的氛围感染了，一边伸手帮忙，一边脸上露出幸福的微笑。

我们总是在说人心叵测、社会冷漠，但炎热炙烤的夏日里的这件小事，却让我感受到一对夫妇身上闪耀的温暖光芒，还有潜藏在

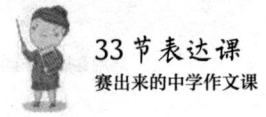

大家心底的一触即发的善意温情。让我们一起自然地、尽情地释放内心的那份美丽吧,也许它会温暖你、感动我、拉近我们彼此心的距离。

3. 请同学们将讨论交流的观点与内容和上面的文章进行比较,进一步掌握并学会运用穿插手法。

4. 小结收获三。

四、课堂小结

如果说学会了记叙就是建立了一个人的伟岸骨架,那么掌握了合理地穿插描写、抒情、议论的方法,就可以丰富一个人的血肉,点亮一个人的生命。学用穿插,让我们的作文尽显丰韵之美吧!

学生作品

那一次,我战胜了自己

在生活中,许多人都有一道跨不过去的坎。这些坎对他们来说,就像恶魔一样,很难战胜。

我亦如此,也有一道自己难以跨过的坎。在外人面前,我总是表现得很腼腆,当需要独自面对许多人时,我会紧张、害羞,甚至是害怕。我害怕看到别人议论、嘲笑和不屑的目光。我有一点点自卑,看到别人讨论自己的时候,就会认为别人不喜欢自己,所以,我总是用笑容伪装自己,用大大咧咧来掩饰内心的恐惧,害怕自己被别人看穿。

可是,那一次,我却战胜了那个恶魔。

那时，学校要举行演讲比赛，班内筛选前，我不知为何，竟鬼使神差地报了名。经过一星期的准备，班内选拔开始了，抽签排序，我竟是第一个演讲！哎，苍天啊！大地啊！我是踩了什么狗屎运，手气竟然那么"好"！算了，算了，我也认了。既然我是"先锋"，那么，本帅就只好率领小弟"冲锋陷阵"了。可是，在上阵前，我又作了一番激烈的心理斗争，面对这些熟悉的人，我定会不好意思，那该怎样做呢？我是该放松心情，装作无所谓的样子，还是该小心点呢？哎呀，管不了那么多了，还是先上台吧！

于是，我硬着头皮走上讲台。演讲开始了，可我却低着头一股脑儿地念。我紧张极了：怎么办？我不敢抬头看同学们！可是这样不行啊！我不能就像一个机器人一样，只看着稿子。这样的话，演讲有什么意义呢？对，我不能这样，都是同学，有什么好害怕的呢？话虽这么说，我却仍没有勇气抬头看那些听众，只是时不时地抬眼瞟他们。我的脸发热，估计早已涨得红红的。马上就要到最后一个自然段了，我必须正视他们。加油，鼓起勇气，你一定行的！我在心里默默地为自己打着气。终于，我可以勇敢地面对他们了，将最后一个自然段朗读了出来。

虽然，那一次我没有做到最好，只跨出了一小步，但是有了那一步，我开始变得自信了。起码对我来说，那一次，我还是战胜了自己。

（此课例荣获"新作文杯"全国第二届作文教学"创课"比赛一等奖）

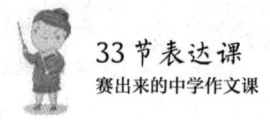

事实还需要雄辩

湖北十堰·卢春芳

🍁 创课缘起

这是一节"一事一议"的作文讲评课,教师想要通过本单元的作文训练和讲评,激发学生对社会现象、人生问题的深度思考,并能用摆事实、讲道理的方法较为分明地表达态度与观点。

议论文写作是学生的薄弱环节,如果训练方法不当,往往是费时费力、劳而无功。初学议论文的写作,学生大多不善分析,只是停留在"论点+论据"层面上,出现"观点+材料"的弊病,致使议论文浅显、空洞,缺乏说服力。因此,为帮助学生尽快突破议论文的写作障碍,本节课围绕"多角度立意""就事析理"进行作文评讲、问题探讨和写作训练,通过设计一些启发性的问题,引发学生思考、讨论、辩论,提高其思维能力和写作能力。

🍁 创课思路

本节课的教学内容从学生的生活实际出发,利用学生自己的写作材料有序地推动整节课进行,这种"授之以渔"的设计初衷在实际的课堂教学中,有很强的可操作性。这节作文讲评课通过写作拓展训练,鼓励学生在评中写、写中议,从而调动起课堂的气氛。课堂以学生为主体,重视学生的参与,并且灵活地应用课堂交流形式,努力营造创新、平等、民主、和谐的教学氛围,让九年级的作文教学有序、有趣,获得了良好的教学效果。

教学现场

一、我来评:选好角度说看法

师:我们上周尝试了议论文写作,老师从中感受到了同学们的努力,并觉得每一位同学都有所进步。当然,我们也需要静下心来反思自己作文中存在的问题,这样我们的作文才会越写越好。

因为近期的语文活动是"走近历史人物",所以,大部分同学写的是《小议项羽》。在《小议项羽》中,有的同学认为项羽是英雄,有的同学认为项羽不是英雄。下面我们先来看看同学们作文中的论点。

(屏显)

观点一:项羽是个残暴的人。

观点二:项羽是个忠肝义胆的豪杰。

观点三:项羽是个软弱的人。

观点四:项羽是个失败的英雄。

观点五:项羽是个有胆略的人。

师:对于项羽自刎乌江,历史上,有三位文学家分别发表了自己不同的看法。

(屏显)

第一位杜牧:胜败兵家事不期,包羞忍耻是男儿。江东子弟多才俊,卷土重来未可知。

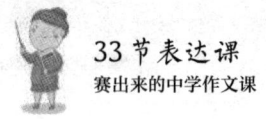

第二位王安石:百战疲劳壮士哀,中原一败势难回。江东子弟今虽在,肯与君王卷土来?

第三位李清照:生当作人杰,死亦为鬼雄。至今思项羽,不肯过江东。

师:对项羽的评价,他们三个人有不同的看法。现在请大家思考一下,用自己的语言来简单概括一下这三位文学家对项羽的评价。

(学生解读三位文学家的见解)

师(点评):对同一事物,我们可以发表自己不同的观点,可谓仁者见仁,智者见智。这就是议论文的论点选择。一个题目或材料虽然常常可以从多个角度立意,但是并不是每个角度的立意都可以写出好文章的。原因在于我们并不是对每个角度所涉及的内容都熟悉,或者有些角度很一般,写出的文章难免人云亦云、平平淡淡。另外,有些材料本身就有鲜明的情感价值趋向,并不能多角度立意。那么,选择议论角度的要领有哪些呢?我们一起来看大屏幕。

(屏显)

写作应选取的角度是:

1. 题目或训练要求限定的角度。
2. 能触及题目或材料主旨的角度。
3. 有时代感、针对性的角度。
4. 具有新颖性的角度。
5. 多思善想,比较筛选,选取最能发挥自己水平的角度。

二、微课：深入分析，透彻说理

师：是不是有了好的论点就能写出好的议论文呢？当然不是，同学们在这次作文中出现的另一个主要问题就是：对事例缺少分析，议论文的事例分析究竟有多重要呢？让我们一起走进微课堂。

三、我来议：事实还需要雄辩

师：我们很多同学的作文只是停留在"论点+事例"层面，对事例分析得浅显、空洞。下面是同学们作文中列举出的项羽的事例。

（屏显）

1. 项羽少时曾曰：书足以记名姓而已。剑一人敌，不足学，学万人敌。更言出："彼可取而代也"。

2. 项羽破釜沉舟，大败秦军，勇救赵国。

3. 项羽因曾与刘邦结为兄弟，而不杀刘邦父亲。

4. 在鸿门宴上，项羽听取项伯的意见善待刘邦。

5. 项羽受士兵爱戴，是因为他常常把自己的物品分给有需要的士兵。

6. 楚汉对峙多年，胜负未决，项羽深知百姓的苦处，主动向刘邦提出决一雌雄，结束两军对垒的局面。

7. 秦国将领王剪围攻项羽的祖父，导致他自杀身亡；秦国将领章邯把抚养项羽长大成人的项梁给杀了，项羽带领江东八千子弟揭竿抗秦。

8. 在鸿门宴上，亚父范增三次示意项羽杀刘邦，项羽并没有理睬。自项羽自称"西楚霸王"后，就不肯听取别人的意见了。

9. 项羽在攻下襄城后，把那里的20万军民全部活埋了。

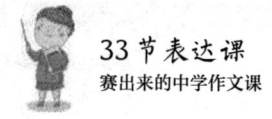

10. 项羽兵败垓下,最后乌江自刎。

师:显然,这些事例中蕴含的意义,同学们在这次作文当中并没有完全挖掘出来,也缺乏深入分析的力度。事实还需要雄辩,现在就请同学们开动脑筋,重新审视这些事实,请说出你的真知灼见:项羽是一个怎样的人?

(学生先动笔修改本组中出现的《小议项羽》作文,使观点更明确,说理更充分,修改完毕后小组再讨论)

四、我来想:展开思维的翅膀

师:我们做一个简单的思维发散练习。请大家先看视频,然后仔细观察自己的手指,你们也可以相互握一握,体会一下两个人手指合在一起的感觉。假如以"手"来选取立论的角度,你会选取哪个角度?你为什么会这样选?请提炼一个鲜明的论点阐释你选取的原因。

(屏显)

1. 学生独立思考:通过"手"想到什么?用一句精练的语言概括并写出来。(它就是你的中心论点)

2. 学生分组讨论,教师在黑板上呈现中心论点。

3. 根据教师板书展示的观点,学生发表看法。

师(总结):对同一件事,我们从不同的角度进行思考分析,可以挖掘出不同的内涵,得出不同的见解和看法。然后,我们再从不同的角度来叙述这件事,就可以证明不同的观点,因此,我们要尽可能地发散思维,力求从新的角度、新的层面写出新意。

五、我来写：落笔成章展佳境

师：请选取你所尝试的一个最好的角度，并据此完成一篇观点明确、论证分析有条理的完整的议论文。

（屏显）

1. 小议"手"。

2. 再议项羽。（重新审视事例，挖掘出其中蕴含的意义，使观点更明确，说理更充分）

3. 材料作文：秦末有个叫季布的人，一向说话算数，信誉非常高。当时甚至流传着这样的谚语："得黄金百斤，不如得季布一诺。"（成语"一诺千斤"的由来）后来，他得罪了汉高祖刘邦，被悬赏捉拿。他的旧日朋友不仅不被重金所惑，还冒着灭九族的危险来保护他，使他免遭祸殃。

学生作品

小议"手"

闲时审视自己的手指，发现手指也是一个小社会，且高低贵贱界限分明，各有各的品格，各有各的性情。拇指是王者，虽模样笨拙，站的位置又最低，但因其随和中庸，和任何一个手指都合得来，所以自然受到拥戴。王者毕竟有王者的威严，虽和每个手指都保持亲密关系，却从不和别的手指站在一列，独处一隅，保持几分神秘。

食指是谋士良臣，在四个手指中和拇指交往最多，关系最近，

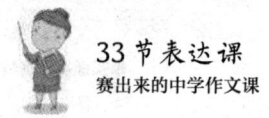

大凡是精细活计，都由食指同拇指搞定，只有粗活重活才动用其他手指。食指聪明智慧，但有重大决策，皆由食指开动脑筋指明方向，等大功告成，方由拇指郑重按下指印；若遇违法乱纪之事，往往由食指出面指手画脚，等风平浪静再由拇指出面表示嘉奖。

中指是文人雅士，亭亭玉立，孤高自傲，除了与笔墨丝竹打交道时显得风流倜傥，平日郁郁寡欢，像个失意的诗人。但中指代表了一双手的精神，唯有完美的中指才能成就一双纤纤玉手。中指最长，因此，碰壁时就受伤最重，如同历代的文人一样。

无名指是一个世俗者，它不像中指那样要求名分，却非常注重实惠。无名指是爱和财富的象征，由它来戴上戒指见证一个人的婚姻和荣誉。连名字都没有的无名指，像一个披金戴银的贵夫人，慵懒地享受着一生。

小拇指是女子，娇小，娇情，虚荣，喧闹，时不时跷成兰花状以显示自己的存在。小拇指虽派不上大用场，却能干一些诸如挖鼻孔、掏耳朵的体贴活儿，因而备受宠爱：倘若男人只能留一个长指甲或女人只能留一个红指甲，便必定是小拇指。

五个手指中，除大拇指外，四个手指互不合作，但遇到外敌入侵时，五个指头便会紧紧握成拳头！

（此课例荣获"新作文杯"全国第二届作文教学"创课"比赛一等奖）

心中有读者，笔下出好文

湖南湘乡·肖劲松

创课缘起

在学生尚未全面形成清晰的写作目的意识和读者意识的今天，我们需要开发实用的写作知识和寻找合适的写作支架，来帮助学生掌握写作之前的语境分析策略，构建写作目的意识和读者意识。

创课思路

基于学生的基本学情，我确定如下教学策略：首先，教师引领学生回顾所学的经典名篇《陈情表》，从中探寻文采背后的奥秘——写作目的意识和读者意识；其次，引导学生填写"写作目的与读者对象分析表"，明确语境分析的意义，初步掌握写作之前的语境分析策略；再次，教师出示作文题，学生思考、讨论，填写"写作目的与读者对象分析表"，交流修改，师生评价；最后，师生一起研讨如何根据"写作目的与读者对象分析表"来确定写作策略，以帮助学生完成写作。

教学现场

一、回顾《陈情表》，探寻文采背后的奥秘

师：我们一起来回顾李密的《陈情表》中的相关内容，在此过

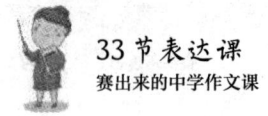

程中,同学们需要思考屏幕上呈现的问题。

(屏显)

李密的《陈情表》为何能打动晋武帝?是因为他写得很有文采,还是因为他身世的悲惨值得人们同情,还是另有原因?

(学生讨论、交流,教师小结)

(屏显)

李密的《陈情表》为何能打动晋武帝?除了文章很有文采和他身世悲惨之外,还有一个重要原因在于李密是一个高明的写作者,他拥有较强的写作目的意识和读者意识。

二、填写"写作目的与读者对象分析表"

(一) 明确写作目的

师:李密写《陈情表》的目的是什么?

生:他的写作目的是说服晋武帝放弃任命,批准李密暂不出仕、在家赡养祖母的请求。

(二) 分析读者对象

师:李密在写这篇表章之前,对晋武帝做了周密的分析。我们可以根据表格中的提示来做简单的分析,先请大家根据课文内容认真思考,"读者对象"这部分中的前七项应该填写哪些内容呢?

(屏显)

读者对象	1. 他是谁	
	2. 他的年龄	
	3. 他的身份与地位	

4. 他的文化程度	
5. 他与我的关系	
6. 他最关心的事	
7. 他的期待	
8. 他可能会如何反驳和质疑作者的观点	

(学生思考、填写，之后展示交流、点评)

师：李密对晋武帝最关心的事有没有做出回应与解释？

生：李密给予了相应的回应与解释。他提道："伏惟圣朝以孝治天下，凡在故老，犹蒙矜育，况臣孤苦，特为尤甚。"此外，还用了大量笔墨写自己对祖母的孝顺。

师：李密有没有特别注意自己与晋武帝的君臣关系？

生：有。他自称"臣"是"亡国贱俘"，写表章时的心情是"不胜犬马怖惧之情，谨拜表以闻"；称对方为"陛下"，称东晋为"圣朝"，称蜀为"伪朝"，更用"臣生当陨首，死当结草"来表达了自己的感激之情。

(三) 考虑读者反对意见

师：同学们，写作者应充分考虑读者可能提出的疑问与反对意见，然后在文章中一一做出回应与解释，这样才能达到良好的沟通效果，让读者心服口服地接受写作者的观点。大家想一想，如果李密提出来不去赴任，而是要先赡养祖母，晋武帝可能会怎样想？他可能会怎样反驳李密？

(学生填写表格第8项内容)

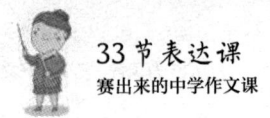

师：同学们，我们再来朗读课文，在朗读的过程中，要注意课文中哪些语句回应与解释了这些质疑与反对的意见。

（学生在课文中寻找并圈点勾画，交流）

（四）总结归纳

师：要想达到交际的目的，写作者就要有很强的写作目的意识和读者意识。所以，在写作之前和写作过程中，你都不要忘记自己的写作目的，更不要忘记自己是和谁在交流，要充分考虑读者的年龄、身份地位、文化程度、与自己的关系、他关心和期待的是什么，还要考虑他可能会如何来反驳和质疑自己的观点，你要在文章中做出回应或解释。我们要向李密学习，做一个高明的写作者。完成这个"《陈情表》写作目的与读者对象分析表"，我们就会明白，读者对象不同，所填的内容就会不同。文章哪些内容要重点写、哪些内容可以略写、哪些内容可以不写，都跟读者对象有关。

（屏显）

《陈情表》写作目的与读者对象分析表

	1. 他是谁	晋武帝。
	2. 他的年龄	晋武帝时年31岁。无论年龄大小，都必须按君臣之礼对待。
读者对象	3. 他的身份与地位	晋武帝是皇帝，至高无上，掌握生杀予夺的大权，切不可冒犯。
	4. 他的文化程度	家庭背景好，文化修养较高。
	5. 他与我的关系	晋武帝是君，我是臣，而且是低贱的亡国之臣。

	6.他最关心的事	①为了减少灭吴的阻力，赢得东吴民心，对亡国之臣实行怀柔政策，以显示其宽厚之胸怀。②希望李密这个蜀国旧臣能应召出仕。③继承汉代以来以孝治天下的策略，实行孝道，以显示自己清正廉明，同时也用孝来维持君臣关系，维持社会的安定秩序。
	7.他的期待	李密是一个低贱的降臣，没有资格跟朝廷讨价还价，他对朝廷的恩宠应该感恩戴德，应该克服困难迅速赴任。
	8.他可能会如何反驳和质疑作者的观点	①李密这个蜀国旧臣会不会因为彰显名节不出来做官？如果李密不出来做官是要赡养祖母，那为什么在蜀国出来做了官？是不是对我晋朝不满？②李密会不会是待价而沽，嫌给的官小？③李密的祖母真的无人可以照料吗？有没有其他人，比如叔伯兄弟可以代为赡养？难道请个仆人照顾不行吗？④李密真的是为了尽孝暂不出仕吗？他祖母去世之后会不会出仕？
写作目的	说服晋武帝放弃任命，批准李密暂不出仕、在家赡养祖母的请求。	
文体形式	表（给皇帝上的奏章）。	
话题	李密可不可以先尽孝，待祖母去世之后再出来做官？	

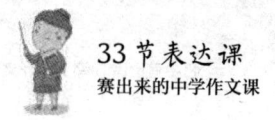

三、学以致用,根据作文题填写"写作目的与读者对象分析表"

(一) 出示作文题

(屏显)

阅读下面的材料,根据要求写一篇不少于800字的文章。

公元1057年春,苏轼在参加科举考试时写了一篇题为《刑赏忠厚之至论》的策论。考官们一致认为此文当评第一。苏轼在文中编造了一段尧和皋陶的对话来证明自己的观点,主考官问苏东坡这个典故出处在哪里,苏轼说:"想当然吧,这是我杜撰的。"

2019年,某大学教师因抄袭、重复发表多篇论文,违反学术规范,受到行政记过、取消研究生导师资格、调离教学科研岗位等处分。

一本名为《作文秘诀》的作文辅导书中说,如果在考场上想不起典型事例和名人名言,可以大胆捏造,反正阅卷老师也没有时间去一一核实。对于《作文秘诀》的观点,你怎么看?请给《作文秘诀》的贾主编写一封信,表明你的态度,阐述你的看法。

要求:综合材料内容及含义,选好角度,确定立意,完成写作任务。明确收信人,统一以"明理"为写信人,不得泄露个人信息。

(二) 填写"写作目的与读者对象分析表"

(屏显)

《给贾主编的一封信》写作目的与读者对象分析表

读者对象	1. 他是谁	贾主编，《作文秘诀》的主编。
	2. 他的年龄	成年人。
	3. 他的身份与地位	作文教辅书籍的主编，也可能是资深的中学语文教师。
	4. 他的文化程度	文化修养较高。
	5. 作者与他的关系	①作者是一个叫"明理"的中学生。②与贾主编是读者和主编的关系，未曾见面，感情较浅。③地位平等。
	6. 他最关心的事	希望自己所编的书能得到读者的充分肯定。
	7. 他的期待	自己编的书能给读者的写作带来帮助，帮助学生提高写作水平。
	8. 他可能会如何反驳和质疑作者的反对与质疑	如果作者反对贾主编的观点，贾主编可能会有的反驳意见：①在考场上记不起典型事例和名人名言是常有的事。②典型事例和名人名言在考场作文中很重要，它们能帮助考生提高作文分数，因为阅卷老师比较看重典型事例和名人名言。③考生捏造典型事例和名人名言不会有什么损失，因为阅卷老师阅卷时间紧、任务重，不大可能去一一查证。④在考场上大胆捏造典型事例和名人名言是随机应变，不等于不讲诚信，也不等于学术不端。

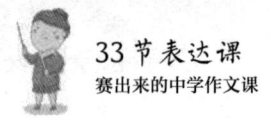

写作目的	主要向《作文秘诀》的贾主编指出"如果在考场上想不起典型事例和名人名言,可以大胆捏造"这一观点的不妥之处及其危害,同时阐述正确的观点和做法,希望对方能在《作文秘诀》再版时予以更正。
文体形式	书信。
话题	对《作文秘诀》的观点"如果在考场上想不起典型事例和名人名言,可以大胆捏造,反正阅卷老师也没有时间去查资料一一核实",你怎么看?

(三)探讨写作策略

师:根据上面的"写作目的与读者对象分析表",你认为我们应该有怎样的写作策略?

生:先亮出《作文秘诀》的观点,接着向贾主编指出其不妥之处及其危害,并分析这种观点的实质和产生的根源,然后表明自己的观点,指出正确的写作方法,阐述自己的理由,最后提出呼吁,希望对方采纳并予以更正,以免误导学生。

师:如果我们反对贾主编的观点,那么贾主编可能会如何反驳呢?他的这四条意见,有没有一定的道理?如果没有道理,那么我们如何反驳他?

生:第①条意见不是可以大胆捏造的理由,可以这样反驳:在考场上记不起典型事例和名人名言,说明考生平时没有下功夫积累;倘若积累丰富,即使某一个特定的事例和名言忘记了,也可以用其他的替代。

生:第②条意见也不一定对。典型事例和名人名言在论述类的写作中是比较重要的,但也要看这些典型事例和名人名言是不是真实准确，是不是能够证明观点。

生：对第③条意见，我们可以这样反驳：阅卷老师一般阅读面广，不一定看不出捏造的典型事例和名人名言，一旦看出，作文得分就会受影响；假的论据没有说服力，会让一篇本来不错的文章大打折扣；作文先做人，捏造典型事例和名人名言与人的品行有关，不能过于功利。

生：对第④条意见，我们可以这样反驳：在考场上大胆捏造典型事例和名人名言是一种投机取巧的行为，是不可取的。这关系到学术风气，关系到社会风气，同时也不利于培养学生的实证精神和批判性思维，不利于培养承担民族复兴重任的创新人才，所以要想形成良好的学术氛围，要从小养成，要从严要求。

师：从解决问题的角度考虑，我们可以给贾主编提出怎样的建议？

生：我建议他在《作文秘诀》再版时将这个秘诀进行修改：删掉"大胆捏造典型事例和名人名言的"假秘诀，增加"广阅读、勤思考、多积累"的真秘诀。作为《作文秘诀》的主编，他承担着青少年引路人的社会责任，最大的愿望当然是希望读者能从《作文秘诀》中得到教益，能把作文真正写好，拿到高分。

四、总结并完成写作任务

写作主要是为了沟通和交流。有经验的写作者，会在写作之前花时间思考自己的写作目的，并且深入分析这篇文章潜在的读者，分析他的年龄、身份地位、文化程度、与自己的关系、他关心和期待的是什么，还要考虑他可能会如何来反驳和质疑自己的观点，该

如何在文章中做出回应或解释。

我们可以借助"写作目的与读者对象分析表"这个工具，来完成写作前的语境分析，帮助我们明确写作任务、写作重心、文体形式和写作策略。

学生作品

给贾主编的一封信

尊敬的贾主编：

您好！

最近在读您主编的《作文秘诀》一书，大有收获，但对"在考场作文中可以捏造典型事例和名人名言"的写作诀窍，实不敢苟同。

诚然，在考场作文中杜撰典型事例和名人名言似乎不会导致极大的危害，就连北宋大学士苏东坡在科举策论中也曾杜撰过一段尧和皋陶的对话来证明自己的观点。这样的做法看似无可厚非，但实际上却折射了现在教育的功利化。作文似乎失去了其提高学生理性精神、思维与表达能力的初衷，而被扭曲成了一块只为获取分数的敲门砖。

再说，即使阅卷老师没能发觉捏造的典型事例和名人名言，这样的作文也很难得高分。正如海涅在诗中写道："生命不可能从谎言中开出灿烂的鲜花。"作文讲求的是真情实感、以理服人，华丽辞藻、虚假故事堆砌出来的文章是毫无情感、毫无生气的。杜撰出的典型事例和名人名言永远无法支撑一部好的作品、一篇好的文章，因为其构建的基石首先便是虚假的。

为什么不能捏造？因为这有关诚信。您可能会说，这和诚不诚信有什么联系？学生的人格是在成长过程中慢慢塑造出来的，如果今天因为记不住名人事例而随意捏造，那么明天就可能会因为得不到调查数据而任意编造。学生是中华民族的未来，是未经雕琢的璞玉，而我们社会上的每一个人都是雕刻师。我们要将什么刻在"璞玉"之上呢？毫无疑问，必定是人世间最美好的东西，而非"大胆捏造"之说。古有曾子杀猪只为兑现妻子的一句戏言，而今有大学教授为个人名利公然违反学术规范。如果出版商们和主编们都像您一样，在公开出版的书籍中教学生"如果不会，就大胆捏造"，那么这个世界将会变成什么样。

以上便是我对您书中这一观点的看法，希望您能在《作文秘诀》再版时删掉大胆捏造典型事例和名人名言的"假秘诀"，指出广阅读、勤思考、多积累的"真秘诀"，承担起青少年引路人的社会责任，让读者真正得到教益。信中的不当或过激之处还望您海涵。

祝您工作顺利！

此致

敬礼！

明理

2019年8月26日

（此课例荣获"新作文杯"全国第四届作文教学"创课"比赛一等奖）

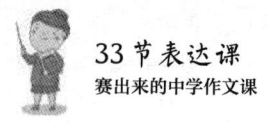

慧眼观花识特征，妙笔写花有章法

四川成都·周　莹

🍁 创课缘起

在高中语文"写景要抓住特征"这一写作专题的教学过程中，不少教师会把教学重点放在观察技巧、写作技法的讲解和训练上，却忽视了专题要求中"亲近自然"这一前提条件。于是，高中生在教师指导下精心打磨出来的一篇篇作文，雕琢痕迹明显，充满了人为的、刻意的美，越来越符合审美期待，却丧失了本属于高中生的纯真和灵性，缺少了一篇作文最宝贵的真情。我不由得思考在培养学生写作技巧和能力的同时，如何让他们具有一双双善于观察的慧眼，如何激发他们对于所写之景的真挚感情呢？

🍁 创课思路

抓住景物特征应建立在充分观察、思考的基础上，因此，在教学过程中，教师必须对观察提出明确要求，并给学生充足的观察时间。学生若以小组为单位观察，可以一定程度上弥补个人观察的局限，可以充分挖掘有价值的信息，在初步形成观察结果后，交流讨论、互相学习是很有必要的。

景物描写是有章可循的，但这些章法若由学生自主思考、归纳总结而得，更有价值意义。当习得理论后，再过渡到实践层面，从口头作文到书面写作,由浅入深、循序渐进地引导学生掌握这些章法。

写作教学中的跨学科融合也是很有必要的。因观察花木时,涉及部分生物知识,教师可在写作教学结束后,鼓励学生在班级文化墙上对作文及对应花卉进行个性化展示,进一步促进跨学科教学,让语文更好地融入学生日常生活和班级文化。

教学现场

一、春在何处

当温柔的风踏着轻盈的舞步翩跹而来,当沁凉的泉水欢唱着散落一地跳动的音符,当轻灵的莺语穿过一树树繁花轻轻叩响我们的窗扉,我们知道,春天来了。在校园的石室里,你在哪里寻觅过春呢?

(学生自由讨论并回答教师提出的问题,待学生回答完后,教师展示自己拍摄的石室之春照片)

图一

图二

图三　　　　　　　　图四

每当春天来临，校园里桃花、山茶花、樱花、玉兰都会尽情绽放，花是石室之春最突出的代表，让我们加入这场花的盛宴，去观察花、欣赏花、描写花，和花共赴春天的约会。

二、兰心赏花

在作文教学前一个月，教师已在班级内指定了8名小组长，并对全班学生进行随机分组，为每个小组印发若干张"花卉观察记录表"，要求每组、每周对某种花卉进行1—2次的观察并记录。经过一个月的观察和记录，各小组均已形成丰富的观察结果，初步明确了花卉特征。

在作文课堂上，小组长整合本月本小组观察所得，依次用讲解介绍、图片展示等方式，介绍本小组对应观察的花卉，同时也通过其他小组长的分享，增进对其他学生观察的其他花卉的了解。

三、妙笔写花

（一）确定核心特征

教师对小组的分享进行总结和点评，肯定大家的认真参与及细心观察，同时指出观察为写作提供了选材范围，但在真正写作时，绝不能如记流水账般将所有特征一一道来，必须要有所选择、有所侧重，突出1—2个核心特征。

针对"应该突出哪些核心特征"这一问题，教师组织学生交流讨论，明确确定核心特征的原则：

（屏显）

在写作时，我们应该突出写作对象的哪些核心特征？

首先，考虑核心特征的独特程度。

其次，考虑描写手法的适用性。

最后，考虑景与情或景与理的关系。

教师对其进一步阐述：首先，考虑核心特征的独特程度。一般来说，如果一种花卉的核心特征越与众不同，越让人印象深刻，描写的价值就越大。其次，考虑描写手法的适用性。一般来说，景物描写中常用的写作手法、修辞手法与核心特征贴合度越高，此特征描写的难度就越小。最后，考虑景与情或景与理的关系。写作是为思想感情服务的，倘若花卉的某种特征和作者的思想情感越契合，这一特征的描写价值就越大。

在明确了上述问题后，小组交流讨论，确定所观察花卉要突出的核心特征。

(二) 生成写作方法

经过上述环节的讨论与交流，学生已经对所写景物有了充分了解并确定了核心特征。接下来就是如何凸显景物特征的问题了，这涉及方法。

此时，幻灯片呈现优秀的写景文段，全班同学一起朗读，总结写作方法。

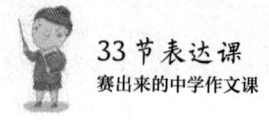

（屏显）

观日落

我快步走向车站。太阳却像个不着急回家的老人，不紧不忙地向西移动。过了一会儿，太阳的脸庞微微泛起红晕，原本金灿灿的阳光中也加进了柔和的绯红，像是喝了点儿葡萄酒，朦朦胧胧的，却更有韵味和风姿了。太阳周围的天空被染成了绚丽的橘红，像极了秋日田园里那一颗颗色泽鲜亮的橘子，满满的都是温暖而饱满的色泽，洋洋洒洒铺散开来，再慢慢过渡到橘黄、金黄，层层渲染，让整个北京城都沐浴在夕阳的余晖里，如同沉醉在温柔的梦境中；那些黑灰色的瓦片上，跳动着金色光芒，闪闪发亮的，大概也能和珍珠、星星相媲美了。

总结方法1：渲染色彩，突出画面。

（屏显）

荷塘月色

朱自清

曲曲折折的荷塘上面，弥望的是田田的叶子。叶子出水很高，像亭亭的舞女的裙。层层的叶子中间，零星地点缀着些白花，有袅娜地开着的，有羞涩地打着朵儿的；正如一粒粒的明珠，又如碧天里的星星，又如刚出浴的美人。微风过处，送来缕缕清香，仿佛远处高楼上渺茫的歌声似的。这时候叶子与花也有一丝的颤动，像闪电般，霎时传过荷塘的那边去了。叶子本是肩并肩密密地挨着，这便宛然有了一道凝碧的波痕。叶子底下是脉脉的流水，遮住了，不能见一些颜色；而叶子却更见风致了。

（对比文段：看荷塘上面，有很多叶子，出水很高。叶子中间还有一些白花，有的开着，有的还没开。一阵风吹过，会传来些荷香。叶子和花还会有一点抖动。叶子下面是流水，但看不见。）

总结方法2：善用修辞，增强美感。

（屏显）

济南的冬天

老 舍

最妙的是下点小雪呀。看吧，山上的矮松越发的青黑，树尖儿上顶着一髻儿白花，好像日本看护妇。山尖全白了，给蓝天镶上一道银边。山坡上有的地方雪厚点儿，有的地方草色还露着；这样，一道儿白，一道儿暗黄，给山们穿上一件带水纹的花衣；看着看着，这件花衣好像被风儿吹动，叫你希望看见一点儿更美的山的肌肤。等到快日落的时候，微黄的阳光斜射在山腰上，那点儿薄雪好像忽然害了羞，微微露出点儿粉色。就是下小雪吧，济南是受不住大雪的，那些小山太秀气！

总结方法3：注意顺序，凸显层次。

（屏显）

春

朱自清

"吹面不寒杨柳风"，不错的，像母亲的手抚摸着你。风里带来些新翻的泥土的气息，混着青草味儿，还有各种花的香，都在微微

润湿的空气里酝酿。鸟儿将窠巢安在繁花嫩叶当中,高兴起来了,呼朋引伴地卖弄清脆的喉咙,唱出宛转的曲子,与轻风流水应和着。牛背上牧童的短笛,这时候也成天嘹亮地响。

总结方法4:调动感官,多重呈现。

(屏显)

早晨起来,泡一碗浓茶,向院子一坐,你也能看得到很高很高的碧绿的天色,听得到青天下驯鸽的飞声。从槐树叶底,朝东细数着一丝一丝漏下来的日光,或在破壁腰中,静对着像喇叭似的牵牛花(朝荣)的蓝朵,自然而然地也能够感觉到十分的秋意。

——郁达夫《故都的秋》

盖夫秋之为状也,其色惨淡,烟霏云敛;其容清明,天高日晶;其气慄冽,砭人肌骨;其意萧条,山川寂寥。

——欧阳修《秋声赋》

看万山红遍,层林尽染;漫江碧透,百舸争流。鹰击长空,鱼翔浅底,万类霜天竞自由。

——毛泽东《沁园春·长沙》

总结方法5:融入感情,升华主旨。

综上所述,大千世界,色彩斑斓,就算是同一种色彩也有细微区别。如果能对色彩进行认真观察和细致描写,从而将一个个方块字转化为一幅幅优美的画面,将带给读者视觉冲击和美的体验。不同修辞作用各异:比喻生动形象、对偶整齐匀称、排比增强气势、通感化虚为实……若能熟练所用,定能为作文增光添彩。在写作时,还应遵循一定的时空顺序,应写出景物随着时间推移或者视线移动所呈现出来的不同特征,让作文条理清晰、具有层次感。同时建议充分调动自己的视觉、触觉、嗅觉等感官,多角度地感受景物特征,将其更加全面、生动地呈现出来,除此之外,找准自己情感与景物特征的契合点也很重要,借景抒情,会让你的文章更加优美生动。

(三) 布置写作任务

(屏显)

在五种方法中任选一二,结合自己所观察花卉的核心特征,完成片段写作。

课后列出提纲,在40分钟内完成此次作文。

写作完成后,小组内部交叉评阅并写评语,各小组推荐1—2篇优秀作文,附上推荐语。

四、玉墙展花

利用教室文化墙,将优秀作文(含推荐语)进行张贴展示,同时附上花卉照片、观察记录表等。为了促进学科教学的融合,教师邀请生物老师对每种花卉进行知识普及,并随文展示在文化墙上,成为班级的一道亮丽的风景线。

(屏显)

在班级文化墙上,对优秀作文、花卉照片、观察记录表、科学知识进行宣传展示。

五、结束语

(屏显)

春满石室花千树,芳菲北湖四月天。

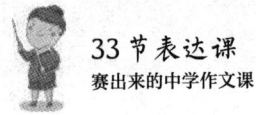

纯白玉兰,素净淡雅,如单纯简单的你,与世界温柔地对视。

粉红樱花,浪漫柔情,如温润可人的你,对美好充满期待。

多情海棠,炽烈妩媚,如风姿绰约的你,对生活饱含热情。

华丽山茶,高贵典雅,如深情妩媚的你,从容地和人生对话。

总之,每种花,都是一种生活态度,一种生命姿态。当我们注视它们时,我们也在注视自己;当我们珍惜它们时,我们也在珍惜自己。

学生作品

作品一:

春天里,我愿做一朵花(节选)

我抬头便邂逅了那朵朱砂玉兰。

几片花瓣相互交错,根部紫红,向上渐淡而后全白。它庄严肃穆,在微凉的风中纹丝不动。阳光穿过温婉的花瓣,透出蚕丝般的微红,竟将这玉兰染成了烟幅无华的丝绸。在这个百花齐放的季节,玉兰,是那样的美,无味无声,将整个春日融入它精致的花瓣里。最妙的是树顶随风而动,将晨曦逗得跳跃起来。它们沿树枝滑下,落于朱砂白玉兰之上,映照出的光辉温柔得漫漶了所有无关春日的杂思,纯洁得安静了这纷乱嘈杂的世界。在这虚无的静谧中,它就站在那里,雪白得空灵,温润得波澜不惊,孤独地绽放,沉默地茕茕孑立。它像玉,将原本柔和的春日折射得更加柔和;它像兰,高洁傲岸,将泥泞的落花隐在它熠熠光华之下,美得不可方物。

它说,它从不想理会生命是顽强还是脆弱,也从不在意是怒放还是衰败,它只想要开出最好的花,不辜负莺时,不辜负春光,不辜负玉兰这个名字。

作品二:

生如山茶(节选)

阳春三月,气温回暖,这是属于山茶花的季节。

有的开得绚烂,金黄色的花蕊如婴儿一般,被几片桃红色的花瓣轻轻拥抱着。花瓣层层叠叠,默契十足地舞动舒展,最终在枝头画出了一个沉甸甸的、圆满的圆;大多数还很娇羞,只有拇指大小,花朵被墨绿色的叶子紧紧蜷缩着,似在沉睡。我凑上耳朵去听,却依稀听见生命在呐喊。我被深深触动了,抬头看那满树的花苞,它们沉默不语,却又热闹非凡,我断言只需要一瞬间,便会如冰封的河流裂开了口,尘封的吉他拨动了弦,它们都将醒来,醒在这个生机盎然的春天。

是的,在去年寒冬便探出头来的花骨朵儿,熬过了半个冬季,经历了倒春寒,见证了百般红紫斗芳菲之后,它们绝不会在春天死去。

我虔诚地等待着,等待一场淅淅沥沥的春雨,等待一阵温柔和煦的春风,等待满树山茶灿烂绽放,用生命完成对生命的礼赞。

(此课例荣获"新作文杯"全国第二届作文教学"创课"比赛特等奖)

33节表达课
赛出来的中学作文课

道是无晴却有"情",情感小人儿讲故事

山西运城·郭 铭

创课缘起

电影《头脑特工队》将人的五种情绪拟人化,变成了五个各具特色的情绪小人儿,和它们的小主人一起演绎着生活的悲欢。偶然看到的这部电影,触动了我的心弦,让我在笑与泪中更深切地感受到喜怒忧惧厌,这些情绪的"分子"无时无刻不在演奏着生命的交响曲,这不也是一种别样的风景吗?同时,困扰我许久的一个关于作文教学的问题或许即将有一个解决方案。

处在青春期的中学生既重感情,又容易动感情。他们可能因为没写完数学作业而心惊胆战,可能因为体育课被英语老师霸占而无奈感伤,也可能因为语文老师忘了布置作业而暗自窃喜……同样是这群可爱的孩子,却也常常为"感觉没什么可写的""又写了干巴巴的流水账"而苦恼,记叙和抒情的文字显得干瘪乏味。如何解决作文中表达的问题?破解难题的关键也许在对自身情绪的认知与表达上。如果能够通过学习电影的生动表达,引导他们更细腻地感知自己的情绪,有感情地叙事、抒情,就能给他们的生活同时也给他们的写作增添真情感,使文章有血有肉,有情有趣。

创课思路

这是一节精心设计的作文指导课,其目的就是丰富学生的情感体验,打通从输入到输出的"任督二脉",让学生给自己的文字注入情绪与灵魂。为了实现这一目的,教师以电影《头脑特工队》为载体,使学生初步了解人脑中的几种基本情绪,了解各种情绪的基本作用,认识我们的情感世界。在教学过程中,教师大致采取以下教学思路:首先,结合心理学小贴士、关于情绪的谚语等丰富的材料,理性认知情绪;其次,取材经典课文内容,学习掌握几种常见的抒情技法;最后,教师引导学生对日常生活进行创作加工,下笔抒写情绪,更好地在作文中表情达意。

教学现场

一、图解导入,感知情绪

师:今天,老师给大家上一节作文指导课,让我们头脑中的情绪小人儿和大家一起有感情地写作文。首先,我将通过有声图解的方式简单介绍电影《头脑特工队》,让大家初步感知人脑中的几种基本情绪。那么,什么是有声图解呢?有声图解,是指将影片中重要情节进行图片或视频的截取,再加上老师的讲解,可以在较短时间内帮助你们了解与教学相关的内容。

(教师播放电影截屏和视频片段,图解电影内容,重点介绍小主人公和父亲争吵、乐乐与忧忧安慰丢了火箭的冰棒、小主人公离家出走三个小故事)

（屏显）

《头脑特工队》是皮克斯公司于2015年推出的喜剧动画电影，该影片用拟人化、卡通化的笔触，形象而生动地演绎了人脑中不同情绪的运作机理。

师：该影片讲述了一个什么样的故事？请用自己的话概述一下。

生：该影片讲述了大脑里有五个情绪小人儿的小女孩莱莉，因为爸爸的工作变动而举家搬到旧金山，在适应新环境的过程中，由活泼开朗变得愤世嫉俗，之后又重拾快乐的故事。

师：莱莉的头脑中有哪几个情绪小人儿，他们都有什么样的能力？

生：莱莉的头脑中有五个色彩不同、奇形怪状而又性格迥异的情绪小人儿：乐乐、忧忧、怒怒、厌厌和怕怕，分别代表人的快乐、悲伤、愤怒、厌恶与恐惧。几个情绪小人儿如果协调正常，人的情绪也会很正常，而一旦发生矛盾，情绪就会失控。

师：你最喜欢哪个情绪小人儿，为什么？

生：我最喜欢乐乐，因为我希望自己和身边的人都能够永远快乐。

生：我最喜欢怒怒，因为他很酷、很霸气。

生：我最喜欢厌厌，因为我也不喜欢西蓝花。

……

师：同学们，喜怒忧惧厌，是我们与生俱来的情绪，它们没有绝对的好与坏之分，全凭作为主人的我们掌控。了解情绪，不仅有助于表情达意，也是通往自我认知这一目的的必经之路。

二、情绪资料库

(一) 交流引导

师：通过影片的介绍，我们对情绪有了感性的认知，然而"学而不思则罔"，只有经过我们的思维进行再加工，才能有更科学和理性的认识。莱莉头脑中的情绪小人儿有哪些特点？请从颜色、形状、性格特征等角度简单地概括一下。

生：从颜色上说，乐乐大体是黄色的，明亮活泼；忧忧大体是蓝色的，像忧郁的海；怒怒大体是红色的，如同燃烧的火焰；怕怕大体是紫色的，他总是抽搐着；厌厌大体是绿色的，这是莱莉最讨厌的西蓝花的颜色（是不是所有的小孩子都不喜欢吃绿色的蔬菜啊）。同时，没有一个情绪小人儿的颜色是单一而纯粹的，每一种情绪都是色彩斑斓而独一无二的。

生：每种情绪小人儿都有特定的形状，"快乐"是星形的，"悲伤"像滴眼泪，"愤怒"如同火焰，"恐怖"像扭动的蚯蚓，"厌恶"像西蓝花——莱莉最讨厌的蔬菜。

生：五个情绪小人儿，性格各异。乐乐是一个天生的乐天派，不管遇到什么情况，都会往好的一面去想，她希望莱莉所有的核心记忆都是快乐的，然而她也有很多无奈的时候，比如冰棒难过的时候。

生：忧忧是一个忧郁而内向的孩子，她最喜欢做的事情就是躺下大哭一场，也时常因为自己的坏情绪向周围的人道歉，这个曾经被乐乐认为是破坏的"累赘"，后来成为乐乐重要的伙伴。

生：怒怒一言不合就要发"火"，是真正的火。他的头上有一

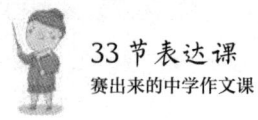

团火焰，总是要灼烧他看不惯的东西——他几乎看不惯一切。他用火打开了乐乐与忧忧回归的最后障碍，让人禁不住感慨——愤怒给人的力量真是无穷大啊！

生：怕怕似乎总是一惊一乍，畏缩不前，然而，他帮莱莉做好了到达新学校的详细计划——包括被老师点名和做自我介绍，真是个实用的管家。

生：厌厌最热衷的是讨厌和拒绝，她帮助莱莉规避了许多生命危险——当然有很多只是她以为的，比如"有毒的"西蓝花。

（二）激趣过渡

师：看来我们已经能够用全面和辩证的眼光来看待早已可以称得上老朋友的情绪小人儿们了。下面我们一起来了解一些关于情绪的心理学材料、谚语和美句。

（屏显）

心理学中关于"情绪"的小贴士：

现代情绪理论把情绪分为快乐、愤怒、悲哀和恐惧这四种基本形式。

初中生正处于青春期，这一时期身体迅速成长，大脑皮层发生了很大的变化，引起生理和心理上的巨大变化，其中心理上的变化突出地表现为学生自我意识的进一步发展，所以这一时期是从幼稚到成熟的过渡期，也是情绪和情感体验异常丰富的时期。

师：这么丰富的体验潜藏在我们的心底，那么，怎么能恰如其分地表达出来呢？我们先来看几个范例。

（屏显）

不拘一格说"情绪"

情绪的形状：其实我们每个人的体内，都住着一头愤怒的红牛，它酣睡时像一块嶙峋的怪石，一旦苏醒就横冲直撞，肆意地使用它可以烧毁一切的力量。

情绪的重量：这就是忧伤，她有时候轻盈得如同一层薄纱，却罩住了你的口鼻，让你喘不过气来；有时候沉重得像一帘夜幕，把整个世界都拖进黑暗。

情绪的温度：微笑是世界上最美的语言，她像太阳，驱散黑暗与寒冷；她像温泉，涤荡自私和丑恶。

情绪的颜色：

……

师：请大家再列举几个你们所熟知的关于情绪的谚语。

生：人逢喜事精神爽，闷上心来瞌睡多。

生：怒伤肝，喜伤心，悲忧惊恐伤命根。

生：一日三笑，人生难老；一日三恼，不老也老。

生：要活好，心别小；善制怒，寿无数。

生：情急百病生，情舒百病除。

生：知足者常乐，善笑者长寿。

师：看来大家平时积累了很多关于情绪的谚语，老师希望你们今后要继续发扬这种精神，去丰富我们的写作宝库。

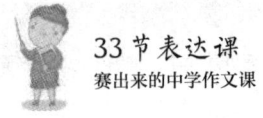

三、情绪演武场

（一）直抒胸臆

直抒胸臆，即直率地抒发自己内心的情感，也就是直截了当地抒发情感，没有景物描写，只有单纯地表达真情实感，不要无病呻吟。如下：

（屏显）

我喜欢雨，无论什么季节的雨，我都喜欢。

啊，雨，我爱恋的雨啊，你一年四季常在我的眼前流动，你给我的生命带来活跃，你给我的感情带来滋润，你给我的思想带来流动。

——刘湛然《雨的四季》

（二）借景抒情

借景抒情，即借助客观的景物来抒发情感，也就是王国维说的"一切景语皆情语"，如下：

（屏显）

鸟儿将窠巢安在繁花嫩叶当中，高兴起来了，呼朋引伴地卖弄清脆的喉咙，唱出宛转的曲子，与轻风流水应和着。

——朱自清《春》

（三）修辞抒情

妙用比喻、拟人、排比、通感、反复、列锦等修辞手法进行抒情，比如，朱自清的《春》、老舍的《济南的冬天》。

（四）描摹神态、动作、语言、心理等抒情

最为典型的示例是史铁生的《我与地坛》。

（五）其他抒情技法

抒情的技法还有很多，比如，引用诗词歌赋、名篇名句、逸事典故，如苏轼的《念奴娇·赤壁怀古》和《赤壁赋》、李清照的《夏日绝句》、曹操的《观沧海》；再如，借助梦境、回忆、想象或联想抒情，如泰戈尔的《金色花》、冰心的《荷叶·母亲》等。

四、情绪放映厅

请同学们根据屏幕上提供的情境，写一篇文章。

（屏显）

1. 每个人都希望自己能永远快乐，然而，快乐总是与忧伤相伴，正如乐乐与忧忧在大脑宫殿中寻寻觅觅，相互扶持。你有没有这样的一位朋友，能够将你的快乐倍增，将你的忧伤减半。请以《我们的忧与乐》为题目，说一说你们的故事。

2. 当冰棒最心爱的火箭被推下悬崖后，两位好朋友立即开始安慰他。乐乐使出了浑身解数却无济于事，而在忧忧的倾听与回应之后，冰棒大哭一场，宣泄了情绪，恢复了正常。忧郁就像阴天，虽是无晴，却是好天气的前奏，预示着有"情"时刻的到来。当你的朋友陷入了痛苦中，你是如何进行帮助的？请以《风雨后的彩虹》为题目，说一说你们的故事。

3. 每个人的人生都在曲折中发展，因而我们不可能时时处处都快乐。在电影中，包括乐乐在内的每个情绪的小人儿都发挥了自己的能量：愤怒给我们力量，恐惧把我们击垮，厌恶使我们远离可能的伤害，而一开始看似一无是处的悲伤，最后反而和快乐成为拯救世界的主角。你在生活中有哪些被情绪小人儿主导的故事？请以

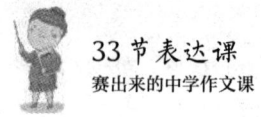

《_____（快乐/忧伤/愤怒/恐惧/厌恶）小人儿讲故事》为题目，说一说你们的故事。

要求：（1）在以上三个情境中任选一个，按要求完成作文；（2）感情真挚自然；（3）文体不限，诗歌除外；（4）避开真实的人名、校名和地名；（5）不少于500字。

（教师补充材料：关于情绪的小故事——《生气的亚瑟》《愤怒与钉子》）

学生作品

片段一：

珍惜欢乐，阳光将洒遍心灵；珍惜忧伤，晚风将拂过心窗。喜与忧，让我们的心灵充盈了温暖，氤氲着安宁。珍惜和朋友在一起时的忧与乐，心灵的土壤即使长不出参天大树，我们也可以一起拥有对蓝天的向往，为我们最美好的友谊赞叹。

——赵鑫楠《我们的忧与乐》

片段二：

回想昨晚吵架的时候，脑海里仿佛只剩下愤怒小人儿在掌管一举一动，那些冰冷生硬的话语，一定像火焰一样灼烧着妈妈的心田。到底为什么要发这么大的脾气？我责问着自己，深深地悔悟了。愤怒就像一匹野马，不受控制就会把人重创，我一定要把它关进牢笼慢慢驯服。

——王梦实《愤怒小人儿讲故事》

片段三：

你是否也有过被"忧忧"牵着走的时刻，当情绪被蓝色的忧郁浸染，周围的世界就被蒙上了一层有色的幕布：家人温暖的关心变成令人厌烦的唠叨，朋友好意的劝慰变成冰冷无情的嘲讽，同学无心的一句话也许会被误解为不怀好意的试探，甚至连隔壁赵家的狗，都看上去像是在虎视眈眈。你以为自己永远不会开心了，直到你读懂了这句话——这也会过去。你会明白，忧郁的日子总会过去，坎坷过去，就有了坦途；黑夜过去，就有了黎明；风雨过去，就有了彩虹。

——沈彤《风雨后的彩虹》

（此课例荣获"新作文杯"全国第二届作文教学"创课"比赛一等奖）

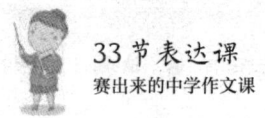

伤在心上,感在身上

云南昆明·王桂兰

创课缘起

中学生心思细腻,情感丰富,有时候多愁善感,这时他们喜欢用文字来表达自己的伤感情绪,或写日记、随笔,但是由于写作技巧的缺乏,往往不能将自己的伤感情绪真切地表达出来。有的表达过于直白,不能产生伤感的情绪;有的表达晦涩难懂,读后给人矫揉造作的感觉,所以需要训练学生的写作技巧。本课的目的在于引导中学生写出伤感记叙文。

创课思路

要想让学生有效地掌握伤感记叙文的写作思维方法,教师就不能将写作思维技巧生硬地塞给学生。因此,教师将教学内容安排如下:首先,教师选择了33个伤感镜头组合的视频循环播放给学生看;其次,教师组织学生讨论归纳出伤感的外在表现形式和传递伤感的载体;再次,教师引导把改写后的《秋天的怀念》与史铁生的原文进行比较,提炼出能打动读者、强化伤感的思维方法;最后,指导学生运用所掌握的写作技巧进行创作。

教学现场

一、回忆往事,引入伤感文章写作

师: 同学们,你们经历过伤心的事吗?如果经历过的话,那么请你们给我们讲一讲,看看能否让我们产生伤感的情绪。

生: 姥姥去世了,我心里特别难过,茶饭不思。

师: 哪位同学来点评一下,这位同学的伤心事是否让你产生了伤感的情绪?

生: 产生了一点点伤感情绪,但不够浓烈。

师: 其他同学也是这种感觉吗?(众生点头)刚才这位同学回忆姥姥去世的伤心事,如果写出来,就应该是一篇伤感记叙文。如果文章写得好,就会让读者产生强烈的伤感情绪,就像《秋天的怀念》一样。其实"伤感"一词就是因感触而悲伤,其情绪却表现在五官感觉上,即伤在心上,感在身上。今天我们就一起来探索伤感记叙文的写作方法。

二、观看视频,探究伤感的形式载体

(一)伤感表现形式

师: 我们一起来观看这个视频(33部电影的伤感镜头集),看看这些伤感情绪都表现在哪些方面?

(镜头一:一个男人追赶逐渐离去的火车,火车上坐着他的爱人)

生: 从这个情境中,我可以看出这个男人对爱人的离去感到伤心,主要通过这个男人追赶时的拼命、疯狂的状态表现出来的。

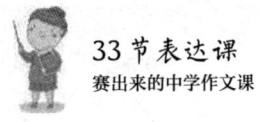

师： 那你再具体谈谈"拼命""疯狂"是从哪些方面体现出来的？

生： 我认为它们是从这些镜头表现出来的，比如衣服不断地翻飞，手臂大幅摆动，头发被风刮向后面，身体一直向前冲。

师： 说得好，这个男人的伤感情绪是通过他追赶火车时极度夸张的动作表现出来的。

（镜头二：一对男女分别拿着短刀，面对面地站着，痴痴地看着对方，不说话，也不动手）

生： 从这个情境中，我可以看出两人感情深厚，但好像又不得不要对方的命，所以他们的面部表情、眼神都显得十分痛苦。

师： 除了眼神是痴痴的，目不转睛看着对方外，他们的面部肌肉、嘴唇、胡子、头发等又是一种什么情形呢？

生： 面部肌肉僵硬、没有活力。

生： 嘴巴不停地轻微抖动，却没发出任何声音。

生： 男子浅浅的胡茬间夹杂着几根白须，尽显其颓废之态。

生： 男子的头发有点长，乱蓬蓬的，好像没有精神去打理。

师： 同学们观察得都很仔细，很好地说明一个人的伤感情绪常常可以通过这个人复杂的面部表情来表现。

（镜头三：一个男人站在空旷的地方，自言自语道："我很挂念你，珍妮。"）

生： 从这个情境中，我可以看出这个男人的伤感情绪除了他的面部表情显得迟钝、悲哀，以及泪流满面外，还表现在他口中念念有词。

师：说得好。一个人伤感时，常常也体现在他的内心独白中，体现在他富有悲哀色彩的语言中。除此之外，还有哪些表现形式？请同学们继续观察。

（一个学生走上讲台，定格镜头，让学生对着镜头阐述自己的想法）

生：还可表现一个人强颜欢笑时的状态。镜头中的这个女人独自坐在咖啡馆，看着熟悉的环境，也许想到了什么，笑了起来，但笑着笑着就悲从中来，泪水在眼眶中不停地打转。

师：这是什么表现形式呢？可不可以说成"相反的表情转换"呢？

生：可以。

师：综上所述，这些人物都是通过外部表现来体现他们内心所受的伤，外部表现包括五官感觉、行为动作、语言、神态等，具体表现形式有：极度危险的动作行为、复杂的面部表情、悲哀的语言表达、相反的表情转换等。因此，我们写伤感记叙文就应该从这些角度来表现一个人的伤感情绪。

（二）传递伤感载体

师：其实，以上是直接表达伤感情绪的一些表现形式。有时传递伤感是间接的，即借助一定的载体来传达情感，伤感情绪是附着在某些故事、景物上面的。下面我们继续观看视频，找一找，视频中主人公的伤感情绪附着在哪里。

（一个学生走上讲台，定格镜头，然后阐述自己的想法）

生：这个人独自站在冰天雪地里，远处是连绵起伏的群山，周

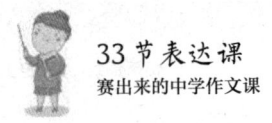

围积满了厚厚的雪,雪地里稀稀疏疏干枯的野草若隐若现,使这个人显得十分孤独、渺小。这里是把伤感情绪附着在寒冷而旷远的雪景里。

师:这实际上就是我们古诗里常用的借景抒情,也就是用环境的萧瑟、寒冷来烘托主人公的伤感情绪。

(一个学生走上讲台,定格镜头,讲述自己的想法)

生:这个女孩子站在海边,拼命地向慢慢远去的船只挥手。这实际上是用人们常见的送别情境来表达依依不舍的伤感情绪。

师:对,这是用离别之事来表达情感。而这件事本身就是一些绝望之事、失意之事,所以,我们写作时可借助一些伤心的事来烘托伤感情绪。

(一个学生走上讲台,定格镜头,讲述自己的想法)

生:这对情人正在热烈拥抱,而另一个人看到此情此景,就默默转身消失在人群中。那种无助、无奈、孤独的感觉扑面而来。这是借一些人的爱情美满来衬托另一个人的孤独、悲伤。

师:不错。我们可以理解成借助一些乐事来反衬伤感情绪。同学们还有没有不同的发现?

(教师将视频定格在一组镜头,讲述自己的想法)

师:在这位主人公眼泪横流的过程中,导演插入了鲜花的镜头,这些花有的含苞待放,有的已经盛开,花朵灿烂妩媚、姹紫嫣红。同学们,你们想想为什么在主人公伤心的时候要插入如此美丽的鲜花镜头?

生:是不是借景抒情呢?

师： 可以这样理解，但这里的景却是乐景，用乐景更能衬托出主人公内心的悲伤，就像这片美景在嘲笑自己一样，使主人公的伤感情绪凸显出来。这就是借用乐景来反衬伤感情绪。同学们，我们一起来总结一下，传递伤感情绪的载体有哪些？诸如，乐景、伤景、乐事、伤事，可用乐景与乐事反衬伤感情绪，也可用伤景、伤事烘托伤感情绪。

三、以文为例，总结伤感思维方法

师： 同学们，通过观看视频，我们知道表达伤感情绪要通过行为动作、面部表情、语言表达、表情转换等形式才能把人物内心所受的伤直接外化出来；同时也需要把这种伤感情绪附着在一定的景物、事物上，通过借景传情、借事传情的方式间接地抒发情感。我们了解了这些就能够把伤感记叙文写好吗？当然不能，因为生活中很多事物、景物并不是天生就具有传递情感的作用，还需要我们把某些能传递情感的部分加以强化和突出。下面我们以具体的文章为例，一起探索伤感记叙文的写作思维方法。

（屏显）

秋天的怀念

史铁生

双腿瘫痪后，我的脾气变得暴怒无常。望着望着天上北归的雁阵，我会突然把面前的玻璃砸碎；听着听着李谷一甜美的歌声，我会猛地把手边的东西摔向四周的墙壁。母亲就悄悄地躲出去，在我看不见的地方偷偷地听着我的动静。当一切恢复沉寂，她又悄悄地

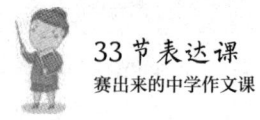

进来,眼边儿红红的,看着我。"听说北海的花都开了,我推着你去走走。"她总是这么说。母亲喜欢花,可自从我的腿瘫痪后,她侍弄的那些花都死了。"不,我不去!"我狠命地捶打这两条可恨的腿,喊着,"我可活什么劲儿!"母亲扑过来抓住我的手,忍住哭声说:"咱娘儿俩在一块儿,好好儿活,好好儿活……"

可我却一直都不知道,她的病已经到了那步田地。后来妹妹告诉我,她常常肝疼得整宿整宿翻来覆去地睡不了觉。

那天我又独自坐在屋里,看着窗外的树叶"刷刷啦啦"地飘落。母亲进来了,挡在窗前:"北海的菊花开了,我推着你去看看吧。"她憔悴的脸现出央求般的神色。"什么时候?""你要是愿意,就明天?"她说。我的回答已经让她喜出望外了。"好吧,就明天。"我说。她高兴得一会儿坐下,一会地站起:"那就赶紧准备准备。""哎呀,烦不烦?几步路,有什么好准备的!"她也笑了,坐在我身边,絮絮叨叨地说着:"看完菊花,咱们就去'仿膳',你小时候最爱吃那儿的豌豆黄儿。还记得那回我带你去北海吗?你偏说那杨树花是毛毛虫,跑着,一脚踩扁一个……"她忽然不说了。对于"跑"和"踩"一类的字眼儿,她比我还敏感。她又悄悄地出去了。

她出去了,就再也没回来。

邻居们把她抬上车时,她还在大口大口地吐着鲜血。我没想到她已经病成那样。看着三轮车远去,也绝没有想到那竟是永远的诀别。

邻居的小伙子背着我去看她的时候,她正艰难地呼吸着,像她那一生艰难的生活。别人告诉我,她昏迷前的最后一句话是:"我那个生病的儿子和那个还未成年的女儿……"

又是秋天,妹妹推着我去北海看了菊花。黄色的花淡雅,白色的花高洁,紫红色的花热烈而深沉,泼泼洒洒,秋风中正开得烂漫。我懂得母亲没有说完的话,妹妹也懂。我俩在一块儿,要好好儿活……

师: 同学们,我们来推测一下,史铁生在构思这篇文章时,做了哪些思考?

生: 我认为他会思考整篇文章要表达什么样的主题。

生: 我认为他一定会思考选择哪些景物来烘托情感。

生: 我认为他会思考用什么样的形式来把自己内心的感受表现出来。

生: 我认为他会思考他可以借助哪些事来附着自己想要表达的情感。

生: 我认为他还会思考用什么样的方式来写才能把自己的情感深深地刻印在读者心里。

……

师: 同学们说得都不错,说明你们在用心思考。我试着把这些内容做一些归纳,以便同学们掌握。

(屏显)

伤感记叙文写作时的基本思维环节:

1. 确定所要传递之伤感。
2. 思考伤感之表现形式。
3. 选择承载伤感之载体。

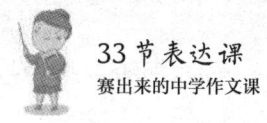

4. 加工伤感载体之方法

生：老师，最后一个环节，我有些不大明白。"加工伤感载体之方法"到底是什么方法呢？

师：这位同学问得好，也许他的问题也是大家的疑惑。为了解决这个问题，下面我把《秋天的怀念》改写成如下形式，请同学们将改写过的与原文进行比较，看看两者在情感表达上的效果有何不同，并思考是由什么造成了它们之间的不同，然后总结出打动读者伤感情绪的思维加工方法。

（屏显）

秋天的怀念（改写）

双腿瘫痪后，史铁生的脾气很暴躁，他会突然砸东西。他的母亲就悄悄地躲出去。当一切平静下来，母亲又回来看着他。"听说北海的花儿都开了，我推着你去走走。"母亲总是这么说。"不，我不去！"史铁生狠命地捶打自己的两条腿，喊着，"我活着有什么劲！"母亲扑过来抓住他的手，忍住哭声说："咱娘儿俩在一块儿，好好儿活，好好儿活……"

后来母亲出去了，就再也没回来。邻居们把母亲抬上车时，她还在大口大口地吐着鲜血。史铁生没想到母亲已经病成那样。

邻居的小伙子背着史铁生去看母亲的时候，母亲正艰难地呼吸着。别人告诉史铁生，他的母亲昏迷前的最后一句话是："我那个有病的儿子和我那个还未成年的女儿……"

又是秋天，史铁生的妹妹推他去北海看了菊花。他懂得母亲没有说完的话。他的妹妹也懂。

生：我觉得它们的不同之处体现在原文是用第一人称写的，改写后的文章是用第三人称写的。这样，原文给人的感觉是史铁生亲自在向我们叙述，改写后的文章好像是在转述他人之事，由此可见，采用第一人称叙述会更加真切感人，而采用第三人称叙述很容易给读者留下冷漠的旁观者的印象。

师：这位同学很用心，讲得也不错。选择第一人称叙述传递的情感确实会更逼真。

生：原文中的"望着望着天上北归的雁阵，我会突然把面前的玻璃砸碎；听着听着李谷一甜美的歌声，我会猛地把手边的东西摔向四周的墙壁"，而在改文中只出现了"他会突然砸东西"，经过二者前后对比后，我发现原文更能给我留下深刻的印象，尤其是"北归的雁阵""甜美的歌声"这些优美的词组，它们不仅能调动我们的想象，更能激活我们的感官，在这些想象中，那种绝望的悲哀愈加浓烈，让人无法释怀。

师：你描述得很细腻。在这里，作者实际使用了连续强化情感的加工方法，通过一组意象（四个）把自己的绝望推向了极致，由此可见，在写作中，我们采用连续强化的写作技法，可以把情感写得更浓。

生：改写后的文章比原文少了一段，少的这段的主要内容是，史铁生的一举一动都触动着母亲的每一根神经，使母亲的情绪高度紧张，以此来表达作者对母亲的怀念、忏悔。少了这段，就显得母亲对作者的感情略显单薄，也缺少了作者对母亲忏悔的原因。

师：对，有时把悲情产生的细节过程展现在读者面前，可让读者随着阅读过程体验一种伤心欲绝的心路历程。这种再现伤感情绪形成过程的方式也是强化伤感的一种思维加工方式。我们总结一下，打动读者的伤感情绪的思维加工方法。

（屏显）

选择第一人称叙述，传递情感更逼真。

连续强化，可以将情感情绪写得更浓。

再现伤感，可以有效地强化伤感程度。

四、布置作业

写一篇伤感记叙文，标题自拟，题材自选，不少于600字。在写作完成之后填写下表。

我想表达的伤感情绪	我选择的伤感情绪表达形式	我借助的故事和景物	我用的打动读者的伤感情绪的思维加工方法

师：通过学生课堂的反馈，我发现这堂课的效果极其明显。大致表现在以下几个方面：第一，学生在写作这类文章后明白了好的记叙文是以情来打动人的，写作的目的在于传递动人的情感。第二，普遍掌握了传递情感的方法，明白了景物描写、肖像描写、语言描写、神态描写、行为描写、心理描写的作用。第三，掌握了把一种情感写到极致的强化方法。第四，掌握了如何浓墨重彩地去渲染情感的方法。

这次写作课之后,涌现出了很多篇优秀的伤感作品,值得欣慰。同时,也让我明白了两点:一是对于写作训练,一定要借助生动的形式,学生才乐于接受;二是教师要结合学生的生活实际,选择与他们生活相关的内容来组织训练。只有这样,写作训练才有成效。

学生作品

无望的守候

社会永远是在淘汰中发展。

——题记

我漫步在纵横交错的黄泥小道,迎着西沉的落日,迎着孤独悲寂的目光。

城市人口的增长以及城区的扩建,让越来越多的农村居民丢下手中农具,如马蜂归巢一般涌入城市,寻找着所谓的"高薪工作",留下无人耕种的农田,活似守寡的妇人,守在郊外,静静等候着他们的归来。

我走在满是荒田的乡村小道,望向那些布满荒草和积满雨水的、只剩一个轮廓的田地,与农田同样望向我的目光交织在一起。整个过程是如此的沉默,这些没有生命的生命,散发着孤独与期盼,虽没有言语的传递,没有肢体的交流,但我仍能感受到来自土地的叹息。

走过积水沉塘,泥中有一两只小蟹,岸上伏着一只青蛙,见我走过时立马逃进泥中、水中,躲避着陌生人。待脚步声渐渐远

去，又钻出泥土，伏上岸来，给予田野真诚的慰问，享受着片刻的安宁。

田野孤独但从不伤心，它很感激，感激从身上发芽直至成熟的麦穗和攀附的瓜秧，它更欣喜于春天的播种和秋天的收获。现在人都涌入城市，田野没有了以前的辉煌，留下的只是高耸的野草和那死去的还未来得及长大的秧苗。

田野怀念收麦机的轰鸣声，怀念锄头带着泥土翻飞的日子，怀念那毒辣的烈日，它以为还能见到头戴斗笠、肩扛锄头和背负背篓的人们再次迎着笑容踏上它的躯干。它一直期待着，却不知那些瓦房早已空无一人。热闹的场景再也不会出现——愚蠢的田野就是这样有耐心。

有朝一日，也许就在几年后，飞起的沙石和扬起的尘土会将它填平……我漫步在纵横交错的黄泥小道，不在乎方向。像这样的乡村小路怎么都走得出去，就像时代不管如何发展，田地都免不了被埋没的命运。

黄昏已逝，唯有虫鸣声、蛙声相伴入耳。我离开了田野，回到繁华的都市，提笔记下此段经历，并有幸成为最后一个记住田野的人。

附学生完成的表格：

我想表达的伤感情绪	我选择的伤感情绪表达形式	我借助的故事和景物	我用的打动读者的伤感情绪的思维加工方法
我想对在这个时代被淘汰的事物表达自我的伤感与惋惜之情。	我运用的是拟人的修辞手法，给田野赋予人的感情色彩，同时借助心理描写来表达自我的伤感之情。	我主要想立足于农村人口迁移至城市，加速城市化进程的过程的背景下，借助一块被遗弃的农田，表达自我对农村景致的留恋。	我将采用第一人称叙写的手法，通过景物描写和心理描写不断强化伤感，以至给读者留下深刻的印象。

（此课例荣获"新作文杯"全国第三届作文教学"创课"比赛特等奖）

烦事道来，吐露情怀

湖北武汉·彭正军

创课缘起

情感的抒发要真挚深刻，丰富细腻，表达要自然和谐，然而在批改作文中，我发现七年级学生写记叙文的通病是抒情不够自然、真切。有时抒情过分渲染——"为赋新词强说愁"，情感显得有几分矫情；有时抒情空洞或贴标签，情感缺乏根基与逻辑联系；有时抒情流于泛滥，情感丰富但游离真情实感之外。

创课思路

《义务教育语文课程标准（2011版）》指出："写作要有真情实感，力求表达自己对自然、社会、人生的感受、体验和思考。"基于这个要求，我在课前对学生的学情进行了调查，调查学生诸多烦恼的表现及心理状态，进而我将这节课的重点放在挖掘学生情感体验和引导学生学习作家表达情感的方式方法上。结合本单元名家名作片段，引导学生了解直接抒情和间接抒情两种抒情方式；懂得运用铺垫，使抒情有依托，在对照名作的基础上领悟抒情的基本方式方法。激发学生的联想与想象，让学生学会委婉细腻地表达情感。学会通过议论抒情感悟生活，抒发情怀，提高表达的深度，引导学生从古诗词中汲取营养，助其实现有创意地表达、有个性地表达。

教学现场

课前调查：请如实填写"我的烦恼"调查表。

（屏显）

一、吐槽烦恼，直接抒情

我的烦恼	主要情感状态	本质原因	化解方法
外貌的烦恼	自卑	自我意识增强	转变观念
友情的烦恼	委屈、失落	以自我为中心	学会包容
亲情的烦恼	沮丧	代沟	学会理解
学习的烦恼	焦虑	落差	学会面对
……	……	……	……

师：大人常用"无忧无虑"来形容你们，你们赞成吗？我想你们肯定会不赞成，并且会说有无尽的烦恼，课前老师调查到你们经常在朋友圈说自己心中的烦恼，比如，因父母太忙不能陪你们而烦恼、因父母不理解你们的想法而烦恼、因朋友不理解你们的行为而烦恼、因父母管得太严厉而烦恼等等。

（学生交流）

师：刚才大家将对烦恼的厌恶直接表达了出来，我们把这种直截了当地抒发自己的喜怒哀乐爱恶惧等情感的方式叫"直陈"。

二、说清烦恼，铺垫蓄情（直接抒情）

（一）出示范例，分析结构

师：请你们说说在以下片段中作者表达了什么情感？这种情感是通过哪些语句表达出来的？其他内容与这些语句有什么关系？我

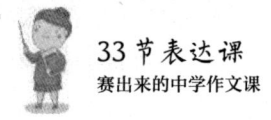

们将采用合作学习的方式,将全班同学进行分组,小组讨论结束后,每个小组推荐一个人汇报。

(屏显)

隔了几天,李妈在楼下叫道:"猫,猫!又来吃鸟了!"同时我看见一只黑猫飞快地逃过露台,嘴里衔着一只黄鸟。我开始觉得我是错了!

我心里十分地难过,真的,我的良心受伤了,我没有判断明白,便妄下断语,冤枉了一只不能说话辩诉的动物。想到它的无抵抗的逃避,益使我感到我的暴怒、我的虐待,都是针,刺我的良心的针!

——郑振铎《猫》

(备注:冤死了第三只猫,这是"我"最大的心痛。)

(二)讨论交流

生:这段文字表现了我因冤枉了猫内心极度自责的情感。中间一句"我开始觉得我是错了!"及最后一句"益使我感到我的暴怒、我的虐待,都是针,刺我的良心的针"是直接抒情。

师:这段文字先用叙述、描写、议论等表达方式陈述事实,再抒发真实的感情,只有这样,情感的抒发才有根基,铺垫得越充分,感情就越细腻,抒发的情感才越真实感人。一般来说,其遵循的规律是"铺垫+直陈"。那么,现在请将你刚才的"烦恼之因+烦恼之情"扩展成一段话。

(三)小结

师:情感的抒发只有将产生的情感做铺垫,将情感的丰富性展现出来，才显得自然、真实，才能感染人。

三、迁移烦恼，寄予传情（间接抒情）

(一) 对照改写，领悟规律

师：同学们，请你们将下列改写的片段与原文进行比较，体会一下它们的抒情效果怎样。现在我将全班同学分成6个小组，每两个小组探讨一组内容，然后每组推荐一个人汇报。

（屏显）

1. 我想起那参天碧绿的白桦林，标直漂亮的白桦树在原野上呻吟；我看见奔流似的马群，听见蒙古狗深夜的嗥鸣和皮鞭滚落在山涧里的脆响；我想起红布似的高粱，金黄的豆粒，黑色的土地，红玉的脸庞，黑玉的眼睛，斑斓的山雕，奔驰的鹿群……

——端木蕻良《土地的誓言》

改写：我想起东北特有的植物、动物、农作物、物产等，还有那神奇的事情，让我回味无穷、终生难忘！

2. 此后，我生命中有很多时刻，面对一个遥不可及的目标，或者一个令人畏惧的情境，当我感到惊慌失措时，我都能轻松应对——因为我回想起了很久以前悬崖上的那一刻。我提醒自己不要看下面遥远的岩石，而是注意相对轻松、容易的第一小步，迈出一小步，再一小步，就这样体会每一步带来的成就感，直到达成了自己的目标。这个时候，再回头看，就会对自己走过的这段漫漫长路感到惊讶和骄傲。

——莫顿·亨特《走一步，再走一步》

改写：我曾屡次发现，每当我感到前途迷茫而灰心丧气时，只

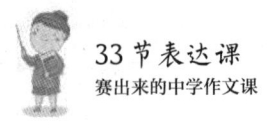

要记起很久以前我在那个小悬崖上学到的经验,我便能应付一切。感谢那次爬山,感谢我的父亲,您的教育我终生难忘!

(二)讨论交流

生:改写后,小作者将东北特有的景物都删除了,只用一句话带过,使得整个片段呈现的意境缺乏画面感,这样读者无法体会到东北大地的美丽、丰饶。此外,原文还大量使用了排比和比喻的修辞手法,造成连贯的、逐渐增强的气势,进而产生了形象的、生动的画面。因此,巧用修辞手法,可让小作者抒发的情感更加形象生动。

生:改写后,小作者没有用最后的议论句,以致这件小事的意义不再明确了,整篇文章的主旨也没有得到更好的升华,所以议论点睛,是让情感深邃的关键。

师(小结):两位同学分析得不错。我们把字里行间没有情感痕迹,不出现情感词语,要抒发的情感全部渗透在人、事、景之中的间接抒情方式叫"寄予"。我们可以将自己的情感投射到周围的事物或环境中,这样更富有诗意,更能打动人心。

(三)病文探析

师:同学们,请你们默读屏幕上的片段描写,并思考一下这段文字的小作者主要抒发了什么情感,这种情感寄寓在何种事物上?但是为什么不感染人?如何改写才能感染人?

(屏显)

当数学试卷发到我的手上时,一看到分数,我的心立刻就凉了,犹如窗外那刺骨的寒风,我从没考过这么低的分数,是不是老师判错了，泪水情不自禁地流了出来。

生：这段文字主要抒发了小作者数学考试失利后的悲伤心情，这种情感寄托在寒风上，之所以不感人，是因为小作者没有对自己的整个心理过程进行细腻的描写，即对情感变化过程没有进行细致的描写。

师：那你帮老师修改一下这段文字，让它能够更好地呈现作者的情感变化过程。

生：我觉得这段文字可以这样描写：前一节课，我的心，还是暖和的，但是当数学考卷无情地盖过我的面孔时，我的心顿时碎了，犹如窗外那刺骨的寒风，没有一丝暖意。70分，70分啊！我的字典中从来没有出现过这个分数，为什么？为什么今天老师会把它带给我？触摸数学考卷的瞬间，我简直不敢相信自己的眼睛，甚至还觉得是老师判错了！沉默片刻后，我才从"好学生"的美梦中走出来，泪水，早已与我分道扬镳，夺眶而出的也不再是眼泪……

师：不错。下面这段文字同样是写考试失利后的烦恼，请大家阅读后，评价一下它的优点和缺点分别体现在哪些地方。

（屏显）

我后悔，我沮丧，我伤心……窗外，枯叶飘零，一条一条的青虫在它本已枯黄的身上撕咬着、蚕食着，给落叶增添上了一道泪痕。我沉浸在对失败的恐惧和后悔的痛苦之中。昨日的魅力与它擦肩而过，温暖的太阳和它挥手而别……我竭尽全力地想从失败中挣扎出来，但苦涩般的后悔又将我拉回现实。

生：这段文字的优点体现在情感表达丰富、细腻，情感细微起

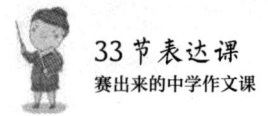

伏都有所表现。

生：这段文字的缺点体现在作者在借景抒情时，有些语句写得太突兀，比如，"一条一条的青虫在它本已枯黄的身上撕咬着、蚕食着，给落叶增添上了一道泪痕"，你想想身处室内的你怎么能发现这些青虫呢？而且后文用"沉浸"一词暗示我们需要类似的环境描写，所以，这句话会导致整段文字营造的意境不和谐，情感抒发得不自然。

师：你们分析得不错。抒情是自己的主观心理感受，可以抓住你身边的景物，例如写烦恼可以考虑外物色彩的亮与暗、冷与暖、动与静、大与小等，这些我们都能感受到的，同时运用暗示、烘托等方式，都可以将赋予事物的情感委婉地传达出来，比如——

（屏显）

窗外，殷红的夕阳逐渐被阴霾覆盖，眼前变得阴暗起来。

室内，乌黑的墨汁浸染了洁白的纸，好像也浸染了我的内心。

四、畅谈烦恼，升华情感（间接抒情——议论抒情）

（屏显）

对于成长中的我们而言，烦恼确实让我们厌恶，但是换一个角度看，生活中的烦恼又何尝不是我们成长中的一笔宝贵财富？请你将烦恼与成长、人生、生命、生活联系起来思考一下，说一说，你的看法，间接地表露你的情感。

生：烦恼尽管让人不快乐，但是在化解烦恼的过程中何尝不是提升自我的过程？

生：也许真是这样，随着年龄的增长，个人的烦恼越来越多，思想也越来越成熟，这种烦恼不正是成长过程中获得的财富吗？

生：既关注自我外表，又关注自我的外在表现，这种烦恼的产生不也是一种成熟的标志吗？

生：与朋友闹别扭的烦恼让我认识到自己狭隘的心理，学会了以宽容的心态面对朋友，感谢烦恼，促使我成长。

生：每一次烦恼的解除都给我的人生增添一抹亮色。

生：生活的烦恼构成了我们五彩缤纷的世界。

生：生命注定有烦恼，生命因烦恼的出现变得更加丰富与美好。

师（总结）：不错。我们一起来总结一下：本节课我们主要从经典名篇中领悟了直接抒情和间接抒情的方法，同时结合大家的作文片段尝试了抒情的升格，提升了自己在写作过程中的抒情能力。

五、倾诉烦恼，诉诸衷肠

（屏显）

我们每个人都会有烦恼，烦恼后也许会有一段小故事。请以《我的烦恼》为题，写一篇作文。注意抒发自己的真情实感。不少于600字。

学生作品

我的烦恼

"丁零零"放学的铃声终于响了，回想起一天的学习生活，让人感到莫名的烦恼。早晨当我还处在半睡半醒的时候，时间催促我来到学校，早餐的馒头还未吞咽下去，自己被进教室的人流推到了

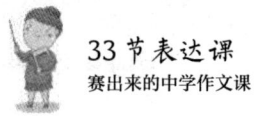

自己的座位上,看着同桌在整理书本作业,我却像块木头一样呆在那里。随后几节课下来,感觉"学习"这东西在牵着自己的灵魂游走。现在终于放学了,我也抄完了作业,感觉浑浑噩噩一天就这么过去了。我的同桌在抄作业本上标着什么,我一脸的不屑,认为这是浪费时间。

我步履匆匆、饥肠辘辘地奔回家,吃完饭就进了房间,心中莫名的烦恼无处发泄,只好将书包重重地丢到地上,我的脑袋像那鼓囊囊的书包一样快挤爆了。一个"大"字躺在床上,"烦恼"在脑海里挥之不去,睁开眼感觉作业像一张大网将我网住,我必须抓紧时间完成作业,不然又得熬夜了。

突然,小区停电了!估计一时半会不会来电,家里又没有蜡烛,我只好到外面的超市去买。我走在街道上,内心如一团乱麻,真是"屋漏偏逢连夜雨,船破又逢对头风",内心的苦楚无处安放,看着匆匆驶过的车辆,步行回家的上班族,流浪猫也迈着慵懒的步子向着小窝走去,似乎每个人都知道自己应该去做什么,而自己呢?这几天的学习一直处于一团糟的状态,是时候整理一下头绪了,每个人都有一个角色存在这个世界上,有序地做着自己的一件事情。

想到这,我快步买完蜡烛迅速回到我的房间,没有像以前一样拿起作业就开始做,而是对每科的作业时间进行了统筹安排,结果比以前做作业的效率大大提高,竟然还有一点阅读《哈利·波特》的时间,临睡前还好好想了想明天的学习计划,回想起同桌的举动,感觉我的脸火辣辣的。

现在我终于明白：我的一天学习生活为什么像一团乱麻。无论学习还是生活，每个人都会遇到烦恼，在烦乱的时候，只要你用一把梳子，将其理得整整齐齐，弄清楚问题与症结，找好对策，烦恼定会解除，同时我进一步领悟到：我们不就是在一次一次解除烦恼的过程中提升了自我吗？

（此课例荣获"新作文杯"全国第三届作文教学"创课"比赛一等奖）

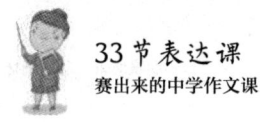

细察方识东风面,精巧落笔才得春

重庆·寇玉菊

创课缘起

正如清代学者张潮在《幽梦影》中所说:"文章是案头之山水,山水是地上之文章。"对山水的描摹,历来是古人常写常新的内容。可是,初中生写记叙文,往往重记叙,轻描写,在作文中如何加入景物描写成了一大难题。学生即使能勉强写出一些描写景物的句子,大多也是来自课外阅读材料,或千篇一律,或故作深奥。学生缺乏对生活的细心体察,自然不可能在作文中出现精彩的景物描写。因此,本堂课立足于认识景物名称,了解景物特征,重点通过名家名篇示范引领,学习景物描写的方法,从而使学生学会细心观察,精巧表达。

创课思路

认识和表达,是学生写作活动中的两个重要阶段,而认识是表达的基础。要写好自然景物,须从观察与认识入手。因此,我让学生利用周末,去郊外观察景物状貌、特点,并用相机拍照。学生还可请家长讲述或从网上搜索所拍景物的相关知识,制成知识卡片。课堂教学步骤大致如下:首先,教师请学生展示搜集到的照片,介绍景物的名字、状貌、特征、花语(象征意义)等;其次,借鉴名家名篇的景物描写,师生共同探究景物描写的方法;再次,激活学生的生活经验,使其运用所学方法进行片段写作,重在"巧落笔";最后,完成之后,教师引导学生进行课堂自评和互评,发现其写作的优劣,提升写作能力。

教学现场

一、待识庐山真面目

师:同学们,请你们朗读下面两段文字,看看它们的写景部分有哪些不同。(男生朗读第1段,女生朗读第2段)

(屏显)

1. 春天,踏着轻盈的脚步而来。我走在幽静的小径上。小草从土地妈妈怀抱中跑出来了,花儿在草丛中尽展美姿,绿叶的气息在空气中回荡。

2. 天气是醉人的温暖,恰好是樱花落尽的时节。细沙的行人道上满是狼藉的粉色花瓣,有些沾挂在平铺的碧草上。几树梨花还点缀着嫩白的残瓣。北面与西面的小山上全笼罩着淡蓝色的衣袂,小燕子在林中来回穿跳。在这里正是一年好景的残春,到处有媚丽的光景使人流连。

生:我觉得它们的不同之处体现在第1段描写得简略,第2段描写得详细。

师:你分析得不错。那么第1段简略地描写了哪些景物呢?它们又有什么特征呢?

生:第1段描写了小径、小草、花儿、绿叶,这些景物展现了

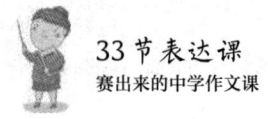

一幅美丽的春景图，但写得很简略，特征不是很明显。

师：你回答得非常棒！那第2段详细地描写了哪些景物？它们又有什么特征呢？

生：第2段描写了粉色的樱花、嫩白的梨花、淡蓝色的衣校和在林中穿跳的小燕子，呈现出一派残春的景象。

师：你看，这位同学的回答非常有意思，他把景物的特点用修饰语的形式放在景物前面，很简洁，也很清晰。这是一种很不错的概括方法。同学们，这两段文字除了有描写详略的差别，还有一个重要的差别，体现在第1段作者对"小草""花儿""绿叶"进行了笼统的描写。试想：如果作者知道这些草、花、叶的名称，然后根据它们自身的特点描写，是不是会让笔下的景物更灵动、更鲜活呢？第2段作者对景物的描写就是对这一问题最好的证明。它选自作家王统照的小说《山雨》，你们仔细阅读就会发现他笔下的景物都有自己的名字，并且经过了仔细的观察。这节课让我们一起学习自然景物的描写方法，要明白细察方识东风面，精巧落笔才得春。

（屏显）

细察方识东风面，精巧落笔才得春。

二、细察方能展个性

（一）知道名字很重要

师：同学们，对于掉头发这件烦心事，你们会怎么说？

生：好烦啊，又掉了好多头发！

生：我的妈呀！再掉就成秃子了！

师：掉头发这件事的确让人烦恼，有人甚至在"地中海"的道路上一去不复返。而我朋友圈的一位朋友这样写:"天啦!我的凯瑟琳、我的露西、我的安妮……你们都离我而去了……"这个说法既风趣,又让人印象深刻,因此,描写事物或景物时,知道名字很重要!

(板书:名字很重要)

(二)成果分享识景物

师:周末同学们去郊外拍摄了许多植物、动物的照片,经过小组推荐,选出了一些有代表性的景物。下面请同学们依次上台展示、介绍。

生:我们小组选的是茉莉花。(见图片一)它虽然小,有些像雪花,不起眼,但是它有沁人心脾的芳香,并且晒干以后还可以做成茉莉花茶。

(屏显)

图一

师:你介绍了茉莉花的色彩、外形、香气和用途,简洁又清晰。

(板书:色彩、外形、香气、用途)

生:我给大家带来的是丁香花。(见图片二)丁香花开在暮春时节，花初开时，呈现淡紫色或白色，外形单薄细弱，一团团簇拥着，形状像结，所以又被称"丁香结"。它不仅是美的象征，也象征着高洁、愁怨。如戴望舒《雨巷》中结着愁怨的丁香姑娘。

（屏显）

图二

师：有了季节、象征意义，还有丁香诗的例子。戴望舒也因此成了著名的"雨巷诗人"，在他的笔下丁香与雨巷相互映衬，那浓得化不开的忧愁成为永恒的经典。

（板书：季节、象征意义、诗词）

生：我们小组推荐的是柳树。（见图片三）枝条细长而低垂，褐绿色，耐寒，耐旱，喜温暖至高温，日照要充足。因"柳"与"留"谐音，所以表示挽留之意。这种习俗最早起源于《诗经·小雅·采薇》："昔我往矣，杨柳依依。"用离别赠柳来表示难分难离、不忍相别、恋恋不舍的心意。杨柳是春天的标志，在春天中摇曳的杨柳，总是给人以欣欣向荣之感。"折柳赠别"就蕴含着"春常在"的祝愿。

（屏显）

图三

师： 你从柳树的习性、习俗、意义出发，给我们科普了柳树的知识，为写作充实了素材。

（板书：习性、习俗、意义）

(三) 用好教材素材库

师： 通过同学们的展示，我眼前仿佛打开了一扇百花园的大门，这里色彩斑斓，芳香扑面。通过细致的观察、查阅和分享，同学们了解了很多景物的名字、特点及象征意义等。其实在我们的教材中也出现过许多的景物，你们注意到了吗？老师梳理如下：

（屏显）

植物名：紫藤萝、桃花、杏花、梨花、绿萍、垂柳、水藻、麦子、稻子、乌桕、绿杨、梧桐树、莴苣、荷叶、莲花、松林、菊花、菜畦、皂荚树、桑葚、何首乌藤、木莲、何首乌、覆盆子、蜡梅、桂花树、夹竹桃、石榴、黄梅、芦苇、橘子、棉花、柳丝、浮萍、蔷薇、爬山虎、芭蕉、翠竹、丁香、海棠、刺槐、牡丹、葵花、兰芽……

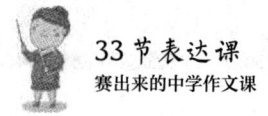

动物名：蝉、贝壳、蚊子、癞蛤蟆、珍珠鸟、白兔、蚕、蜜蜂、蝴蝶、牛、莺、燕子、马、鸦、蝈蝈、鹰、羚羊、萤火虫、张飞鸟、麻雀、蜈蚣、油蛉、云雀、黄蜂、大熊、虾、孔雀、虫豸、猫、斑羚、狼、红蚂蚁、棕榈蛇、熊……

（学生在朗读过程中脸上呈现出惊喜的表情）

师：从你们的小眼神里，我看到了两个字——惊喜。搜集并积累材料是写好文章的第一步。同学们，其实教材就是一个最重要的作文素材库。我们可以这样计算，7—9年级共6册教材，每册以23课计算，每课包括作家的生平事迹和课文内容两部分素材，3年至少有200个材料可用，并且这些材料老师一般都会详细介绍或者分析，运用起来也相对容易，正所谓"天机云锦任我裁"。

三、山重水复终有路

师：那么如何用我们的妙笔来剪裁这些云锦，将景物描绘出来呢？鲁迅先生在这方面为我们做了很好的示范。他的《从百草园到三味书屋》中就有精彩的描述。

（屏显）

不必说碧绿的菜畦，光滑的石井栏，高大的皂荚树，紫红的桑葚；也不必说鸣蝉在树叶里长吟，肥胖的黄蜂伏在菜花上，轻捷的叫天子（云雀）忽然从草间直窜向云霄里去了。单是周围的短短的泥墙根一带，就有无限趣味。油蛉在这里低唱，蟋蟀们在这里弹琴。翻开断砖来，有时会遇见蜈蚣；还有斑蝥，倘若用手指按住它的脊梁，便会拍的一声，从后窍喷出一阵烟雾。何首乌藤和木莲藤缠络着，木莲有莲房一般的果实，何首乌有拥肿的根。有人说，何首乌根是有像人形的,吃了便可以成仙,我于是常常拔它起来,牵连不断地拔起来,也曾因此弄坏了泥墙,却从来没有见过有一块根像人样。如果不怕刺,还可以摘到覆盆子,像小珊瑚珠攒成的小球,又酸又甜,色味都比桑葚要好得远。

师:这段文字我们在七年级就学过,鲁迅先生用他的生花妙笔将一个"似乎确凿只有一些野草"的园子写成了美丽的、让人心生向往的百草园。请同学们小组讨论,合作探究,去发现景物之美,并揣摩美在哪里。请用以下句式说出来。

(屏显)

我认为美在_____,我从_____感受到了。

师:我认为美在巧妙的句式,我从"不必说……也不必说……单是……"感受到了。

(学生讨论,发现,探究,回答。教师点拨,归纳,相机补充)

师:同学们的发言都非常精彩,你们发现了景物描写的很多写作技巧。可是,一篇写景的文章,它的灵魂是什么?仅仅是技巧吗?

生:不是。文章的灵魂是中心,景物描写是为文章中心,或者是情感服务的。

师:对,本段的侧重点在于表现作者的童真童趣,表达其对百草园的热爱,为后来抒发离开百草园时的不舍之情做铺垫。所以,这段文字美在——

(屏显)

美在情感:童真童趣。

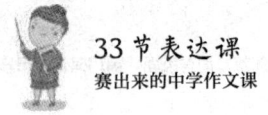

美在技巧：巧妙句式；修辞运用；写景抓住特点。

顺序恰当；用词准确；形声色味俱全。

动静交替、虚实结合；融情入景，景中有人。

四、柳暗花明巧落笔

师：鲁迅先生人到中年，当他回忆起童年时，仍然感到那样的快乐和有趣。在你们的心目中，有没有一处童年的乐园呢？请与大家分享。

生：我童年的乐园是我大伯家的院子，在那里虽然没有很多美丽的景物，但我在那里和表哥表姐度过了很多快乐的时光。

生：我童年的乐园是我家附近的公园。那里空气清新，有很多美丽的景物，还有一座小山，周末爸爸妈妈常常带我去玩耍。

师：你们的乐园承载着亲情和友情。

生：我童年的乐园是奶奶的院子。由于爸爸妈妈工作忙，我从小在奶奶家长大。奶奶家有一个很大的园子，里面种了很多蔬菜、花草。奶奶每天都在那里辛勤地劳作。

师：那一定是一座美丽的乐园，现在还经常回去看奶奶和园子吗？

生：奶奶已经去世3年了，园子也荒芜了。我已经很久没有回去看园子了。

师：是啊，睹物思人，人非物也非。你对奶奶、对奶奶的园子，一定有很多话要说吧？那就把它写成文字，奶奶知道了，一定会欣慰的，对吗？（学生点头）接下来的时间，请大家构思写作《童年的乐园》，今天我们只需要写一段景物描写的文字，运用今天所学的写景技巧，注意景物描写烘托的氛围要与你表达的情感和谐统一。

五、它山之石以攻玉

师：正如"文章不厌百回改，反复推敲佳句来"所言，好文章是改出来的。古往今来，凡是文章写得好的人，大概都在修改上下过功夫。"它山之石，可以攻玉"，原指别人山上的石头，可以用来琢磨玉器，后指能帮助自己改正缺点的人或意见。所以，今天的文章你们要相互来评，相互提出建议。

学生作品

童年的乐园

"池塘边的榕树上，知了在声声地叫着夏天……"熟悉的旋律打开我记忆的闸门。童年的乐园、奶奶的笑容再次浮现在我的脑海里。

由于父母工作忙，我从小便跟着奶奶，成了她的小跟班。奶奶家的园子便成了我童年的乐园。奶奶勤劳，热爱花花草草，于是她的园子就成了百菜园、百花园。不必说婆娑的杨柳，也不必说高贵的丁香，单是一些常见的小花小草，就足以让我流连忘返。

牵牛花已攀爬过了树顶，一朵湛蓝的花如繁星般点缀其间，美不胜收，如同仙境！院中有两棵大树屹立，奶奶在中间用一根绳子牵着，每年小院中的牵牛花便攀着大树依着绳子牵到一起，浑然挽成一体，一层一层跟着绳子往下坠，好似一个美丽的花帘。那时候

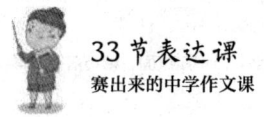

的我，最爱站在花帘内侧望外面的青山、村庄和行人。

茉莉含苞欲放，随着日头渐高，她也慢慢盛开，指头般大小的"雪花"纯洁含蓄，溢出沁人心脾的芳香。我总爱贪婪地吮嗅，那灼烫的烈日便随之消沉，犹如一股清泉将我消融。待夕阳西下，奶奶瞅着哪一朵即将败落，便小心翼翼剪下枝头，晾干收好，再于闲暇时择取几朵放入杯中，倒入开水，一杯芬芳清淡的茉莉花茶让人久久不能忘怀。

也不知是何年何月始，每每春夏之交，都会有一株木槿自奶奶家院墙下逸出，直逼过我的头顶，于盛夏时节孕育花蕾，大约20天，便有一朵碗口大的木槿迎着旭日绽放。洁白的花儿笑着，一如奶奶曾经慈祥的笑容。隐约记得奶奶在世时，总爱摘取几朵当天早晨刚开放的白色木槿放热水里焯了和面吃。如今，奶奶坟头已是青草苍翠。

别了，我童年的乐园；别了，那些美好的往昔。

物换星移，过去的一切似水流年，但曾带给我快乐的那个小院，那些美好的过往，已足够让我铭记一生。

（此课例荣获"新作文杯"全国第四届作文教学"创课"比赛一等奖）

让你的情绪颗粒度变细

湖北荆州·王理琳

创课缘起

我们都需要有辨认自己或他人情绪的能力，这种能力，心理学家叫作"情绪的颗粒度"。情绪颗粒粗大的人神经大条，很容易武断地判断别人的情绪；情绪颗粒度细致的人就很懂得分辨不同的情绪。生活会触发我们的各种情绪，而文章是情感流动的载体，只有精准地描摹每个当下的情绪，才能真正拥抱自己、接纳自己，继而感染读者，戳中读者的泪点、笑点、痛点，让读者感同身受。就让我们以写作为载体，训练你的情绪颗粒度，让它变细、再细、更细。

创课思路

通过师生情境对话引出"情绪颗粒度"这样一个有趣的课题，激发学生的求知欲；再创设具体情境，通过小组热议，得出十几种完全不同的答案，打开"情绪"这一巨大的宝库；总结出分解情绪的写作方法，让学生有所感、有所得。

趁热打铁，牛刀小试，既学以致用，又能让学生沉浸在情绪中，打开其感官，充分感受各种情绪，增加其对情绪的体验，进而引导学生评点情绪，加深其对"分解情绪"这一方法的理解和

印象。

在分解情绪的基础上,品读一段修饰性描述的情绪,总结出修饰情绪的写作方法,明白情绪既要会识别,又要会表达。提供进阶的练习方法,重在课后、课外长期不间断地练习。

如果在写作中出现负面情绪怎么办?学生通过思考感悟,懂得情绪来了就要尽情感受它、拥抱它,而不是逃避,情绪走了就要静下来感悟它、思考它,而不是雁过无痕。欣赏负面情绪的感悟让学生更好地了解了关乎生活、关乎人生的真知灼见,从而总结出感悟情绪的写作方法。

教学现场

一、且议且感,分解情绪

(一)情境对话,引出课题

师:假期快要结束了,想到还有一大堆作业没有完成,回想一下,你是什么心情?

生:紧张、焦虑、难过、后悔、懊恼、自责、担心……

师:从你的表述中,我们可以看出当人处于某一情境中时,他的情绪往往不是单一的,而是丰富的、多样的。假如你为某个人准备了一个惊喜,那么请你闭上眼试着感受一下,此时是什么心情?

生:满怀希望、兴奋地颤抖、快乐地憧憬、一丝惶恐……

师:我们对自身情绪的感知不应是标签化的,应是细腻的、微妙的。德国有一个作者叫约翰凯·尼格,他发现生活当中有很多悲伤的情绪,没有办法找到明确的词语来表达,于是花了七年的时间，一共总结出8000种悲伤，制作出了一本悲伤词典。这让我们了解到，拥有辨认自己或他人情绪的能力多么重要。

(屏显)

情绪颗粒度是指对情绪的认知，也就是对情绪的识别与命名。

情绪颗粒度大，感知情绪比较粗线条，对情绪的描述笼统、空泛；情绪颗粒度小，感知情绪会更加精细、确切，对很多细微的差异都能察觉到并表达出来。

情绪颗粒度的大小，影响着我们处理情绪和问题。情绪颗粒度的大小，决定了我们会活在一个怎样的世界里。

师：我们只有知道怎么感知世界，才会知道采取什么行动，而采取的行动又会影响其感知，这是一系列的过程。情绪颗粒度不同的个体，很有可能不是活在一个世界里，至少不是活在一个层次的世界里。

(二) 情境讨论，充分感受

(屏显)

你在礼品店的橱窗里看到一个精美的礼品，内心很喜欢。一周内，你几乎每一天都到这个橱窗去望一望这个礼品。终于，你受不了了，这周过后，你毅然决然地跑去这个店，结果这个礼品不在了，你没有买到。这时候你觉得很难过，这个难过是哪一种情绪呢？

(学生小组讨论，一人负责记录。小组代表发言，教师补充)

生：你钱包里的钱不够，所以你才会错过这个礼品，从而产生一种你瞧不起你自己、觉得自己很穷的感觉。

生：明知道只要出手就能够买到，你却一拖再拖，你会对自己

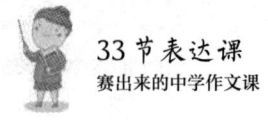

的拖延症感到非常失望和自责。

生：其实家里的柜子里已放了很多这样精美的小玩意，你已经提不起再去多买一样的兴趣，感到人生实在百无聊赖，才会产生这种空虚的感觉。

师：不管是哪一种情绪，其背后潜藏的都是你对自己人生的某一种不满意，所以你要慢慢感受这种情绪，分解出背后潜藏的原因和情绪。

（屏显）

写法指导1：按下情绪慢速键，分解情绪。

二、且听且说，分享情绪

（3分钟小练笔——写写你最近一次的难过）

生：我认为最理解我的人应是最该支持我的人，可这个人却成了最反对我的人，而这个人又是我最亲的人。我不想和他们对峙，可事情却总是走向我最不想看见的那一面。那种心情，是难过，也是无奈。

师：你怕的一定是你觉得应对不了的，因为应对不了，所以没有办法——"无奈"这个词是从"难过"中分解出来的，很细腻，很好！你为什么会怕，是太意外了，还是太心虚了？你可以在这个点上再深入探究一下。

生：我想要学习，不想再浪费时间，可是我又不能立刻行动起来，总觉得有一块透明的玻璃在阻碍着我的行动，让我无法前进。我对自己把时间浪费在没用的事情上感到难过。我为不能控制自己的情绪感到难过。

师：难过的原因梳理得很具体，很细致，真切可感！为什么不能控制自己的情绪，什么是没用的事情，既然知道没用为什么还要浪费时间，需继续探究一下。

生：我平时每件事都做得很好，但这一次因为自己时间没安排好，导致某件事没有很认真地完成，事后非常后悔，内心暗自责怪自己，对别人不负责任的那种愧疚感油然而生。

师：你把"难过"分解出三种情绪，既丰富又细腻，好！为什么没有安排好，除了客观原因外，有没有主观原因，我们一起来探究一下。

生：最近我感觉自己正处于人生的十字路口，十分迷茫，不知道接下来的路该怎么走，明明想要继续向前走却在屡受打击下一蹶不振。这种情绪压抑着我的感官与行动力，恶性循环。

师：把"这种情绪"改成"茫然"之类的词，会更明确。我认为可将"恶性循环"进行深入探究，比如，由什么到什么再到什么，并着重强调，会使读者的印象更深刻。

三、且读且品，修饰情绪

(一) 品读一段对情绪的描述

师：除了分解让情绪细腻外，还有什么办法能够呈现出细腻的情绪？

（屏显）

那种难过，就像买了一块精美的奶油蛋糕，心怀期待地准备回家美美地享用，仿佛已经可以感受到奶油的绵密和草莓的香甜。不幸的是，刚走出店门，蛋糕就倾翻在地，奶油铺了满地，捡起来也

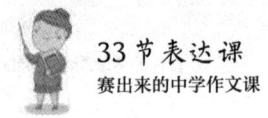

没法再吃了。就像自己现在美好、快乐的生活突然一下子全部消失了，消失得无影无踪。我只能站在原地呆呆地望着它，非常失落，非常难过，非常无助。

（学生回答，教师总结并屏显）

写法指导2：按下情绪暂停键，修饰情绪。

（二）进阶指导

师：我们只有提高自身对情绪的感受力，对情绪的描写才会更细致入微，对情绪的体验才会更丰富；我们只有提高自身对情绪的表述能力，才不会影响自己与他人的沟通。那么如果情绪无法让事情有序推进，该怎么做呢？首先，我们要准备一个情绪日记本，我来教授同学们两个进阶的方法。

（屏显）

学法指导1：增加情绪概念库，练习分类情绪。

师：情感概念是生活的工具，工具包越大，你的大脑越可以灵活地预见并确定行动，你便可以更好地应对生活中的各种繁杂的事。

（屏显）

1. 高兴、兴奋、喜悦、开心、欢喜、舒畅、舒服、舒坦、舒适、快乐、痛快、爽快、快活、快意、轻松、幸福、满意、甜蜜、甜丝丝、喜滋滋、喜出望外、心花怒放、心旷神怡、庆幸、幸灾乐祸……

2. 愤慨、气愤、愤怒、愤恨、愤懑、恼火、生气、悲惨、惨然、沉痛、悲痛、痛苦、痛心、痛不欲生、伤感、伤心、心酸、难过、难受、难看、难堪、忧愁、忧虑、忧郁、郁闷、郁郁寡欢、无奈、无助……

师：像屏幕上显示的两类情绪词语一样，你可以在你的情绪日记本上面，分正面和负面两个部分来记录形容情绪的词语。一旦情绪来了，就可以立刻捕捉识别，在识别时可以参考写过的这些情绪概念。如果发现今天的情绪和写过的这些不符、有差别，就可以再想想，精准地记录下这个新的情绪。相信只要你平时多积累，慢慢你就会有很多收获，比如"嫌隙"比"嫌弃"微妙，"疑忌"比"怀疑"细腻，"欣幸"比"高兴"多出更多的联想空间……请将这些概念纳入你的日常生活，你的大脑就会自动应用它们。

（屏显）

学法指导2：写情绪日记，练习描述情绪。

师：在你的情绪日记本中，你可以描述自己的一些感受，尽量地让其更加精细化，同时也去观察别人，并试着去准确描述别人的感受和状态。在这种练习的过程中，相信你对情绪的精细把控力会得到进一步提升。

四、且思且悟，翻转情绪

（一）如何翻转负面情绪

师：经过仔细分类后，我们发现情绪大致上有正面的和负面的两类，正面的我们享受就好，可是对那些负面情绪我们应该怎么办呢？置之不理肯定不行，这是逃避的方式、错误的方式。现在请你们认真回想一下自己的写作过程，如果你们写的这件事是负面的，在写作中肯定不能让负面的情绪放任自流，那么应该如何让它回到

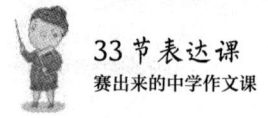

正面,或者至少回到平静的层面呢?换句话说,就是遇到这种情况你们会怎么处理?

(二)片段赏析中加深感悟

(屏显)

悔恨如何翻转?

- 悔恨是一种耗费精神的情绪,是比损失更大的损失,比错误更大的错误。
- 悔恨太多,也就会错过太多;错过太多,也就会失去太多。
- 悔恨,既是疮疤,也是财富。
- 与其坐着悔恨,不如亡羊补牢。
- 人生不会有悔恨缺席,因为它让我们懂得了珍惜眼前。

师: 负面情绪就像衣服上的褶痕,你仔细整理衣服、叠衣服,不厌其烦地好好感悟它们,褶痕自然就会被抚平,负面情绪也会烟消云散。这时候你再回过头去看待这个情绪,自然会有一番新的感悟,慢慢地,你就会有越来越多的正能量,也会对生活有更多的真知灼见。

(屏显)

学法指导3: 感悟情绪,升华对生活、对人生的思考。

师: 最后,希望我们不要被情绪羁绊。我们既要有能力捕捉到这个世界的奇妙,又要能在各种微妙的情绪里穿梭自如。毕竟识别和表达情绪就是在识别和认识这个世界,若能更好地跟我们的情绪相处,也就能更好地与这个世界相处。

学生作品

作品一：

关于烦恼的感悟。

- 青春期的烦恼像冬雪,纯洁而美好。
- 一个人越企图去挣脱烦恼,就越容易被烦恼纠缠得脱不了身。

作品二：

关于伤害的感悟。

- 用伤害别人的手段来掩饰自己缺点的人是可耻的。
- 有时真相也是一种伤害,倒不如选择谎言;有时谎言也是一种伤害,倒不如保持沉默。

作品三：

关于遗憾的感悟。

- 面对遗憾,失败者想着过去如果那样做就好了,成功者想着将来这样做一定会成功。
- 在指尖滑过的地方悄然而生,来不及抓住,却早已溜走。遗憾,往往只在那一瞬。

作品四：

关于妒忌的感悟。

- 妒忌是一把双刃剑,愚者用它把朋友伤害得遍体鳞伤,智者用它雕琢出完美的自我。
- 妒忌行为犹如通过一扇三棱玻璃旋转门,当你正怨恨别人都往里挤的时候,自己却早已被挤出了门外。

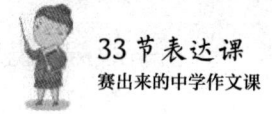

作品五：

关于挂念的感悟。

• 挂念是一封远道而来的家书，是亲情的问候，是灵魂的絮语。

• 挂念是人与人之间一种珍贵的感情，没有虚伪的杂质，没有功利的色彩，是深深的祝福和默默的祈祷。

（此课例荣获"新作文杯"全国第四届作文教学"创课"比赛特等奖）

用典雅的语言写作

辽宁大连·周建荣

🍁 创课缘起

与学生读到《灯笼》一文"要说'玩火黑夜溺炕'那种迹近恐吓的话"这一句话时,我问学生:"同样的读音,同样的含义,'溺炕'为何不写成'尿炕'?"有的学生说太口语化了,有的学生说写到文章里太粗俗了,这是我们对典雅语言的初步探讨。

教参上有这样一句话"其(《灯笼》一文)语言清新典雅而含蓄蕴藉,是文学语言的典范,可以给学生更多的自学时间,用于品味课文语言"。我上课生成的内容与教参上的观点不谋而合,由此创设了《用典雅的语言写作》一课。

🍁 创课思路

词秀句工,先写后教。学生根据教师提供的实物当堂完成创作,之后教师再引领学生理解典雅语言的含义,这个过程是为了让学生感受到典雅语言的魅力,提高其思维品质,这样既可为接下来的修改文章做铺垫,又可为深入理解作文语言的魅力张本。

正如《文心雕龙》中所说"改章难于造篇,易字艰于代句",也就是说修改章节比重写一篇文章更困难,更换一个字比取代一句话还难,所以,在教学过程中,教师一方面要激发学生写作的兴

趣，另一方面要培养学生斟字酌句修改作文语言的能力。总之，通过对一篇文章的反复修改，以达到"志足而言文，情信而辞巧"的目的，即思想内容要充实，语言要有文采，感情要真实，文辞也要优美。

教学现场

（教师将105个字格的作文纸、梧桐叶于课前摆放在学生的书桌上）

一、导入

师：昨天傍晚，我一个人出去捡拾树叶，发现杨树叶落光了，银杏树叶落光了，柳树叶也落光了，只有梧桐树叶稀稀落落地高挂在枝头，我踮起脚尖，蹦跳起来，可是仍然够不到。我想，如此长的高尔基路（大连市内的一条两旁都是梧桐树的路）一定能让我捡够60片梧桐叶，40分钟的时间，达成所愿。回家后，我用清水把梧桐叶洗干净、晾干，今天拿来送给风华正茂的你们！请同学们猜一猜我为什么送梧桐叶给你们？

生：我猜老师想让我们用梧桐叶写作文。

师：万两黄金容易得，知音一个也难求，（教师与学生开心地握手）你很懂我！（学生笑）下面请同学们用我送给你们的梧桐叶写一篇小作文。

（屏显）

一片梧桐叶触发了你哪些联想和想象？

要求：不超出所给105个字。

（学生完成写作后，教师先让学生学会用典雅的语言写作，之后让学生利用这一妙招修改自己的作品）

二、解读"典雅"的含义

(一) 典雅用词

师："话儿多"不说话儿多,说滔滔不绝;"见识多"不说见识多,说见多识广;"变化多"不说变化多,说什么?

生:千变万化。

生:沧海桑田。

生:日新月异。

……

师:"困难多"不说"困难多",说什么?

生:寸步难行。

生:千难万险。

……

师:"读书多"不说"读书多",说什么?

生:满腹经纶。

生:学富五车。

……

师:"长得好"不说"长得好",说什么?

生:国色天香。

生:倾国倾城。

生:仪表堂堂。

……

(二) 典雅用句

师:下面我们一起来总结一下,怎样才能做到语言典雅呢?

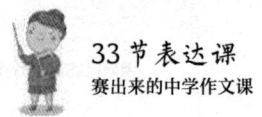

生：多用四字词语。

生：把口语变成书面语。

师：下面我们利用屏幕上的句式来做一组仿句练习。

（屏显）

我想说_____，不说_____，说_____。

生：我想说我恨你，不说我恨你，说我不能和你在同一片天空下生活。

师：这得有多恨。（学生笑）

生：我想说我爱你，不说我爱你，说我的眼中最美的模样就是你。

生：我想说我暗恋你，不说我暗恋你，说山有木兮木有枝，心悦君兮君不知。

师：可见这个女孩子对待感情很大胆、很热烈。人世间有一种美好的感情，有时候一直存放在心里，这种感情就叫作"暗恋"。（众生鼓掌）

生：我想说我爱你，不说我爱你，说我的心如狂野的鸟，在你的心中飞，在你的眼中找到他的天空。

师：你不仅心怀对别人的爱，还能用最美的语言去表达。为你点赞。

生：我想说我爱你，不说我爱你，说自从我遇见你，我才知道可以这么思念一个人。

师：你的表达方式很直白。

生：我想说我爱你，不说我爱你，说山无棱，天地合，乃敢与君绝!

师：你们仿写得真不错。我们在表达一种感情的时候，同样是我爱你，却可以用不同的优美语言表达，这种优美的语言就叫作"典雅"。《现代汉语词典（第7版）》中，"典雅"一词的含义是"优美不粗俗"，同学们，你们在写作文的时候肯定不会用粗俗的语言去写，所以老师把"粗俗"一词改成"浅俗"。

（屏显）

典雅：优美而不浅俗。

(三) 教材中的典雅词句

师：四字词语可以使语言典雅，优美的句子也可以使语言典雅，而这些典雅的语言我们如何积累呢？请你们从下面教材中的名篇中找出典雅的词句，并试做简要分析。

（屏显教材《背影》《白杨礼赞》《中国石拱桥》的片段）

那年冬天，祖母死了，父亲的差使也交卸了，正是祸不单行的日子。我从北京到徐州，打算跟着父亲奔丧回家。到徐州见着父亲，看见满院狼藉的东西，又想起祖母，不禁簌簌地流下眼泪。父亲说："事已如此，不必难过，好在天无绝人之路！"

——朱自清《背影》

那是力争上游的一种树，笔直的干，笔直的枝。它的干通常是丈把高，像是加过人工似的，一丈以内绝无旁枝。它所有的丫枝一律向上，而且紧紧靠拢，也像是加过人工似的，成为一束，绝不旁逸斜出；它的宽大的叶子也是片片向上，几乎没有斜生的，更不用说倒垂了；它的皮光滑而有银色的晕圈，微微泛出淡青色。这是虽

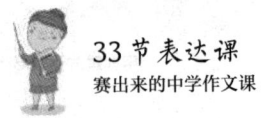

在北方的风雪的压迫下却保持着倔强挺立的一种树！哪怕只有碗那样粗细，它却努力向上发展，高到丈许，两丈，参天耸立，不折不挠，对抗着西北风。

……

它没有婆娑的姿态，没有屈曲盘旋的虬枝。

——茅盾《白杨礼赞》

每个柱头上都雕刻着不同姿态的狮子。这些石刻狮子，有的母子相抱，有的交头接耳，有的像倾听水声，有的像注视行人，千态万状，惟妙惟肖。

——茅以昇《中国石拱桥》

师：请同学们从以上文段中找出你们认为典雅的词语，并试做简要分析。下面我们先来看《背影》中的词语。

生：我认为这些词语比较典雅，比如，祸不单行、满院狼藉、天无绝人之路。

生：我认为这些词语比较典雅，比如，差使、交卸、簌簌。

师：我认为"祖母"一词比较典雅，平时我们写作文都用爸爸、妈妈、奶奶等，如果我们用父亲、母亲、祖母、祖父、外公、外婆，就把口语变成了书面语，语言也就变得典雅了。下面我们再看《白杨礼赞》中的词语。

生：我认为这些词语比较典雅，比如，晕圈、微微泛出、丈许。

师：不错。比如"丈许"，可以说1丈多高，那么1丈多少尺，1尺多少寸，哪位同学知道？

生：老师，我知道。1丈是10尺，1尺是10寸。

师：你知识掌握得很准确，这里的"丈许"确实比"一丈多高"要典雅得多。

生：我认为这些词语比较典雅，比如，婆娑、屈曲盘旋、虬枝。

师：这些典雅的词语不仅写出了树的姿态，也给人留下了想象的空间！下面我们再来看《中国石拱桥》中的词语。

生：我认为这些词语比较典雅，比如，母子相抱、交头接耳、倾听水声、注视行人、千态万状、惟妙惟肖。

师：《中国石拱桥》是什么文体？

生：说明文。

师：说明文用四字词语，第三单元的文言文也多用四字词语，比如，《三峡》《答谢中书书》，这说明多用四字词语可以让文章的语言更加典雅。

（四）经学去改

师：请同学们参考屏幕上的词语，并借助你们对典雅语言的理解去修改自己的作品。

（屏显）

描写梧桐叶比较典雅的词语：褐黄、苍翠、青翠、绿幽幽、残损、密实实、葱葱、柔软、滑嫩、燃烧、精致、轻盈、纵横交错、迎风斗雪、晶莹通透、密密层层、簇簇、抖擞、絮语、翩跹、婆娑、斑斓、炫目、凋残、舞态生风、缠绵、贵而不俗，雅而不酸

（学生在原作上修改自己的作品）

233

（五）由改去思

师：这位同学，请你朗读一下自己的原作，读后再说说你修改的理由。

生：秋意渐浓，我徘徊在街道的两旁，望着树上挂着的零星的梧桐叶，心绪渐起。拾起一片残损的梧桐叶，细观其纵横交错的纹理，繁密而不杂乱。深秋，其他树的叶子已落光，只有梧桐高高地挂在枝头，享受着秋的美好。梧桐更兼细雨，一首词在心中浮现，那个支离破碎的南宋，那个乱世中的佳人，你又如何不像那叶一样享受这秋的美好。

师：你对哪些地方进行了修改。

生：在"拾起一片梧桐叶"前加了"残损"，在"纹理"前加了"交错纵横"。

师：现在我们对这位同学的作品一句一句修改，"我徘徊在街道的两旁"，"我"一个人是做不到徘徊在街道两旁的，这一处不合理，典雅的语言不仅要追求美，也要做到合理。"心绪渐起"这里的"心绪"指的是什么呢？是愁绪，还是闲绪？如果你能补充出来会更好。"残损"一词用得比较准确，但是如果梧桐叶不是残损的就不要写残损，你手里的叶子是什么样的就用什么词去描写。"繁密而不杂乱"很典雅。深秋时节，并不是所有的树叶都会落光，同学们，你们思考一下，还有什么树叶没落光呢？

生：松树叶。

生：柏树叶。

师：综上所述，"其他树的叶子已落光"这句话写得太绝对了，所以，我们写作时要合乎事理。"梧桐高高地挂在枝头"写得有点违背自然规律。根据我们的生活常识，可判断出梧桐树无法挂在枝头，挂在枝头的应该是叶子。"梧桐更兼细雨"引用得很准确，"那个支离破碎的南宋"写得准确，"乱世中的佳人"写得好，而"享受这秋的美好"中的"美好"一词，既不合语境又不够具体，由梧桐叶想到李清照，想象合理，但缺少一个中心。老师希望同学们接下来能以这样的思路对自己的作品进行二次修改，但必须要注意两点：一要斟字酌句；二要合理。因为再华美的语言也是为中心服务的。

（六）由悟再改

（学生进行二次修改）

师：我们再来欣赏一下这位同学修改后的作品，下面请这位同学完整地读一遍她的作品。

生：我徘徊在街道上，弯腰，拾起地上一片残损的梧桐叶，细观其纵横交错的纹理，繁密而不杂乱。深秋，其他的叶子几乎落光，只有梧桐叶高高地挂在枝头，望其婆娑的姿态，清照之愁浮现，抚叶细思，少年无忧，韶华璀璨，用心珍惜。

师：这位同学本身的写作水平高，又能认真反复修改，不错。希望同学们平时多与她交流，定会有所收获。

（七）由改再悟

师：写作时用语典雅有哪些好处呢？

生：考试得高分。

生：提升自身文学素养。

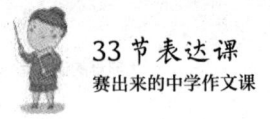

生：继承和发扬文化。

师：如何才能做到写作时用语典雅呢？

生：多用书面语。

生：多用四字词语。

生：多读书。

生：多体验生活，多走进生活，多观察梧桐叶。

师：好文章是一篇篇写出来的，也是一篇篇改出来的。读古典名著，积累典雅词句，多走进生活，多感悟，多写。选入教材的作品语言大多具有典雅的特点，而且每篇课文后面的"读读写写"中四字词语也有很多，比如八年级下册就有44个。我们把教材中所有的四字词语都积累起来，在写作中多运用，就能让作文的语言变得典雅。希望同学们能养成常总结、多积累的好习惯。

三、课堂小结

我拾起一片一片梧桐叶，送给风华绝代的你们，你们不是秋叶，你们属于秋叶最亲密的挚友，如霞如火，纷繁多彩惹人醉。一片梧桐叶，一节典雅的课，愿你们学有所获。

学生作品

片段一：

梧桐叶与我手掌一样大，黄绿相错间的纹路清晰可辨，叶片端部的齿状增添了叶的活力，拿起褐黄色的小叶柄，似一把精雕细琢的蒲扇能驱走夏日的炎热。望着它，我想象着它在树上生长的样子，在树上，它只是一个个体，我也一样。

片段二：

此刻，我第一次细看梧桐叶，这片叶子是纯绿色的，绿得不够清亮，上面布满了细小的绒毛。我看得入神，想象着老师一个人去捡拾梧桐叶的情景。那宽阔的长着粗壮的梧桐树的高尔基路上又多了一道风景，那就是我敬爱的语文老师。

片段三：

叶子褐黄中带着苍绿，叶片上一个一个小虫洞特别显眼，那些虫洞大大小小，形状也不规则，我脑海中突然浮现一只只小虫子爬上叶子啃食叶片的情景。待叶子黄了、落了，小虫子又该去哪里觅食呢？我好像也是一个啃食父母的小虫子。

（此课例荣获"新作文杯"全国第二届作文教学"创课"比赛一等奖）

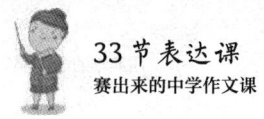

让感想之花绚烂绽放
——读后感写作教学设计
湖北宜昌·方婷婷

创课缘起

一本著作或一篇诗文,我们读过之后,总会或有些触动,或得到一些启发,但只重视读时的快感,只读而不思或思而不写,不重视读后感悟的现象在学生中仍存在。还有很多同学在写读后感时,往往把文章写了什么作为重点,占用了文章的大部分篇幅,而写文章的感受时却不联系生活实际。由此可见,如何写读后感,如何做到读和感的统一有必要做进一步探讨。

创课思路

由《学写读后感》明确什么是读后感,怎样写读后感,通过创设情境找到读后感的写作思路、基本要求和习作方法。根据材料学会提炼和表述观点,学习怎样从一篇文章中找感点。通过例文引路能有感而发,能围绕观点展开较为充分的论证,做到"引"有针对性,"联"有侧重点,最后总结收获,帮助学生写成一篇精彩的文章,养成读书、观影后常写读(观)后感的习惯,激发其写读后感的兴趣。

全面提高学生的语文素养,是语文学科新课程的核心理念。《义务教育语文课程标准(2011版)》中明确指出,语文课程应注重引导学生多读书，重视语言文字运用的实践，在实践中领悟义化内涵和语言应用规律。本课的教学设计就是基于这一理论指导，通过积极的语言实践活动，在真实的语言情境中去指导学生学会写读后感，提升其语言文字运用能力，获得思维方法，培养其高尚的审美情趣。

教学现场

一、精彩导入

高尔基说："书籍是人类进步的阶梯。"在人生漫漫长河中，书籍就像永不熄灭的圣火，照亮了我们蒙昧的心灵，指引着人生的航程。当我们获取知识、信息时，当我们读完一本书、一篇文章、一首诗、一段语录后，当我们看完一幅画后，我们的心灵就会产生一些共鸣和震荡。当我们把这些点点滴滴的感想记下来的时候，便成了一篇读后感。

二、了解文体

阅读《学写读后感》（统编版初中语文教材八年级下册第三单元），思考：什么是读后感？怎样写读后感？

提示：在阅读过程中，学生需筛选、圈点勾画相应内容。

明确：读后感，是读过一篇文章或一本书之后，在深入领会原文的基础上，对作品的主题、内容、某个细节、某些语句等发表自己的看法，表明自己见解的一类文章。

三、技法指导

（一）拟定题目

1. 直接拟题。例如：《读〈_____〉有感》或《〈_____〉读后感》。

2. 有主标题和副标题。如《陪伴，是最明亮的温情——读〈傅雷家书〉有感》《方法比知识更重要——〈事物的正确答案不止一个〉读后感》等。

明确：标题是文章的眼睛，只有眼睛醒目，才能吸引更多的人。

（二）引述原文

读后感的开头应该适当引述原文，也就是交代"感"从何来。

引述方式：1. 可以对自己感触较深的部分直接引述；2. 可以对原文加以概括，间接引述；3. 可以两者兼用。

【备注】紧扣"感"点，抓住要点，简洁、明晰地引述原文。引述的内容要有选择性、要有针对性，要根据自己拟题角度确定，切记不可照抄照搬原文，导致叙多于议，喧宾夺主，"头重脚轻"。

牛刀小试：请同学们运用近期阅读名著《傅雷家书》时的感受，完成"引述"环节。

（三）亮出感点

请同学们用快速浏览的方法追本溯源，阅读屏幕上呈现的四则材料，分小组讨论其提炼感点的角度及依据。

（屏显）

1.《钢铁是怎样炼成的》讲述了一个青年在战争时代的成长。主人公保尔·柯察金13岁时就参加了战争，一路走来，不知经历了多少坎坷，在革命的反复锤炼下，最终练就了钢铁般的意志，并成为一名领袖。保尔·柯察金的成功赢得了世人的尊敬和肯定，也让我深深地钦佩。我也想要成为他那样思想先进、不轻易退缩的人。（感其人物精神品质）

——《钢铁的意志——读〈钢铁是怎样炼成的〉有感》

2. 秦文君阿姨用温婉柔和的笔触，把自己关于爱的回忆和信念悄悄藏在书里，希望在她唯美的故事中能融化现实中的尖利粗糙对孩子的伤害。她把这本书"献给有过童年和正在享受童年的爸爸妈妈和老师们，因为岁月的奇迹在他们中间闪耀"。她希望无论是经风见雨的大人还是不知风雨的孩子们，都能和她的小主人公一样，相信有爱的童心就会快乐，盼望爱和欢乐都可以重来。（感其写作手法）

——《读〈会跳舞的向日葵〉有感》

3. 在《朝花夕拾》中，鲁迅大量使用了对比和讽刺的手法。如在《从百草园到三味书屋》中，鲁迅首先使用了许多鲜亮的文字记叙在百草园里无忧无虑的生活，接着又写"我"不得不告别百草园去三味书屋上学。前面写的百草园很好地反衬了后来在三味书屋读书的乏味生活，体现了鲁迅对旧社会私塾的不满。《朝花夕拾》用平实的语言，鲜活的人物形象，丰富而有内涵的童年故事，抨击了禁锢人的旧社会，体现了鲁迅追求"人的解放"的理想。（感其重要情节）

——《读〈朝花夕拾〉有感》

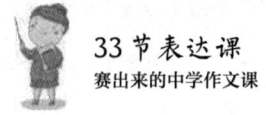

（四）例文引路

请同学们快速阅读《回头深处的爱——读〈拐弯处的回头〉有感》。

（屏显）

回头深处的爱

——读《拐弯处的回头》有感

①我读过《拐弯处的回头》之后，心里颇有一番感慨，一个不经意的动作代表着父亲对女儿深深的爱，其表现含蓄而深沉。

②在这篇文章中，作者给我们讲述了这样一个故事：弟弟受伤了，在被同学护送回家途中遇到了父亲，他满以为会得到同情与怜爱，不料父亲只是简单地交代了几句就走了。弟弟觉得父亲一点儿都不关心他，但后来正如同学所预言的一样，父亲在拐弯处回头看了一眼弟弟。弟弟也深深地感受到了这种无言的父爱。

③这篇仅仅四百多字的文章，没有华丽的辞藻，没有精巧的结构，却让人感动不已。因为这里充满了作者的深情。这种儿女和父亲之间的情感真实、深切、诚恳，很容易在同样为人儿女的我们心中产生共鸣。

④可能大家都有这样的感触，父亲总是扮演着严厉的角色，所以很少有人同父亲有直接的亲昵和交流情感，甚至有人会害怕父亲，逃避父亲，疏远父亲，我对此深有感触。我经常同父亲争执，不理不睬，闹矛盾，发脾气。我发现父亲总是严厉得不近情理。可是有一年冬天，那个冬天很冷很冷，我对母亲说，我想买一套帽子

和围巾。几天后，父亲回家，带回了我最喜欢的那套帽子和围巾，而那套帽子和围巾在商场的标价是266元。一贯节俭的父亲怎么舍得？我很纳闷，就问母亲，母亲告诉我："因为你要啊！"一瞬间，我落下泪来。这是我第一次因为父爱而流泪。后来父亲又变回了那个不近情理的他。可是没关系，我已领会了这种深沉的父爱，并且能够完全地接纳它了。读了《拐弯处的回头》这篇文章后，我感触更深了，原来这种特殊的爱潜藏在每个做父亲的心中，虽然是一个小小的动作，但是那动作却可以打动每个人的心灵，滋润着每个人的心灵。或许，当大家感受到这种无言的父爱时，心里就会有种说不出的甜。

⑤读完这篇文章后，我真的被打动了，同时也相信，在以后漫长的岁月里，我们每个人能寻找到一个代表父爱的动作。

总写感点：

紧扣中心总写读文感受，不经意的动作包含深深父爱。

引→引述得当→简要引述文章内容，父亲在拐弯处回头看弟弟，这一幕充满父爱。

议→感点明晰→结合文章中心及语言分析评价真挚父爱之情。

联→联系精准→联系生活中父爱及自己的亲身经历谈感想，再次回应引述材料谈感受。

结→收束合理→总结内心感动，相信每个人都能寻找到一个代表父爱的动作。

"联系实际，纵横拓展"的角度有很多，请根据本篇读后感联系的内容判断其联想的角度。

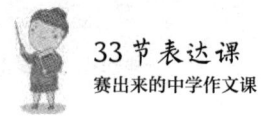

（五）精彩成文

下面请你们阅读小短文《蚕》，然后完成读后感的构思提纲。（屏显）

蚕

雷抒雁

她在自己的生活中织下了一个厚厚的茧。

那是用一种细细的、柔韧的、若有若无的丝织成的，是痛苦的丝织成的。

她埋怨、气恼，然后就是焦急，甚至折磨自己。她想用死来结束自己，同时用死来对突不破的网表示抗议。

但是，她终于被疲劳征服了，沉沉地睡过去。她做了许多的梦，那是关于花和草的梦，是关于风和流水的梦，是关于阳光和彩虹的梦，还有关于爱的追逐以及生儿育女的梦……

在梦里，她得到了安抚和欣慰，得到了力量和热情，得到了关于生命的可贵。

当她一觉醒来，她突然明白拯救自己的，只有自己，于是，她便用牙齿把自己吐的丝一根根咬断，咬破自己织下的茧。

果然，新的光芒向她投来，像云隙间的阳光刺激着她的眼睛。新的空气，像清新的酒，使她陶醉。

她简直要跳起来了！

她简直要飞起来了！

一伸腰，果然飞起来了，原来就在她沉睡的时刻，背上长出了两片多粉的翅膀。

从此，她便记住了这一切，她把这些告诉了子孙们：你们织的茧，得你们自己去咬破！医治焦虑和苦恼，最好的办法，就是沉默和安静。

蚕，就是这样一代一代传下来。

《蚕》读后感构思提纲

	方法	牛刀小试
感点 我会提	提炼感点的角度： 1. 主题中心 2. 重要情节 3. 人物精神品质 4. 精彩语句 5. 写作手法	我所选择的提炼角度是：（ ） 我的感想是：
标题 我会拟	紧扣感点 突出主题 语言凝练	我拟的标题是：
联想 我会联	联	根据网状思维导图，完成联想环节，把自己所联想到的人物、事例、名言警句等仿照示例写下来。
文章 我会写	引议联结	我联想的内容是：

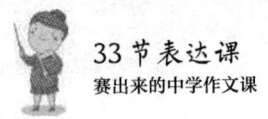

"联想"环节网状思维导图

参考示例:联想的角度在相应的括号内打上√				
古(√) 今( ) 中(√) 外( )	阅读积累(√) 生活实际(√)	历史(√) 现实( )	自己( ) 社会( ) 他人(√)	相同( ) 相关( ) 相反( ) 相似(√)
我联想的内容:春秋时期,吴越之战。越国被吴国打败,越国勾践卧薪尝胆,公元前473年打败夫差,灭掉了吴国,终雪亡国之恨。				
正面( ) 反面( )	古( ) 今( ) 中( ) 外( )	阅读积累( ) 生活实际( )	历史( ) 现实( )	自己( ) 社会( ) 他人( )	相同( ) 相关( ) 相反( ) 相似( )

四、课堂收获

1. 师生点评学生创作的读后感。

2. 畅谈收获:题目新颖,凸显感点;引述适当,感点明晰;联系精准,收束回点。

五、布置作业

请同学们将课上的材料进行加工整理,写一篇完整的读后感。

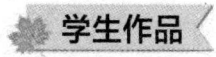

突破厚茧，自我拯救
——读《蚕》有感

最近，我读了一篇文章《蚕》，讲述了蚕破茧的故事。

蚕突破厚茧，自我拯救，就是在告诉我们：在人生道路上，面对困难和磨难，要自立自强，战胜险阻，自己拯救自己，怨天尤人是无济于事的。若没有困难与挫折的考验，蚕怎么能积聚能量、化蝶成功呢？

只要我们脚踏实地，不断积累新知，就能靠实力取胜！

读到这篇文章时，我联想到以前读过的《化蝶》一文，恰恰与这篇文章想要表达的内容形成了鲜明的对比。文中讲述了金、银两只虫，都梦想成为一只优雅的蝶，银结茧了，可金看到银很痛苦，就在自己结茧时留下一条缝儿，以便以后破茧不痛苦。可最后，金成了没有发育的蝶，而银却成长为一只金灿灿的蝶。我想，《蚕》中的蚕，也一定想成为和银一样优秀的人物吧！

生活中诸多的现象何尝不是体现着一种脱胎换骨、焕然一新的面貌呢！当暴雨倾盆，树枝被折断了，花瓣儿散落了，泥土也被冲走了……可用不了几天，我们又会从树干上发现一丝新绿，虽然和庞大的树干相比，它是那么弱小，但是绿得那么耀眼……

树木如此，春蚕如此，我想，人类更应该如此。不经历风雨，怎能见彩虹？不经历破茧，怎能完成自我救赎？就像爱因斯坦屡屡碰壁，但毫不气馁，努力克服困难，最终获得了巨大的成就。

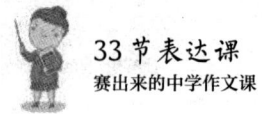

我们要像蚕一样,银一样,绿芽一样,从挫折与痛苦中汲取营养,积聚能量,一步一个脚印地向前走,化蚕成蝶,迎接太阳。

(此课例荣获"新作文杯"全国第二届作文教学"创课"比赛一等奖)

抓住人物出场，拘定"三魂六魄"

四川成都·袁榕蔓

创课缘起

人物出场是塑造人物的最初起点，是在读者空白的脑海里打下的第一个烙印，它好像划破天际的第一声鸟鸣，使你想要顺着声音窥视鸟的全貌。而学生在塑造人物形象时，常有忽视人物出场的情况发生，有时是人物随意站出来交代身份，孤立而静止；有时人物出场模式单一，缺少层次，单调乏味；有时主次人物出场辨识度不高，塑造的人物千人一面，没有鲜明的特征。学生如果能抓住人物出场这一阵地，就能塑造出饱满立体的人物形象。

综观曹雪芹的《红楼梦》，有名有姓者不下四百人，较为活跃者不下百人，每个人的出场都切合自身性格特点，入心入情。在作文教学中，教师可充分引导学生学习和借鉴《红楼梦》中人物出场的艺术技法，进而学以致用。

创课思路

利用阅读课时间，教师指导学生分阶段阅读《红楼梦》，完成以下任务。

首先，教师引导学生初步感知不同人物的不同出场方式，会让人物具有鲜明的个性特征，有助于塑造真实可信、饱满立体的人物

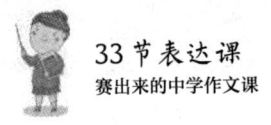

形象,给读者留下难忘的第一印象。

其次,教师引导学生赏析名段,探究典型人物的出场,揣摩写作技法,集聚写作智慧,将课堂感悟和写作实践巧妙融合,聚课堂技巧之"沙",打造出作文宏伟之"塔"。

最后,学生将积累的美文、领悟的知识、探索的技法融会贯通,倾注于笔端,凝练成自己的作品,提升其作文能力。

教学现场

(课前准备:利用学校阅读课时间,教师指导学生分阶段阅读《红楼梦》,重点阅读《红楼梦》前三回:《甄士隐梦幻识通灵 贾雨村风尘怀闺秀》《贾夫人仙逝扬州城 冷子兴演说荣国府》《贾雨村夤缘复旧职 林黛玉抛父进京都》。)

一、读:搜集人物,自主感悟

师:同学们,在阅读课上我们分阶段读完了名著《红楼梦》,课前也重点阅读了《红楼梦》前三回,现在请大家合上书,说一说,哪个人物给你留下了深刻的印象?

生:贾宝玉,他一落胎胞,嘴里便衔着一块玉,异常神奇。

生:王熙凤,我感觉她好霸气哦,无论多么肃穆的场合,她都能应对自如。假如是我,早就跑到墙角躲起来了。(众生笑)

……

师:他们鲜明的性格特征首先得益于他们的出场,每个人不出场则已,一出场就一鸣惊人。脂砚斋这样评价:作者技法一出,人物的三魂六魄就被作者拘定了,后文焉得不活跃纸上?这些文字非仙助非神助,从何而得此机括耶?今天我们就一起来探究一下《红楼梦》中人物出场时的性格特征。

二、思:探究技法,集聚智慧

(一)确定叙述视角,出场画人——形貌与心神交合

师:同学们,你们能快速辨认出图一中的人物是谁吗?

(屏显)

图一

生:她眉宇之间带着一丝忧愁,身姿也是瘦弱娇袭,一看就是多愁善感的林黛玉。

生:我认为她是林黛玉,她泪光点点,面部神色充满愁容,如果让她参加我们的体育课训练的话,那么我估计她肯定会待在医务室。

师:通过形貌立足于自己的观察视角,你们看到了一个多愁善感、体弱多病的林黛玉。接下来,请你们结合屏幕上的文字,找一找,宝玉眼中的林黛玉和你们观察到的林黛玉有什么不一样的地方。

(屏显)

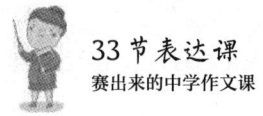

两弯似蹙非蹙罥烟眉,一双似泣非泣含露目。态生两靥之愁,娇袭一身之病。泪光点点,娇喘微微。闲静时似姣花照水,行动处似弱柳扶风。心较比干多一窍,病如西子胜三分。

生:宝玉眼中的林黛玉有着独特的气质。从"态""娇""弱""病"这些字,都可以看出她的娇柔可人。

生:"心较比干多一窍"说明宝玉眼中的黛玉聪明颖悟、智慧过人。"病如西子胜三分"说明她的病态美胜过西施、无人可及。

师:宝玉观黛玉多了一份爱慕,一份内心的激荡,一份情有独钟,所以林黛玉一出场,宝玉眼中的林黛玉就有着脱俗的美貌、忧思的特征,这为后来宝黛情感线的发展增加了一层神秘的色彩、朦胧的美感。由此可见,确定叙述视角,人物一出场,读者就可看到独特的人物形象,也可了解人物关系,透析人物情感的发展脉络。

(屏显)

写作尝试:在新班级里,你会遇到新的老师,假如你对他/她充满了好感,你打算怎样描写他/她的出场形貌?

生:她嘴角上翘,粉红的唇弯成了弧,漾着笑意,使我不安的心绪消散了。

师:从喜欢的视角描绘了朋友的出场,聚焦了她的嘴,她一出场就看出了这是一个爱笑、温暖的女孩,也看出作者对朋友充满了好感。

(二)未见其人,先闻其声——听觉与视觉互动

(屏显)

一语未了,只听后院中有人笑声,说:"我来迟了,不曾迎接

远客!"林黛玉纳罕道:"这些人个个皆敛声屏气,恭素严整如此,这来者系谁,这样放诞无礼?"心下想时,只见一群媳妇丫鬟围拥着一个人从后房进来。这个人打扮与姑娘们不同:彩绣辉煌,恍若神仙妃子,头上戴着金丝八宝攒珠髻,绾着朝阳五凤挂珠钗;项上戴着赤金盘螭璎珞圈;裙边系着豆绿宫绦双衡比目玫瑰佩;身上穿着缕金百蝶穿花大红洋锻窄裉袄,外罩五彩刻丝石青银鼠褂;下着翡翠撒花洋绉裙。一双丹凤三角眼,两弯柳叶吊梢眉,身量苗条,体格风骚。粉面含春威不露,丹唇未启笑先闻。

师：这是曹雪芹先生在《红楼梦》中关于王熙凤第一次出场的片段描写,这里已有一处完整的形貌描写,可作者为什么还要多一处语言描写?这处语言描写可以删除吗?

生：不可以,林黛玉初进贾府与贾母、众长辈、姊妹相见,场面肃静,在人人都敛声屏气的场合,王熙凤突来一句"我来迟了,不曾迎接远客",可让我们感觉到她泼辣玲珑的性格特征。

生：在屏气凝声的场合中,王熙凤一到、一语,"放诞无礼",可见其平日里更是无拘无束。这样的言语也为后文日常生活中王熙凤在贾母面前承欢应侯、随便说笑埋下了伏笔。

师：王熙凤的出身是"东海缺少白玉床,龙王请来金陵王"的金陵王家。所以,她的一句话很形象地凸显了她贵族主妇的鲜明性格特征,可见她在贾府有着举足轻重的地位。

师：那可以调换一下王熙凤说话的顺序吗?比如,"不曾迎接远客,我来迟了!"

生：不可以。因为调换了王熙凤的说话顺序就改变了整个句子的逻辑顺序,"我来迟了",是一种圆滑的抱歉,不仅凸显了"我"在贾府中有着不可小觑的地位,还能展现"我"泼辣放纵的性格特点。

生:如果把"不曾迎接远客"放在前面,就显得气氛凝重,像批斗会现场。

师:"我来迟了"是客观存在的事实,放在前面写,是王熙凤说给大家听的,想让大家知道她是一个有礼有节的人;"不曾迎接远客"是说给黛玉听的,有拉拢和讨好贾母之嫌。通过这样的描写,一个懂世故、长于权势、巧于逢迎的人物形象跃然纸上。

师:窥一斑而知全豹,王熙凤的出场在《红楼梦》里是一个引人注目的亮点。作者用先声夺人的技法加上对她彩绣辉煌的打扮描写,调动了读者的听觉、视觉,使得整个人物的层次感、纵深感和充实感在读者心中立体起来。短短的描写和叙述使人物形象更饱满、立体,实是生花妙笔。

(屏显)

写作尝试:为你的老师设定一句出场台词,以此来充实人物的出场形象。

生:"有我在,不用怕!来,深呼吸!"她的嘴角上翘,粉红的唇弯成了弧,漾着笑意,使我不安的心绪消散了。

师:不错。一句坚定的"有我在,不用怕"可谓久旱逢甘霖,雪中送炭来;一句"来,深呼吸"尽显老师临危不乱、果敢真勇的性格特点,同时其一出场,一个关心学生、善良友好的老师形象就立体起来了。

(三) 层层铺垫，悬念逼人——侧面与正面映衬
（屏显）

图二

师：同学们，现在我们来聚焦贾宝玉，他的出场方式和林黛玉、王熙凤一样吗？

生：不一样，最先是冷子兴介绍他，说他衔玉而生。

生：王夫人也有介绍，说他是孽根祸胎、混世魔王。

生：林黛玉眼中的贾宝玉却光彩照人。紧接着作者还用《西江月》补充评价。

师：看来贾宝玉的出场是千呼万唤始出来，犹抱琵琶半遮面啊！曹雪芹为什么不直接描写他的外貌、声音，让他直接出场呢？

生：冷子兴的介绍是对他特别身份的引入，让我们对这个衔玉而生、家人爱若珍宝却又异常淘气、聪明乖觉的贾宝玉充满想象，吸引我们的阅读兴趣，想要一探人物究竟是怎样的，会让冷子兴在开篇如此隆重介绍。

生：王夫人看似贬义的介绍，实则充满了宠溺，给读者留下了

思考的空间：为什么如此宠爱却要说他是"孽根祸胎""混世魔王"？这是不是预示着人物本身就是一个复杂的矛盾体，所处的家庭环境不同于寻常人家呢？

师：确实如此，在贾宝玉出场前，冷子兴和王夫人对其进行了侧面概括介绍，为人物的出场和情节的发展奠定了基础，给读者留下了探究的欲望，妙笔！

生：林黛玉眼中宝玉的形象则预示着一段缘分的开始：贾宝玉是一位面若中秋之月、色如春晓之花的翩翩青年公子，可见不同人眼中的贾宝玉形象是不一样的。

生：后面正面描写了贾宝玉的外貌：是一个带着项圈、宝玉、护身符的万种情思的贵族少年。后人有《西江月》一词评价他："纵然生得好皮囊，腹内原来草莽。潦倒不通世务，愚顽怕读文章"，侧面展现了贾宝玉面对羁绊的现实和内心自由不羁的矛盾心理。

师：用不同的人、事、物渲染人物出场，正面描写、侧面烘托相互映衬，这样层层染色，是由人物所处的社会环境、家庭背景决定的，也是塑造人物性格特征所需要的。贾宝玉有较强的个性，他不安于家族给他安排的一条平坦的道路，想按照自己的理想和意愿生活下去。在作者层层铺垫、正面侧面映衬下，作者用他独特的方式让贾宝玉走进了读者的内心。

（屏显）

写作尝试：小组合作完成。

假设你的老师请你去办公室，按照人物出场的第三种技法，为你的老师设定一个出场描写，组内成员各自确定角度，然后再拼成一个完整的片段。

生："莫道她娇小玲珑身，分明是深藏不露女强人，时而温婉动人绕指柔，时而雷厉风行磐石抖……"李同学说得津津有味，我听得如痴如醉。

生："惊不惊喜，意不意外？生日快乐！"她的嘴角上翘，粉红的唇弯成了弧，漾着笑意。

师：你们写得都不错。片段中的老师没有直接出场，而是在小作者层层渲染、步步铺垫下把严慈相济的老师形象展现在读者面前。

三、创：引燃思维，灵动用法

师：同学们，请你们把积累的美文、领悟的知识、探索的技法倾注于笔端，凝练成自己的作品，之后小组交流互评，选出优秀的作品与大家分享，但需要注意的是，在此过程中，你们要帮助其他同学找出他们写的不足的地方，齐心协力进行修改，进一步锤炼自己的语言，提高自己的写作技巧。

学生作品

特别的比赛

"吃！进车！跳马！"他步步紧逼。

他，面如满月，色如冻水；他，鬓若刀裁，眉如焦墨；他，面似素云，睛深且邃。

"哎呀，快！走棋，女儿，加油啊！"妈妈的眼睛里闪烁着光

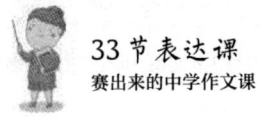

芒,脸上涨起了一层红晕。

我面对的可是棋坛"常青树",棋坛"长飞鸟"啊!他,手托下颚,依然沉着冷静……我俩面对面地坐着,两人都神情凝重,若有所思……我亲爱的老爸眼中露出自信的光芒,还有几分严肃,几分沉着。

我执红先行,来势汹汹,一炮当头。到他了,只见他颔首沉思,扫视棋盘,嘴角上扬,猛然抬首,拈起黑马,放至卒后,意欲保护中卒,而后抬头望我,露出一脸得意之色,虽脸上洋溢着笑容,但眼角却暗含杀机。

我见老爸如此应招,略加思索,便也跳马,增强我方防御。

兵来将挡,水来土掩,如此几步,两人不相上下,分毫不让,只互换一兵。然而没过多久,老爸步步紧逼,处于上风,开始掌控全局。我却步步倒退,只能自保,毫无还手之力。

老爸乘胜追击,用马连吃我几子,大军压境。我见情势不妙,被动挨打,落荒而逃,拆东补西,四面楚歌。

而后,一阵猛攻,不停连将,最后双炮绝杀,一锤定音。

此时此刻,可怜如我,唯有在心中默念:"兵卒坠河皆不救,将军溺水一起休。马行千里随波去,士入三川逐浪流。炮响一声天地震,象若心头为人揪。"

也罢,也罢,吾须驾长车,磨砺棋技,待从头、收拾旧山河。

(此课例荣获"新作文杯"全国第四届作文教学"创课"比赛一等奖)

"学习使我妈快乐"，我们该喊吗
——学写有说服力、有驳斥力的论辩文

广东深圳·张 莹

🍁 创课缘起

"我爱学习，学习使我妈快乐！我妈快乐，全家快乐！"前不久，在深圳某学校的运动会上，学生喊出了这样的口号。短短的两句话，不仅让在场的观众忍俊不禁，也引发了网络上的热烈讨论。这样的口号，我们应该喊出来吗？我不禁思考。

交际能力是人的基本能力，也是中学生适应未来社会的基本要求。语文课上，学生如何针对身边时事开展高水平的辩论？如何让缜密的思维落笔成文？带着这些思考，我希望创设这样一节课，学生在清楚地表达并证明自己观点的基础上，学会驳斥对方的观点，进而学会写一篇有说服力、有驳斥力的论辩文。

🍁 创课思路

要想让学生有效掌握论辩文的写作思维方法，教师就不能将写作思维技巧生硬地灌输给学生。因此，通过我设计的辩论提纲，学生清楚地表达自己的观点，针对对方的论据学会驳斥；通过开展对辩练习和实战，学生熟悉辩论赛的基本程序，独立思考并敢于发表自己的见解；通过合作成文，学生学习论辩文的三种组织结构形

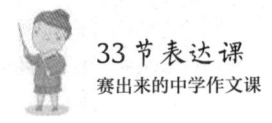

式，于集思广益中提高思辨能力。

教学现场

一、不蔓不枝明立场

师：最近，南山区有一所学校因为运动会口号火了一把。他们喊了什么呢？让我们来看一段小视频。

（大屏幕播放视频）

师：老师看到大家脸上都洋溢着笑容。笑过之后，请大家回想一下，他们喊了什么？这样的口号应不应该喊呢？现在进入投票环节。请大家打开平板，凭第一印象勾选。投完的同学也可以点击查看，看看与自己持相同观点的有多少同学。

（学生投票，教师宣布投票结果并做简要分析）

师：那么这个口号应该喊，还是不应该喊呢？今天，我们要通过一节课的学习，将这两个观点辩清楚、辩明白，学写一篇有说服力、有驳斥力的论辩文。

二、众说纷纭陈观点

（一）观点与论据

师：好的观点需要有力的论据做支撑。为了捍卫自己的观点，请同学们进入论据论坛。给大家2分钟时间，请用最简短的话把你的理由写明白。

（二）欣赏与点赞

师：再给大家1分钟时间，请你快速浏览其他同学的发言，选择你认为最有力的论据，点赞。

师：我们先来看正方论坛，目前得票最高的同学，请陈述你的论据。

生：我觉得应该喊，因为这就是事实，而且这样幽默轻松的口号也可让我们放松。

师：这位同学提到了两点：第一，这是真实的；第二，这能让我们放松。所以我们应该喊这个口号。

生：虽然我是反方，但我觉得她说得有道理，不过让我们放松也可以采用别的方式。

师：这位同学抛除立场的对立，承认了正方论据的客观性，同时指出了其他的可能性。接下来，我们快速浏览一下其他同学的论据。有人认为这是个包容的社会，鼓励不同的声音存在；有人认为这是一种解压方式；有人认为这可以活跃气氛。

师：下面我们去反方阵营看一看他们的观点。请票数最高的同学陈述论据。

生：我认为不应该喊，学习是为了自己，不是为了父母。

师：这位同学从学习动机方面提出了疑问。

生：我觉得并不是所有人都是这样的。

师：他认为这种认识是片面的，不能以偏概全。来，我们迅速浏览一下其他同学的论据。有人认为这是一种博人眼球的行为，只是为了消遣；有人认为学习是自己的事，不应该让他人来管理；有人认为虽然这是一个玩笑，但是可能会无意地中伤母亲的心。

师：同学们，看见你们写下这么多有理有据的字句，老师觉得你们真的很了不起。但是，我似乎也发现，这些理由哪怕获得最高

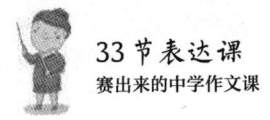

的票数,也没能让所有的同学信服。那么,为了让自己的观点更加全面,请同学们进入攻防环节。

三、攻防有道辩情理

(一) 善思能辩,能攻能守

师:何谓攻防?它从字面上看应该包含攻击和回防两方面内容:找出对方的漏洞,叫攻击;检查自己的观点,叫回防。接下来,请同学们思考两个问题:

第一,此时此刻,如果让你去攻击对方,你能不能找到他们最站不住脚的论据,进行点对点的攻击?

第二,结合对方的观点和老师给你们准备的弹药,反思自己的论据是否还有不够完善的地方?给大家5分钟的时间,将自己的攻防观点条分缕析地写下来。

(学生书写攻击观点和回防观点)

师:请几位同学分享自己的攻防观点。

生:我不同意喊口号是为了让我们放松的观点,我认为放松可以采用很多形式,但这种方式是消极的。

师:这位同学攻击的是对方解压放松的观点。放松的方式很多,我们要考虑每种方式带来的客观影响是不是利大于弊。

生:我不同意对方说学习是为了自己学的观点。这个观点本身没错,但它和妈妈开不开心、该不该喊口号没有关系。

师:这位同学认为该不该喊和这个口号本身的真实性是有偏差的。以上两位同学都是从对方的观点中找出破绽进行攻击,有没有哪位同学觉得自己的观点还有漏洞?

生：我的观点是学习是为了自己。如果你妈妈因为你的学习不快乐，那么你学习的目的就变成了为了让你妈妈快乐而学习。我觉得对方可能会挑我的毛病，他们会说你和你妈妈的快乐可以建立在同一个平面上。但是我觉得你妈妈快乐是因为你喜欢学习，她为你的喜欢而快乐，而不是去逼迫你学习。

师：好，这位同学预设出了一种情境，她猜测对方可能会攻击自己学习过程中自己和妈妈快乐的共存性，于是她重申了自己的主张，为自己的观点加了一条保险杠。

（二）善用论据，事实道理

师：我们看到，几位同学都从自己的生活实际出发，有的拒绝了对方的归谬，有的为自己的观点加了一条保险杠，这些攻防的方式都很巧妙。但是老师不禁想问，这些理由真的站得住脚吗？在平常生活中，我们自说自话真的具有特别大的说服力吗？（学生沉默）为了增强观点的说服力，我们还可以采用哪些做法？

生：使用名人名言、历史事实、新闻事件、权威数据、调查报告等。

师：对，这些材料都可以作为支撑我们观点更有说服力的武器。接下来，请大家来到论据锦囊，用2分钟的时间，写一写，哪些名人名言、历史事实或者其他材料可以作为你们的事实论据和道理论据。暂时想不到的同学可以查看老师提供的弹药，它们可能会给你带来一些启发和思考。

（三）攻防有道，组内演练

师：我们的攻防告一段落了。刚刚我们提出了自己的主要论

据,攻击了对方的破绽,又回防了本方的主张。那我们的一攻一防,是纸上谈兵,还是真正巩固了自己的防线呢?让我们用实战来说话。

师:我们的辩论分为两组,首先是小组内部三对三的试辩,接着是全班范围正反双方的辩论。为了保证辩论的公平性,我们用抛硬币的方式来决定正反方。字朝上,每组的1、2、3号为正方,4、5、6号为反方;花朝上,每组的4、5、6号为正方,1、2、3号为反方。宣布正反结果并组织双方依次发言,控制时间为每人30秒。下面我们开始小组三对三辩论。

(屏显辩论规则)

序号	对辩规则
1	结合攻防环节中对方对我方的质疑,与本方选手商量,各选一条论据填补漏洞。
2	观察本组的对方选手如何补漏,继续选择一条进行质疑。
3	可以运用刚刚形成的数据库中的大量资源进行辩论。
4	当你听到别人有好的创意或论据时,及时输入到资料袋中。

(四)全班实战,提炼品析

师:每个小组都进入了白热化的辩论状态,老师很不忍心打断,但是由于时间关系必须打断了。现在,让我们的战火燎至全班。为了让我们的辩论更有针对性,气势更足,我们现在更换一下座位。请所有的正方集中到1、3、5大组,所有的反方集中到2、4、6大组。所有的辩手各就各位,相向而坐。

(学生辩论,教师主持并总结双方主要观点)

正方("应该喊"):

1. 这个口号是对社会现状的精准描绘,表达了我们真实的诉求。

2. 运动会像一个放松的小剧场,这个口号起到了解压放松的作用。

3. 家庭地位理得很清楚,会抓重点,有觉悟。

反方("不该喊"):

1. 影响妈妈的公共形象,幽默感必须在当事人不反感的情况下才能成立。

2. 求学动机变形了,主动学习意愿不强,我们也难以走得更远。

3. 偷换概念,博人眼球,考虑开玩笑的客观效果。

师: 现在我们已经找到了双方比较有力的几条论据,但是老师看到许多同学流露出很遗憾的表情,是吗?迫于短暂的交锋,很多同学都没有机会将自己独到的想法表达出来。而如此激烈的唇枪舌剑也未能解决我们今天的争论,这就是言语辩论自身的局限。那么,为了更严密、更周全地论述自己的观点,课后大家可以再给自己一段安静的时光,用文字的形式来弥补它。

四、合作成文探其道

(一)浏览范文,梳理结构

师: 回到我们的主题上来,我们今天要学写一篇有说服力、有驳斥力的驳论文。那么,何为驳论文?什么是立?什么是驳呢?请大家带着这些问题,阅读例文,同时用圈点勾画的方式找出这篇文章的结构特点。

师: 我们来看大屏幕上这位同学的批注。这位同学请你向大家

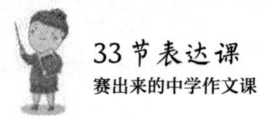

解释一下，你为什么做这样的批注？

生：我认为，前面有"首先""其次""再次"，体现出来文章的递进；后面加上"第一""第二""第三"，先驳了对方的观点，接着对自己的观点进行了论辩。

师：好，你提到了两点：第一，你将序数词圈画了出来，这体现了文章的逻辑顺序；第二，你将文章的结构方式找到了，是什么？先立还是先驳？

生：先驳。

师：什么是驳？

生：驳对方的观点。

师：驳就是指出对方的不足。那什么是立呢？

生：立就是立足自己的观点。

师：没错，这篇文章的结构非常清晰，作者首先通过三次反驳指出对方观点的错误，接下来强调我方三个观点的正确。那么，老师不禁想问，驳论文只有这种结构方式吗？

生：不止。

师：那还有什么呢？让我们一起看大屏幕。

（屏显）

1. 先立后驳——先立足于自己的观点，再说对方观点的不足。
2. 先驳后立——先指出对方观点的破绽，再陈述自己的观点。
3. 立驳交错——一个一个来，你说了什么，我抨击你的观点不对的地方，再说我自己的观点。

师：因为时间原因，现在请同学们以小组为单位，合作完成这篇驳论文。请大家明晰三个问题：第一，你们小组的共同立场是什么？第二，你们小组如何分工？哪三个同学写立？哪三个同学写驳？第三，你们小组选择哪种结构？如果暂时没有思路的话，老师可以给大家提供一个思维导图（见下图），你们组的立场是什么？理由是什么？接下来是针对对方观点的攻击和回防。

（屏显）

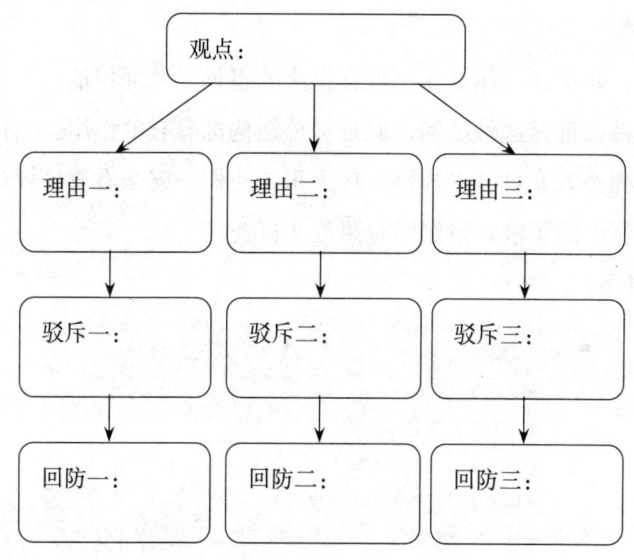

（学生合作成文）

（二）完成辩词，交流反馈

师：现在，我们请一个小组来展示一下。请所有同学仔细聆听他们的发言。

（小组展示）

师：今天因为设备的问题，我们没能亲眼看见这个小组生成的

文本,但是通过他们的口头叙述,我们已经欣赏到他们略显简约却不失完整的文章了。现在,老师想问大家,这个小组的立场是什么?使用的是哪种结构?

生: 先驳后立。

师: 那么,为什么要选择先驳后立呢?

生: 因为我们觉得要逐个击破对方的破绽,才能更好地站稳自己的脚跟。

师: 非常好,你是一位很有想法的组长。老师相信,不是每一个小组都会选择这种结构,但是每种结构都有它的作用。具体有哪些好处呢?大家自己去领悟。接下来,我们一起来看看"评价与修改"栏目中的要求,请你们对照范文自查。

(屏显)

> 评价与修改:
> ★观点是否鲜明?
> ★论据是否充分?
> ★结构是否完整、清晰?
> ★辩驳的过渡与衔接是否自然?
> ★语言是否有感染力?是否使用了排比、比喻等手法?

五、总结

今天我们从一个颇有争议的小视频出发,学习了立论、攻击和回防三种方式,也在实践中演练了先立后驳、先驳后立、立驳交错三种结构。那么,在课后更多的时间里,老师希望大家挑选自己感兴趣的话题,进行有理有据的辩驳。相信大家已经发现,我们的辩论不是非要争个非黑即白,而是在越辩越明的过程当中找准自己的位置，平衡家庭、学业和内心的自己。"学习使我妈快乐"只是一个小笑话，但是笑话当中也往往蕴含着真理。老师希望大家和妈妈一起快乐。

学生作品

我方的观点是这个口号应该喊。

首先，对方辩友认为不能喊，因为在开玩笑的时候不能伤害妈妈。这是错误的。我们说，幽默感必须在当事人不反感的情况下才能成立，否则很容易造成尴尬的局面。而这对妈妈善意的戏谑，连母亲听到了都莞尔一笑，这怎么是对妈妈的抹黑呢？

其次，对方辩友反复提到求学动机变形了。对知识的追求和对妈妈的取悦本来就不是截然分开的，大家快乐才是真的快乐，谁说学习和逗妈妈开心就是南辕北辙了呢？

再次，对方辩友提到偷换概念、博人眼球。开运动会是为了让我们解压放松，难道借着开玩笑说一点真心话都不被允许了吗？那么我们的言论自由又如何体现呢？请对方辩友好好想一想。

接下来，我要说说我们的理由了。

第一，"我爱学习，学习使我妈快乐"，这是一句真话，我们应该把它喊出来。其实，这个口号是对社会现状的精准描绘，表达了我们真实的诉求。这就是实事求是的道理。

第二，我们不要太较真儿嘛。运动会就像一个放松的小剧场，应当充满创意和快乐，调节气氛，所以喊这个口号也起到了解压放松的作用。

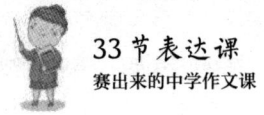

第三，为什么口号里只提到了自己的妈妈，没有提到自己的爸爸？这反映了一个问题，咱们家谁做主啊？妈妈！家庭地位理得多清楚啊！我们会抓重点，才有觉悟！

综上所述，我觉得这个口号应该喊。

（此课例荣获"新作文杯"全国第五届作文教学"创课"比赛特等奖）

草木本无心，因人显其志

广东深圳·钟晓燕

创课缘起

写作中表情达意的方式主要有两种：直接表达和间接表达。直截了当地表明自己的情感、态度、价值观，即为直接表达；通过某些特殊的情景、物象来抒发情感，表达志趣，则为间接表达。

中国人崇尚含蓄美，在写作方式上习惯采用托物言志等写作手法间接地表情达意。教材明确提出要学习托物言志的写作手法：体会如何运用生动形象的语言写景状物，寄寓自己的情思，抒发对社会人生的感悟。然而，大至山川大地，小至草木虫鱼，世间万物都可以是托物言志的对象，如果不限定在一个范围，则会让人有种无从下手之感。本单元的《紫藤萝瀑布》《一棵小桃树》引起了我的注意，我想，何不以"草木"为对象，进行写作实践？

创课思路

本课的教学设计要求学生阅读以草木为主题的托物言志类散文。托"草木"以言"志"的名家经典散文不胜枚举，这些文章的共同之处是借助某种植物的特征来寄托自己的情怀与志趣，但不同作家对同一种植物的态度不尽相同，因此，他们在写作过程中往往会通过对比的写作手法来衬托所咏之物。

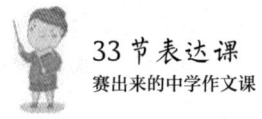

其实,草木是没有自我情感的,其精神品质都是人赋予的。张九龄有诗:"草木有本心,何求美人折?"我反用其诗,提出本课的主题"草木本无心,因人显其志"。在类文阅读、理性思考的基础上,我开展本次教学,让学生在阅读中体验生命,在思考中独抒性灵。

教学现场

一、课前准备,类文阅读

张志公在《谈作文教学的几个问题》一文中表示:"作文教学不容忽视,但培养学生的写作能力不能单靠作文课。阅读教学是语文教学中各项工作的中心。"可见,写作水平的提高是一个循序渐进的过程,只有进行充分的阅读积累,加上生活感悟,情感体验,才能真正提高学生的写作水平。

本课的写作是以一定量的阅读为基础。课前教师搜集整理一些妙趣横生的主题类文,让学生在阅读中得到乐趣,受到启迪。在给学生发放这些主题类文材料时,教师先给学生提供一些阅读提示:有些作者为了抬高自己喜欢的植物的身价,大都"厚此薄彼",有些甚至"互怼掐架"!比如,《杨柳》的作者怒斥松柏、白杨之流为全无良心的东西,"只顾往上长成参天大树",不似下垂的杨柳"高而不忘本",可谓别出心裁。相反,《松树的风格》的作者则看不惯倒垂杨柳那婀娜婆娑、没有风骨的媚态;《白杨礼赞》的作者热情高歌枝干笔挺的白杨,认为它们是顶天立地大丈夫的象征。

除了"写什么",写作教学需要解决的另一个关键问题是"怎么写"。它们分别指向两个问题,一个指向内容,一个指向方法。本课采用的是"主题+写法"双线教学模式,以草木为主题,以托物言志为技法,在阅读体悟的基础上,教师引导学生合理运用常见的写作手法,抒发自己独特的感受和认识。

二、导入新课,激发兴趣

最近,中国花卉协会发起的国花票选有结果了。大家猜猜哪种花得了第一名?(学生沉默)79.71%的人选了牡丹,牡丹真的有资格当选为中国的国花吗?一位网友写了一篇有趣的帖子,题目叫《牡丹想当国花,梅兰竹菊都不同意》,为什么不同意呢?请同学们课后读一读,文中自有答案。

今天,我们上课的主题是:草木本无心,因人显其志——学习托物言志的写作手法。

三、解释课题,理解概念

(一)什么叫"草木本无心,因人显其志"

我们先从古诗中找找答案。下面请你们猜猜屏幕上的诗句中所写的分别是什么植物?

(屏显)

1. 碧玉妆成一树高,万条垂下绿丝绦。
2. 咬定青山不放松,立根原在破岩中。
3. 待到秋来九月八,我花开后百花杀。
4. 冰雪林中著此身,不同桃李混芳尘。
5. 出淤泥而不染,濯清涟而不妖。

这些诗句虽在描述某一种草木,却都倾注了诗人某种强烈的情

感，使原本并无感情的草木变得生动鲜活起来。这就是我们所说的"草木本无心，因人显其志"。

(二) 什么是托物言志

"草木本无心"化用的是唐代诗人张九龄的名作《感遇》："草木有本心，何求美人折？"诗人借兰桂来表明自己皎洁的志趣与高雅的情怀，这就是托物言志的写作手法。托物言志是以物写人，通过赋予意象某种人格化特征来寄托作者的某种情感。

采用托物言志写作手法的文章特点是：用某一物的特点来象征某种人的精神、品格、思想、情感等。写托物言志的文章，需要注意两点：首先，要掌握好物品与人的志向、情感的内在联系，找出二者的某种相同点和相似点；其次，自己的志向要以物品的特点为核心，所描述的物品要能表达自己的意愿。

托物言志的写作手法，最常用的有比喻、拟人、象征、对比等。我们刚学过的《爱莲说》，就是一篇典型的托物言志的文章。

(三) 中国人的草木情怀

中国人喜欢在一花一草中倾注自己的一片真情，从而使花草树木成为人格的象征和隐喻。比如，凌寒独放的梅、幽雅空灵的兰、虚心直节的竹、冷艳清逸的菊因其不同的特征分别被誉为"高洁志士""世上贤达""谦谦君子""世外隐士"，合称"花中四君子"。千百年来，它们的精神品质几乎已经固定了下来——傲、幽、坚、淡，也是中国文人士大夫精神理想的寄托。

此外，还有松、竹、梅，因其凌霜傲雪的品性而被誉为"岁寒三友"。同样，菊、莲、牡丹等草木也被赋予了人的情怀。

四、交流学案，共悟经典

(一) 丰子恺《杨柳》

1. 引导语

牡丹历来是富贵的象征，这和它的生长环境有着密切的关系。牡丹对生长环境的要求比较苛刻，比较"富贵"，天气太冷，它不开花；对于土壤，它也有要求，据说，牡丹是要吃猪肚肠才能长得更好。对于这一点，丰子恺就非常不喜欢，他不喜欢这种"贵"的植物，他喜欢的是"贱"的杨柳。

2. 师生交流

（1）请大家说说杨柳的特点，可以从杨柳的形态特征、生长环境等方面来说。

（2）如果把杨柳比作人，你觉得比作什么人合适？谈谈你的看法。

（3）丰子恺眼中的杨柳具有怎样的精神品质？

预设：（1）杨柳生命力极强，只要剪一根枝条插在土地里，它就会活起来。它的生长环境是"贱"的，只要有阳光、泥土和水便可，不需要高贵的肥料或工深的壅培。它的树干并不挺直，枝条是下垂的，在风中摇曳飘荡。古诗文中常以杨柳象征春意，比如，"碧玉妆成一树高，万条垂下绿丝绦。"

（2）杨柳给人的总体感觉是柔美的，柳条随风起舞，像美女飘逸的秀发、婀娜的身姿。湖边的杨柳，更是如美女在对镜理妆，尤为美丽、可爱。

（3）在丰子恺眼中，杨柳主要美在其下垂时显现出来的状态。

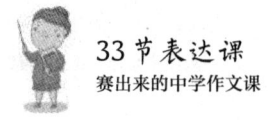

与其他参天的花木不一样的地方是,它是高而不忘本的,长得越高,垂得越低,常常俯首顾着自己的根与大地。这种不忘根的精神品质令人感动!

(二)茅盾《白杨礼赞》

1. 引导语

我们所熟悉的很多文人是不喜欢柳树的,茅盾便是其中之一。在他看来,柳树只能给人一种外表好看的印象,不能给人以力量,算不得树中的伟丈夫。他喜欢的是笔直坚挺、对抗西北风的白杨。

2. 师生交流

(1)白杨具有怎样的特点?这些特征又象征着怎样的精神品质?

(2)作者将白杨比作怎样的人?用了什么手法?

(3)请你仿照第2段的写法,为你喜欢的植物仿写一段话。

(屏显)

它没有_____,没有_____,也许你要说它_____;但是它_____,也不缺乏_____,更不用提它的_____,它是树中的_____!

(屏显)

白杨枝干笔直,一丈以内绝无旁枝,所有的丫枝一律向上,宽大的叶子也是片片向上,这是西北极普通而不平凡的一种树,参天耸立,不折不挠,对抗着西北风。它象征着朴质、严肃、坚强不屈、力求上进的精神品质,正如北方的农民、边地的哨兵,团结奋进的所有中国人的品格!

白杨是树中的伟丈夫，它笔直挺立的枝干，象征着屹立在中华大地上的伟岸、正直、质朴、严肃、不屈的伟丈夫。新中国民族解放斗争的历史，正是由这些千千万万铮铮铁骨用热血谱写而成的。

作者用了象征的手法，通过赞美白杨树，来赞美具有白杨树一般坚毅品质的中国人。

（三）师生小结

《杨柳》《白杨礼赞》，以及我们所学过的《爱莲说》《一颗小桃树》《落花生》，还有发给大家的阅读材料中的《囚绿记》《榕树，生命进行曲》《松树的风格》等文章，它们有哪些共同之处和不同之处呢？

通过以上环节的学习，我们发现这些文章有两个共同点：内容上，都是以某种植物为写作对象，作者将自己的情感、志趣赋在其上；写法上，都用了托物言志的写作手法。这些文章的不同之处是：不同作者关注的是草木的不同特点，对于同一草木，人们可能会持截然不同的态度。

这就是我们所说的"草木本无心，因人显其志"，同学们理解了吗？同学们，只要我们心中有书，心中含情，就能写出动人的华章！所以你们在平时一定要积累阅读经验，然后再结合情感体验，相信你们一定能写出有思想的文字。

五、写作训练，抒发情志

一花一世界，一叶一菩提。你喜欢什么植物？它令你喜欢的原因是什么？

（屏显）

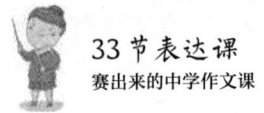

请你选择一种植物,以"触动心灵的草木"为话题,联系你的生活经验和情感体会,写一篇托物言志的作文,不少于600字。

学生作品

野萝卜草

墙角边,小溪畔,田垄旁,甚至是污秽的沟渠上,只要是有一点泥土的地方,就有这种野草。如果恰好那点泥土总是湿润的,且有荫蔽,那草就会蔓延滋长起来。

嫩黄柔软的茎,末端支起三瓣翠绿的叶子,外表极为普通,这种野草,能有什么名字?我们是连正眼也不会瞧它一下的!

后来,我们不知道是从哪里听说的,这种草下藏着好吃的"萝卜"。我们这群小馋猫哪里有不心痒的?便呼朋引伴地"拔萝卜"去了,一见到它便一哄而上,将其连根拔起,却总是气恼:"不就是普通的根须嘛,哪有什么萝卜!"愤怒地将这些野萝卜草胡乱掷下,又向另一个目标进发了,屡败屡战,却乐此不疲。

功夫不负有心人,一旦有人拔出"萝卜",便会高高举起战利品,得胜似的大呼小叫。远近小伙伴风闻,定会顿然直起身子,泥手上还抓着一把草,转过脸来,瞠目结舌,钦羡不已。有些淘气的还跑过来死缠烂打,扬言"见者有份",追逐嬉笑,乐不可言。

这"萝卜"其实就是三叶草的根,模样长得像萝卜,大的有拇指那么粗,洗净它身上的泥土,亮晶晶的,极为好看。放入口中一嚼,味道竟也像萝卜一样清脆可口。

从此，我们开始管这种草叫"野萝卜草"，也再不对这种"藏龙卧虎"的小草视而不见了。目之所及，一扫而光，狼藉之象，可想而知。奇怪的是，一次一次的"大扫荡"，居然没有绝了野萝卜的命，微风起处，总能见到它们摇曳的身影。它们是哪里冒出来的？真是"野草拔不尽，春风吹又生"啊！

直到上学后，我们才知道这种草有一个美丽的名字——三叶草。

（此课例荣获"新作文杯"全国第四届作文教学"创课"比赛一等奖）

明眸善睐显风情,凝神聚秀画眼睛

四川成都·余 萍

创课缘起

学习完人教版高中语文教材必修三的小说后,曹雪芹、鲁迅笔下的几双眼睛都给我留下了深刻的印象,寥寥数语却将人物刻画得形神兼备。然而,学生在写人叙事时,缺乏着力描写眼睛的意识。或模式化,或缺乏活力,或写法单一。于是,我打算就"描写眼睛"这个模块对学生进行写作训练。在教学过程中,我引导学生细致地观察眼睛,抓住眼睛的特点,让学生有话可说;回顾点睛之笔,悟神韵,让学生有话想说;开展讨论,学技巧,让学生有"法"可依;设置情境,试练笔,让学生用文字充分地表达出来。于是,我运用图文法,开展了这次描写眼睛的片段写作指导课。

创课思路

记叙文写作训练需教师引导学生观察、感悟,调动其积累,激发其表达欲,使之会说更会写,故本课以学生活动为主,充分调动其积极性、主动性,训练其口语表达能力,激发其写作兴趣。首先,教师展示图片,引导学生直观感受,领悟抓特征、识变化的道理;其次,教师引导学生现场观察并交流,为"图转文"做铺垫;再次,教师引导学生鉴赏名句,共同探讨写作技巧,为习作训练

"搭梯子";最后,教师设定情境,学生现场写作并交流。通过本堂课的学习,教师希望学生不仅能掌握观察和描写的方法,还能在思维碰撞中提高审美鉴赏能力,从而在一定情境下恰当地、传神地描绘眼睛。

教学现场

一、静观其变初体验

师:前段时间,动漫电影《哪吒之魔童降世》横空出世,红遍大江南北。哪吒的形象更是深入人心。屏幕上呈现的是哪吒的表情包,大家觉得他最突出的特征是什么?

(屏显)

生:大眼睛,烟熏妆。

生:表情很丰富。

师:是的!这个表情包的眼睛设计得比较夸张。那他表情的变化主要是通过什么来展现的?

生:主要是通过他眼睛的大小和眼神的变化来展现的。

师:你分析得不错。哪吒一连串眼神的变化将他的个性和心理展露无遗。可见，影视作品在塑造人物时，注重突出人物眼睛的特征。正如顾恺之和鲁迅所说——

（屏显）

四体妍媸，本无关于妙处，传神写照，正在阿堵中。

——顾恺之

要极省俭地画出一个人的特点，最好是画他的眼睛。

——鲁　迅

师（小结）：画家用画笔，文学家用文字。刻画眼睛无疑是展现人物性格、心理的最好捷径。这节课，我们就来探讨如何用精练传神的文字描写眼睛。

二、动静相宜观其形

（一）观形色　感神情

师：千人千面，眼睛也各不相同。要想画好眼睛，首先要在生活中留心观察各种眼睛。屏幕上呈现的这几双眼睛，分别带给你什么感觉呢？

（屏显）

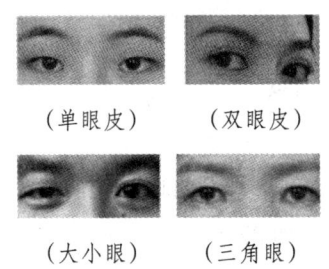

（单眼皮）　　（双眼皮）

（大小眼）　　（三角眼）

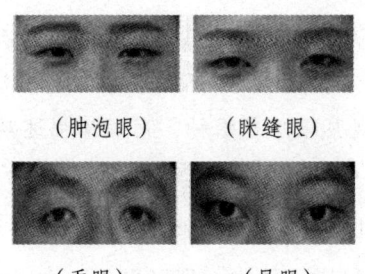

（肿泡眼）　　（眯缝眼）

（垂眼）　　（吊眼）

生：我看到大小眼就想笑，感觉他很无辜。

师：喜剧眼，天生就是上天赏饭吃的一类人哦！

生：三角眼下垂得厉害，让整个人看起来比较老。

生：双眼皮很漂亮、炯炯有神，很好地表现出他沉稳的个性特征。而单眼皮让人觉得他很单纯，甚至有种青涩的味道蕴藏其间。

师：你们的感觉都很准！假如能用对比的手法来说明，他们各自的特征就更加明显了。

生：好的。肿泡眼让人感觉他比较稚气。眯缝眼无神，感觉他像没睡醒似的。

生：垂眼凸显他对现实的无奈。吊眼表现了他凶悍的个性特征。

师：英雄所见略同！不同的眼形给人以不同的感觉。人们常说，"相由心生"，确实有道理。人因性格、年龄、职业、经历等不同，眼形也会有所差异。

（二）试描述

1. 初看

师：你注意过身边人的眼睛吗？下面请你快速地观察你同桌的

眼睛。我们先来看大屏幕上的要求——

（屏显）

活动1：互相观察眼形或眼神，用短语描述观察印象。

生：双眼皮，丹凤眼！

生：会说话的眼睛，神采奕奕。

生：泡泡眼，稚嫩、俏皮，很可爱。

生：目光凌厉，不敢正视！（学生笑）

生：又大又鼓，有灵气，聪明。

生：有红血丝，睡眼惺忪。（学生笑）

生：和气、善良。

师：你的眼在我眼里竟如此与众不同。大家对瞬间观察所得作了简要的描述，反映了我们面前"这双眼"的真实特点。

2. 细看

师：眼睛本是特别的，然而也需要一些点缀。比如，你要画林黛玉的眼睛，除了观察其眼睛外，还需要观察林黛玉身上的哪些要素呢？

（屏显）

生：林黛玉腮边的泪。

师：为什么呢？

生：这些特征与眼睛有着密切的关系，眼泪能够很好地展现林黛玉的性格特征。林黛玉本身爱哭，而愁苦的眼加上一滴泪，更显其多愁善感的特质。（学生鼓掌）

生：这里眼泪主要是用来衬托其眼睛的神韵。

师：说得好！画眼不局限于眼，但不能忽略与"这个人"个性气质、身份等相关的标志性特征。比如，画哈利·波特的眼睛，他的黑框眼镜、闪电疤痕是必不可少的要素。

师：如果将眼睛的特写画面转化为语言文字，会产生怎样惊人的变化呢？

生：它会产生一种强烈的动感，可以将人物的表情、动作的微妙变化全方位地展现出来。

师：也就是把人写活了。

生：我们可以借助语言文字描写去大胆地揣测人物的内心世界。

师：对！眼睛更值得用语言文字去刻画！要想写好它，写出神采，就需要留意附件，学会运用化静为动的方法。

3. 再看

师：接下来，我们再来观察一下同桌的眼睛。在观察之前，我们先了解一下具体要求。

（屏显）

活动2：互相观察典型特征，一句话口述瞬间表情。

生：她"哼"一声，手指一推眼镜框，眉毛一挑，杏仁眼往左

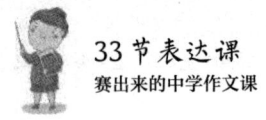

一横，可真是"目中无人"。

生：斜刘海、柳叶眉、翘睫毛映衬着这双细长的眼睛，像河边长着的幽草，随风摇曳。

生：他黝黑的脸上，如利斧般的双眼闪着质朴的光，跟厚实的嘴唇遥相呼应。

生：两道刷漆眉下有一双像鹰一样锐利的眼睛，尽显少年英气，教人不敢直视。

师：你们很好地抓住了同桌的典型特征和瞬间表情。刚才口述得不错，相信你们定能下笔如神！可见，描写眼睛一定要先细看。

（教师小结并板书：第一步，细看）

三、熟睹深思悟其神

师：眼睛是心灵的窗户，会说话、能传情。古往今来的诗文中，有很多描写眼睛的经典句子。课前老师让大家搜集了你们最爱的描写眼睛的佳句。接下来，请你们和大家分享一下，并说说你们所选的句子好在哪里。

（屏显）

活动3：全班学生交流赏析描写眼睛的佳句。

生："有美一人，清扬婉兮"，这句话写出了女子目光如水般清亮微漾，灵动活泼！

生："巧笑倩兮，美目盼兮"，这句话写出了这位女子眼里带着笑意，眼波流转，像在等待着谁，在找谁。与"众里寻他千百度"有异曲同工之妙，形象地表现出其眼睛很美，侧面突出其是个极度深情的人。

师：你分析得很到位。

生："山是眉峰聚，水是眼波横"，这句话把山水比作女子的眉目，很容易让人联想到女子目光流转迷人。

师：足见其思维缜密！用流水比喻眼神是我国诗文的传统。

生："盈盈一水间，脉脉不得语"，这句话形象地把眼睛的脉脉深情展现了出来，有无声胜有声之效。

生："那双眼睛，如秋水，如寒星，如宝珠，如白水银里头养着两丸黑水银"，这句话形象地写出了主人公眼珠黑中带亮、熠熠生辉的神情，而如秋水般澄澈的眼睛，又让我想起她望穿秋水的忧伤。

师：不错，你解读得很有诗意！尤其用"秋水"一词来形容眼睛，真可谓妙绝。

生："回眸一笑百媚生，六宫粉黛无颜色"，这句话将杨贵妃回眸一笑、妩媚至极的状态展现得淋漓尽致。

生："北方有佳人，绝世而独立。一顾倾人城，再顾倾人国"，这句话写女子张望时的状态时，将其倾国倾城的美貌淋漓尽致地展现了出来。

师：我觉得瞬间"看"这个动作，更加能凸显女子倾国倾城的美貌。

生："她静默地走近，又投出太息一般的眼光"，这句话里丁香姑娘眼里尽是叹息，表现了她内心无比惆怅的情绪。

师：可见，写好眼睛、眼神能很好地表现一个人的容貌、神态。在我们学过的诗文中，有用写眼睛来暗示人物性格的句子吗？

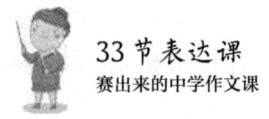

（板书：容貌、神态、性格）

生：有。《红楼梦》中就有许多经典的描写人物眼睛的句子。比如，"一双似泣非泣含露目"，很形象地表现出林黛玉自尊心很强、天生敏感的性格特征。再如，"一双丹凤三角眼，两弯柳叶吊梢眉"，可以看出王熙凤精明能干、很圆滑、不好对付的性格特点。（学生笑）

师：你们已经学会观其眼神，知其心机，非常了不得！

生："目若秋波。虽怒时而若笑，即嗔视而有情"，可看出贾宝玉处处留情的人物特征。（学生笑）

生：我还记得阮籍用青眼对嵇康，白眼对嵇喜，足见其是个爱憎分明的人。

师：很好！你能给我们演示一下青眼、白眼吗？（一个学生演示，其他学生哄堂大笑）你演绎得非常到位。此外，从你的眼神中，我们能够真切地看到你要表达的情感。你能举例说明吗？（板书：情感）

生：表现愤怒的情绪，比如，易水送别"士皆瞋目"、鸿门宴樊哙"瞋目视项王，目眦尽裂"、鲁迅"横眉冷对千夫指"。

生：表现执着的态度，比如，"黑夜给了我黑色的眼睛，我却用它来寻找光明"。

师：大家分析得都很精彩！这些点睛之笔，言简意赅，或刻画人物外在形象，或暗示人物的性格心理。我们若想更有深度地描写眼睛，需在细看的基础上深度思考，仔细揣摩人物的内心世界和性格特征。（教师小结并板书：第二步，深思）

四、众说纷纭探其道

师：如何言简意赅地描写眼睛？

（屏显）

活动4：探寻精练传神描写眼睛的方法。

生：我觉得可以用修辞手法，如比喻、拟人、夸张，这样可以将人物的眼睛描写得更加精妙。

师：你能举一两个描写眼睛的比喻句吗？

生：一对眸子清明如水晶。

生：他的眼里喷出一股怒火。

师：那你能再举一两个描写眼睛的夸张句吗？

生：眼睛比铜铃还大！

师：哦！原来是故意放大了"喜怒哀乐"的情绪。比如，傅园慧获奖后，面部表情本身就很夸张，眼睛表现得尤为突出。所以我们可以尝试用修辞手法将生活中这种类似情形描写出来。（板书：修辞）

生：我觉得要想把眼睛写活，可以加一些动词！

师：是的，巧用动词能够化腐朽为神奇，让眼睛更有灵性。所以我们在描写眼睛的时候，要注意选用的动词一定要联系语境，尤其是表现"看"这一类动态的词。

生：还可使用特殊的量词！

师：好主意！你能举例说明吗？

生：能。比如，两弯下弦月静静地悬着。

师：非常好。其实你们所说的方法我们可以统称为"炼字"。

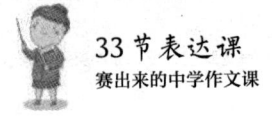

（板书：炼字）

生：还可借助衬托、工笔或者白描等手法。

师：白描是一种高超的写作技巧，鲁迅先生的很多作品中都运用了这种手法。现在请大家仔细回忆一下，说说他的哪些作品中运用过这种写作技法。

生：《祝福》中就有好几处对祥林嫂眼睛的描写，如祥林嫂"眼珠间或一轮"，表现出她悲惨的遭遇和内心世界的变化，体现了鲁迅先生的匠心。

师：你很聪明！你能够根据鲁迅先生对祥林嫂眼睛的描摹，分析出其想要表达的主题或祥林嫂的性格特点。鲁迅先生对眼睛进行反复描写，繁而不乱，可谓匠心独运！（板书：工笔、白描、反复）

师：同学们归纳的描写眼睛的方法，全面且实用！注意下笔前要用心斟酌，下面我们一起来朗读屏幕上的这些写作技巧——

（屏显）

用心凝望需先行，化静为动绘真人。

联想想象添内涵，巧用修辞凸神韵。

独到描写显个性，精心炼字是捷径。

（教师小结并板书：第三步，走心）

五、牛刀小试绘眼睛

请同学们运用恰当的方法，用一段话来描绘下列图片中人物的眼睛，写好后，小组间相互交流，并点评。

（屏显）

明眸善睐显风情，凝神聚秀画眼睛

女孩收到好朋友的来信

老人听说失联多年的儿子归来

婴儿看到妈妈拿来的新玩具

男孩在考场上奋笔疾书

（学生完成写作后，讨论，交流）

六、课堂小结

这节课我们运用图文法学写作，认识到"画"眼离不开观察，感悟到文字"画"眼的魅力，探寻到一些"画"眼的方法。"画"无定法，适时运用，要在具体环境中点染，在动静变化中呈现。愿我们大家都能拥有一双慧眼，用一支丹青妙笔，去发现、去描绘生活的美！

学生作品

片段一：

她拿起信笺，坐在书桌前，信笺上那一字一句映在她麋鹿般活脱的眼里。目之所及，一字一句，尽显其温柔，是希望，是光！她

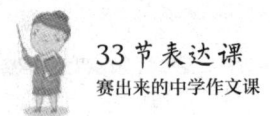

抿了抿嘴,时而用笔抵住下巴,时而捋捋额前的空气刘海。一双水盈盈的眼睛,开合、微闭,与浅浅的酒窝相映成趣。似真似幻,那些与倩倩行走在校园里林荫道上的情景又一一在脑海中闪现。

片段二:

"小勇回来啦!"三爷那如核桃般瑟缩的嘴缓缓张开,空洞无牙,似乎一扇咿呀作响的板门被推开。平日里老打瞌睡的眼瞬间有了精气神,但仍止不住往下耷的古铜色眼皮和泡泡眼袋显出老年的疲态,唯有夹缝里浑浊的眼神一下子有了光。你看,他头往一处偏的一瞬间,他眼角的皱纹更深、更多了,像聚拢的沟壑,再也没办法填平,里面尽显酸楚、怀疑和埋怨。我的儿啊!你终究还是回来了!是想起我这个爹了吗?

(此课例荣获"新作文杯"全国第四届作文教学"创课"比赛特等奖)

喻巧而理至，辞工而文斐

四川成都·贾占红

🍁 创课缘起

《劝学》是高中语文教材中的一篇课文，这篇课文所在单元为文言文中的论述文单元，也是高中阶段的第一个论述文单元，而学生进入高二年级后主要训练的写作文体也是议论文，因此，我利用本单元的文章对学生的议论文写作进行指导。《劝学》除了文章严密的逻辑思维外，更重要的是文中比喻论证方法的使用，不仅使文章说理浅近易懂，而且还增加了文章的文采，极大地提升了文章的说服力。

本堂课尝试从《劝学》入手，回归文本，充分把握比喻论证手法的具体运用，让学生学会运用联想及想象，用身边的事和物进行比喻论证的训练，以此来增强文章的说服力及文采。

🍁 创课思路

本堂课通过教学环节的设计引导学生进行充分的思维及表达训练，充分尊重和赞赏学生，以激励性的评价语言提升学生的学习积极性及学习效率。通过阅读丰富的素材，学生自主习得方法，并运用这些方法进行写作，提高议论文的写作水平。

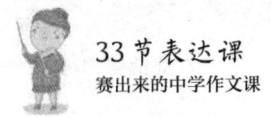
33节表达课
赛出来的中学作文课

教学现场

一、有的放矢——解题

教师展示课题《喻巧而理至，辞工而文斐》，学生谈自己对这句话的理解。

明确：比喻精巧则道理自然通达，文辞工巧则文采斐然。本堂课的教学重点为"学习比喻论证的手法，并进行论证，提升文章的说服力和文采"。

二、胸有丘壑——回归文本

齐诵《劝学》全篇，抽三个学生分段梳理《劝学》一课中比喻论证的具体运用，师生共同总结如下：

第2段用"青"从"蓼蓝"中提炼出来和"冰"由"水"降温凝固而成作比较，论证学习可以提高自己的观点。用"木"被"鞣"变成"轮"，用"木材""受绳"就会"直"，"金""就砺"就会"利"，论证学习可以改变自己，解决为什么要学习的问题。

第3段用"登高而招""顺风而呼""假舆马""假舟楫"作比喻，论证学习可以弥补自身的不足，进一步解决为什么要学习的问题。

第4段用"积土成山""积水成渊"与"不积跬步无以至千里""不积小流无以成江海"对比设喻；用"骐骥"与"驽马"、"锲而舍之"与"锲而不舍"、"蚓"与"蟹"对比设喻，论证学习的方法和态度在于要积累、坚持和专一，解决怎样学习的问题。

《劝学》中用了近20个比喻论证，使论证充分，道理明晰，在设喻时有两种方式：同类并举设喻、正反对照设喻。

师生共同总结使用比喻论证的艺术效果：点石成金、化平淡为生动、化深奥为浅显、化抽象为具体、化冗长为简洁。

三、巧读兵书——思维延伸

师：请大家发散自己的思维，回顾曾经学过的文章中比喻说理的文段，并从文段中分析灵活有效地运用比喻论证的方法。

生："生如夏花之绚烂，死如秋叶之静美"，深刻地阐释了我们对待生命应有的态度，我们活着就应该释放自己的光彩，面对死亡应该淡然。

生：在《史记·滑稽列传》中，淳于髡巧妙地用鸟喻指齐王，没有明说齐王不理朝政，却让齐王能明白自己的过失。作者用比喻说明事理也维护了国君的尊严，同时让其愉快地接受了他的谏言。作者巧妙地利用比喻说理，使得深奥的道理浅近化，这样更能够贴合听者的心理。

生：在《寡人之于国也》中，孟子用"王好战，请以战喻"引出自己的观点，用"五十步笑百步"指出梁惠王之为政与邻国之为政的实质是一样的观点，用"刺人而杀之归罪于武器"指出把涂有饿莩归罪于年成之可笑，委婉地指出梁惠王实际上实施的是暴政。

师：请同学们阅读下面的材料，体会运用比喻论证说明道理的好处，并分析本喻体之间的联系点。

（屏显）

晋平公问于师旷曰："吾年七十，欲学，恐已暮矣！"师旷曰："何不炳烛乎？"平公曰："安有为人臣而戏其君乎？"师旷曰："盲

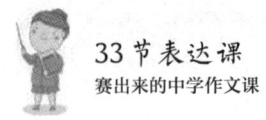

臣安敢戏君乎？臣闻之：少而好学，如日出之阳；壮而好学，如日中之阳；老而好学，如炳烛之明，孰与昧行乎？"平公曰："善哉！"

生：日出之阳喻"少之学"，是在告诉我们要充满朝气，拥有向上的力量。

生：日中之阳喻"壮之学"，是在告诉我们壮年依然最蓬勃，最热烈，最有力量。

生：炳烛之明喻"老之学"，是在告诉我们比起黑暗，未来依然充满光明，充满希望。

师（总结）：三个比喻论证共同论证了一个道理——无论何时学习都为时未晚，至少是在光明中前行。

（屏显）

楚威王闻庄周贤，使使厚币迎之，许以为相。庄周笑谓楚使曰："千金，重利；卿相，尊位也。子独不见郊祭之牺牛乎？养食之数岁，衣以文绣，以入太庙。当是之时，虽欲为孤豚，岂可得乎？子亟去，无污我。我宁游戏污渎之中自快，无为有国者所羁，终身不仕，以快吾志焉。"

生：庄子把入仕享有高官厚禄之人比作祭祀的牲口，特点是被送去祭祀，成为统治者的牺牲品，没有自由；把出仕之人比作孤豚，于污泥浊水中享受自由。因此，庄子的态度在比喻说理之后就不言自明了。

师（总结）：比喻论证重在使抽象的道理浅显易懂；比喻论证中的本体喻体之间重在神似，即关系的相似或是道理的相通。

四、运筹帷幄——提炼方法

（一）学会联想和想象

日常生活中的现象、事例；大自然中的万事万物。

（二）准确把握相似性

训练：提供本体，通过联想明确喻体，并说明本体和喻体之间的相似性。

1. 宫刑后的司马迁——（　　　　）——（　　　　　）。

2. 放逐后的屈原——（　　　　）——（　　　　　）。

3. 风雪中的苏武——（　　　　）——（　　　　　）。

预设：学生可能推出的结论。

1. 宫刑后的司马迁——被推下悬崖练翅的鹰——宫刑对司马迁是一种严酷的磨炼，磨炼使司马迁变得更加强大，飞得更高。

2. 放逐后的屈原——坚毅的雪莲花——于风雪高寒中坚毅开放，像极了屈原身受排挤打击依然坚守自我的高洁人格和政治理想。

3. 风雪中的苏武——倔强地立于乱石林中的松——苏武坚忍不拔的气节与冰天雪地里依然倔强地持节牧羊的坚守。

（三）比喻论证在写作中的具体运用

1. 并举设喻，描绘开篇，打造凤头

生命如画，有浓墨泼洒，也有轻描淡笔；生命如歌，有轻吟浅唱，也有高歌猛进。君不见李太白、杜工部之一生，浓墨泼洒，铸就生命之伟大；裴多菲、雪莱之一生，轻描淡笔地写尽生命之真谛。君不见轻吟浅唱之陶渊明"采菊东篱下，悠然见南山"，高歌猛进之谭嗣同"我自横刀向天笑，去留肝胆两昆仑"。

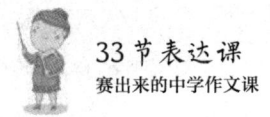

2. 既喻又析，说理充分，文采彰显

莎士比亚有言："闪光的东西，并不都是金子，动听的语言，并不都是好话。"表面上是愚笨的顽石，其内心却藏有光彩夺目的珠玉；表面上是明艳的罂粟，其内心却是害人之物。物皆有其两面性，表象只起到麻木人心之用，本质才是事物的内核，抓住本质才能从容地面对任何问题，才是"有所成"的真正捷径。观本质者，柳暗花明，困境亦从容。

3. 比喻收束，强化观点，再现文辞之妙

有一位父亲，给他的女儿做了这样一个实验：他将脆弱的鸡蛋放入水中煮，水开后，却得到一个有韧性的鸡蛋。然后又将坚硬的胡萝卜放入水中煮，却得到了一个柔软的胡萝卜。最后他将坚硬又难吃的咖啡豆放入水中煮，却得到了一杯醇香的、令人回味无穷的咖啡。通过这个实验，父亲告诉女儿："生活就如这开水，平淡无奇，但当你经历并发现其中的真理之时，生活就会变得丰富多彩，不再单调乏味，而是充满了机遇与乐趣。"

……

生活是隐藏起来的宝藏，就看你是否能找到它，并充分利用它。

五、沙场点兵——现场演练

以《师说》为题，提出关于"师者"或者"从师学习"的看法，拟写开篇段、议论段或者结尾段。

要求：运用比喻论证，首尾段200字以内，议论段300字左右。

学生作品

片段一：

吾尝视书而知日月，闭书则忘，不知其所以；吾尝观圣人之为也，其后遇事，却不知何用也。学矣，不变，则如湖，生于此，涸于此，而不知天地之广阔也。若变，则如河，奔涌万里，见者千百，虽有断流，此生亦足矣。是故学者不可以终日困于经，宜思变也。

——陈　鑫

片段二：

古之学者必有师。古有云：上善如水，润万物而不争，利万物而无言。

师者若水，赤心若水，其净无疆，明眸似水，其柔胜刚，师者无言而不争，唯终日相伴，苦心执明灯。

师者若水，唤醒初生。

地之深，有眠种数万，不见其光，不闻其声，终日惶惶而不知春至。幸而春雨淅沥，化冰雪，入平庸之地数百丈。予春信，携春味，以醒沉睡者，继而芽出，生命繁盛，故水润万物则万物醒。师者，以其神明授业传道解众生之惑，为之引春。

师者若水，厚德载物。

海之深，物难计数，居于海尔自得畅游，草可附石，虾可食草，众生百态皆得以施其术。海之浩浩，供众生之所，或有污渍而难污其清明，仍明洁浩荡。故海因其浩大而得载万物。师者，因其德之厚而育桃李数百，其芬芳亦光彩熠熠。

——程羽棠

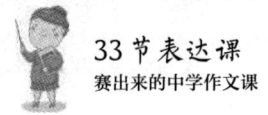

片段三：

"上善若水"，师者亦为善水，利万物而不争，人之初若草木顽石，无知而愚顽，善水灌溉滋润使之成才，隐蔽生灵；冲刷打磨使之成玉，绽放异彩。然而却不留下任何痕迹，彰显自己的能力与才干，更教人以奉献而无闻之理。

——艾　婧

（此课例荣获"新作文杯"全国第五届作文教学"创课"比赛一等奖）

写写我们仙桃的小吃

湖北仙桃·袁海军

🍁 创课缘起

一篇文章从写作动机到成篇,宛如一个孩子从孕育到出生,再到长大成人。从孕育的那刻起,它就是一个完整的生命个体,在思维与语言的滋养下慢慢生长裂变,终成篇章。写作是一个生长过程,是写作者对写作对象观察、认知、立意、赋形的知行递变的思维生长过程,是写作主体对客体从词语、句子、段落到篇章的语言生长过程。写作生长目标指向在于向写作者表情达意。文章的行文内容、主旨、思想内容、个性风格是在生长过程中逐渐丰满的,正如人的性格是在成长过程中逐渐成型的,而不是在胚胎时期就已经定型。写作思维与语言的生长过程如图所示:

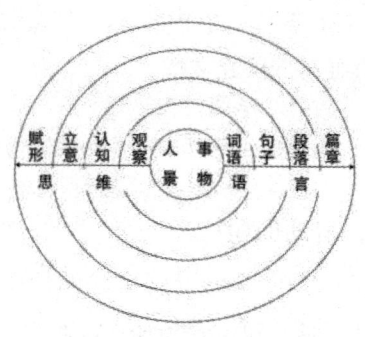

写作思维与语言生长过程形态图

基于这样的写作生长观,教师以"家乡的小吃"为例,在教学

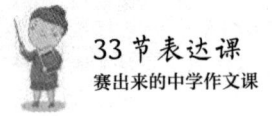

实践中进行了课例探索。

创课思路

课前准备：预先让学生观察早点店，搜集与本地小吃有关的文化资料，积累写作原始素材，并观看《舌尖上的中国》第二、三集，积累语言。

1. 明察秋毫，灵动词句。写作观察是学生获得写作材料的途径之一，也是激发写作灵感的出发点之一。在细致的观察中，学生对客体信息词句化，激发写作灵感或动机，产生写作立意的胚胎。

2. 拓展认知，生成段落。拓展对写作客体的认知，有利于丰富写作材料，促进写作内容的生成，生成段落，形成文章的雏形。

3. 因物生意，布局谋篇。以课文为例，学习立意思维的方法，由课内向课外延伸，引导学生以立意为中心调整写作内容，布局谋篇，建构文章的骨架。

4. 赋形思维，笔下生花。运用渲染和对比的赋形思维方法展开行文，丰满文字的血肉，长成文章。

教学现场

一、明察秋毫，灵动词句

师：老师手上拿的是同学们早餐常吃的仙桃小吃——猪油锅盔。你们仔细观察过它吗？知道它为什么好吃吗？知道其蕴含的饮食文化吗？

生：吃过。我只知道它好吃，但没有仔细观察过。（学生窃笑）所以，目前我还不了解它身上蕴含的文化底蕴。

师：世间万物都蕴含着生活的情感和哲理，这小小的猪油锅盔里也蕴含着仙桃人的情感和仙桃的饮食文化。请同学们从屏幕上老师提供的角度观察它，并运用准确的词句形容其特点。你们还可以尝一口，不过，尝过后要描述出它的味道。（教师分别递给两个学生猪油锅盔，让他们各尝了一口）

（屏显）

角度：气味、形状、颜色、质地、味道。

顺序：闻其气、观其形、察其色、触其质、品其味。

生：它有猪油的腥香，有辣椒、葱花、大蒜的浓烈气味，有面粉的香味。

生：它呈回字形，像一根回形针，双层的，在两层之间夹着猪油、葱花、大蒜、辣椒，紧贴锅的底部，上层凹陷，铺着一层芝麻。

生：它表层呈淡黄色，底层呈焦黄色，中间夹有青绿色的小葱、大蒜。

生（尝过后）：它外硬内软，外酥内软。

生（尝过后）：它咸中有辣，辣中含香。

师：同学们观察得非常细致，用词也非常准确，都抓住了它的特点。接下来，请你们自选一个角度，用生动形象的语言将其特点描述出来，要求至少使用一种修辞手法。

生：猪油的腥香，辣椒、葱花、大蒜的浓烈气味，面粉的香

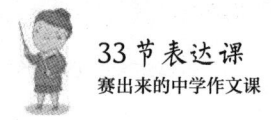

味,在炭火的烘烤下一起散发了出来,飘散在空气中,从鼻孔游进,一直窜入口腔,刺激着你的味蕾,让你忍不住想咬上一口。

生:它体内散发着滚烫的热情,诱惑着我的嗅觉和味觉,欲一口一口地封存进肚里。我将它从纸袋里拿出,捧在手心。它像一根扭曲的回形针,上表层呈金黄色,铺着一层白芝麻,紧贴锅底部的呈焦黄色。我禁不住诱惑咬了一大口,一刹那,香气便在口腔里弥散开来。它那松软的口感与葱花肉末互相碰撞着,一次次地触碰我的味蕾。我轻轻咽下,经过我的喉咙,顺着食道,滑到胃里,热气香气向全身散发。这是一种难以言表的美妙!

师:不错。两位同学运用细腻的语言生动形象地描绘了猪油锅盔的形、质、色、气、味。

二、拓展认知,生长段落

师:一种食物好不好吃与食物本身的味道是否契合当地人的口味有关。比如,广州人喜欢吃甜的,四川人、湖南人喜欢吃辣的,山西人喜欢吃酸的。此外,一个地方的饮食与当地的地理环境、农业物产、气候特点和历史文化等都有关系。比如,广州地处热带,吃辣会让人受不了;四川、湖南地处南部山区,气候湿润,辣可以促进排汗去湿。总之,一方水土养一方人,仙桃的早点小吃也蕴含着仙桃的地域特色、历史文化。下面请大家根据屏幕上的有关资料说说仙桃早点的特点。

(屏显网络资料)

锅盔的来历:相传,唐代乾陵营建工程浩荡,征用了数万名当地民工。当时,有个叫冬娃的小伙子生性聪慧,憨实厚道,很受乡邻的称誉。谁料其阿爸因病卧床，冬娃每天除了上山打柴外，归来还要给父亲做饭，长年累月地干，便练就了一手烹饪技术。修建乾陵征用民工时，他替爸爸去做工，因人多而活又繁重，经常不能按时吃饭。

有一天，他饿得实在撑不住了，就悄悄地在路边挖了一个土坑，架上自己的头盔，把面匀放在盔内，在盔下烧着柴火。过了一会儿，他从盔内掏出烙成的馍一尝，酥脆可口。他高兴极了，就把这个办法告知了同伴，让他们改用铁锅去烙，果然吃起来酥，闻起来香。一传十、十传百，就形成了奇特的锅盔馍。

仙桃的地理位置：仙桃市位于湖北省中南部、汉水南岸，属于亚热带季风气候区，全年气候温和，雨量充沛，日照充足，四季分明，无霜期长。主要粮食作物为水稻和小麦。

生：我觉得仙桃早点的品种比较丰富，因为仙桃地处我国南北交界处，既出产小麦，也出产大米。比如，面条、包子、馒头、锅盔等是用面粉做的，粉条、发糕、鸡公饺、糯粑、米团子等是用大米做的。

生：我觉得仙桃早点的味道也是多样的，它融合了南北地域的口味特点。甜的有发糕、馒头；咸的有面条、锅盔、粉条。只要是咸的，就可以根据个人喜好加上辣味，但又不像湖南、四川那样辣得浓烈。这样就可以满足各种人的味蕾。

生：我觉得仙桃早点的制作方法也是多样的，有煮的，如面条、米粉、糯粑；有蒸的，如发糕、包子、馒头；有烘烤的，如锅盔；还有油煎的，如鸡公饺。

生：我觉得仙桃早点历史悠久，比如锅盔，传说唐代就有了。

师：几位同学说得都很正确。仙桃地处我国南北分界线附近，因此，仙桃小吃在品种、口味和制作方法上融合了南北饮食的特点，并且随着历史发展形成了独有的地域特色。

师：如果以仙桃小吃为内容写一篇文章，那么你觉得应该写哪些方面？可以写几段文字？

生：我觉得可以分三段写，先描述其外形和味道，再写它的制作方法，最后写其历史来由。

生：我觉得除了写他说的内容外，还可以写仙桃小吃的地域特色，并且在行文中要写出我们对仙桃小吃的喜爱，借此来表达我们对家乡的热爱之情。

师：不错。我们对仙桃小吃有了充分的认知后，写作内容就更丰富了，文章段落层次也就有了。可每个同学都这样写，很容易形成千篇一律的局面。

三、因物生意，布局谋篇

师：写作目的不一样，文章的中心也就不一样，写作内容也就有了差别。我们的写作目的可以是抒情言志，也可以是宣事明理，还可以是交流思想，或者是传播信息。下面我们从学过的几篇课文来感悟一下怎样给文章立意。

（屏显）

简要写出下面几篇课文的内容和中心：

课文	内容	立意(中心)
《散步》		
《紫藤萝瀑布》		
《济南的冬天》		
《说和做——记闻一多先生言行片段》		

生：在《散步》中，作者通过写我们一家人在散步过程中发生分歧的事情，营造了一家人互敬互爱的和谐气氛，赞美了中华民族尊老敬老的传统美德。

生：在《紫藤萝瀑布》中，作者主要描绘了紫藤萝花开得盛，通过对比写出紫藤萝的命运，表达出"生命的长河永无止境"的主题。

生：在《济南的冬天》中，作者重点描写了济南冬天山水的特点，表达了其对济南冬天的赞美和喜爱之情。

生：在《说和做——记闻一多先生言行片段》中，作者则记述了闻一多先生的主要事迹，表现了他崇高的品格，赞扬了他的革命精神。

师：不错。这四篇课文分别写了事、物、景、人，或记叙，或描写，或抒情，或议论，都是根据材料和写作目的来给文章立意的。如《散步》的立意是在"我"处理分歧的抉择中体现出来的，《紫藤萝瀑布》的立意是在现在的紫藤萝和过去的紫藤萝的对比中表现出来的，《济南的冬天》的立意是作者在对景物的描写中表达

了自己的情感,《说和做——记闻一多先生言行片段》的立意是在人物的具体言行中表现了人物的品格。那么,我们写仙桃小吃应该怎样立意呢?

生: 可以向外地的朋友介绍仙桃小吃的特点。

生: 可以借物抒情,我们可以通过描写仙桃小吃来表达自己对家乡的热爱之情。

生: 可以写人,赞美做小吃的劳动者勤劳的品质。

生: 可以写事,我们可以通过写不同年龄的人在早点铺里发生的事情来表现生活的变化。

生: 我觉得,只要肯动脑筋,我们就可以提炼出很多中心。

师: 几位同学的立意都不错,最后这位同学的总结很到位。只要我们善于观察,勤于思考,生活中的写作素材无处不在,写作创意无时不有。接下来,请同学们依据自己的立意,给你将要写的文章列一个写作提纲。

四、赋形思维,笔下生花

师: 有了写作内容和写作中心,如何在写作时突出中心呢?我们可以学习前面几篇课文的写法。比如,在《散步》中,作者对"我"抉择的两难进行渲染和对比,从而突出主题;在《紫藤萝瀑布》中,作者细致地描写一树花到一穗花再到一朵花,渲染紫藤萝花开得盛,再与过去的紫藤萝进行对比,从而突出中心;在《济南的冬天》中,作者从多个方面渲染济南冬天"温晴"的特点,表达其对冬天济南的赞美与喜爱之情;在《说和做——记闻一多先生言行片段》中,作者选取闻一多先生的多个事迹,将"说"的方面与

"做"的方面进行对比，突出闻一多先生的个人品质。总之，多角度地渲染和对比是突出文章中心的主要方法。请同学们将你们的写作提纲中需要渲染和对比的段落标明，然后完成写作任务。

（屏显写作任务）

请以家乡的小吃为内容写一篇文章，表达你对家乡的情感，或抒发你的人生感悟，或向远方的朋友介绍你的家乡……

要求：选好角度，明确文体，自拟题目，不少于600字。

学生作品

童年里的猪油锅盔

我的童年是从楼下那家的猪油锅盔开始的。

"年小月半大"，过完正月十五，仙桃的年才算过完。过完年，我也该上学了，早点铺也就开张了。每当楼下锅盔的葱油香飘进我家窗户的时候，父亲就叫我起床上学。虽然我百般不情愿离开暖乎乎的被窝，但饿了一夜的肚子也禁不住葱油香的诱惑，咕咕地叫起来。"老板，两个锅盔。""好嘞！1元钱一个，2元钱正好。"话音未落，两个热腾腾的锅盔就被麻利地装进了纸袋，递到我手上。它散发着体内的炽热，诱惑着我的嗅觉和味觉。爬上父亲电动车后座的时候，我将它从纸袋里拿出，捧在手心，一股浓浓的葱油香直窜进鼻子。我深深地咬了一口，一刹那，香气便在口腔里弥散开来。那松软的口感与葱花肉末互相碰撞着，一次次触碰着我的味蕾。我轻轻咽下，经过我的喉咙，顺着食道，滑到胃里，热气香气向全身

散发。这是一种难以言表的美妙！还没有走到学校门口，满口就只剩下余味缭绕了。童年就是在这样的美妙中开始了。

夏天天亮得早，我也起得早。上学不用赶时间，我坐在父亲电动车座上一边享用着猪油锅盔，一边听父亲讲它的故事。传说锅盔是古代给皇帝修陵墓的一个民工发明的。那个民工修陵墓的时候，饿得实在撑不住了，就悄悄地在路边挖了一个土坑，架上自己的头盔，把面匀放在盔内，在盔下烧着柴火。过了一会儿，他从盔内掏出烙成的馍一尝，酥脆可口。于是，锅盔就这样被发明出来了。至于为什么会有猪油和大葱，那是后来的人们根据不同地方人的口味改进的。不知道故事是不是真的，但那时我确实信了，因为这是父亲讲的。

上四年级时，我可以独自上学了，父亲便不再送我了。每当我下楼准备上学时，做锅盔的师傅已忙碌了一阵。一大坨面团在案板上被反复地揉来揉去，不一会儿，它便被揉成了长条形。刀起刀落，眨眼间长条被横切成一排小长方形。只见师傅捏住长方形两端向外一拉，对折，铺上调好的馅料，再盖上一层面团，刷上猪油，撒上芝麻，手起手落间，一个猪油锅盔就成形了。然后就摆上一个托盘，放进烤炉烘上几分钟，不久，外焦内软、金黄诱人的锅盔就出炉了。"老板，两个锅盔。""好嘞！一个2元钱，两个4元钱。"除锅盔已涨到2元钱一个外，师傅的动作、腔调好像被设定了电脑程序一样没有丝毫改变。一唱一和，我们早已形成了默契。

天气一天比一天寒冷，锅盔店里却永远是热乎的。每当我走到店前，一股暖流便会喷薄而出，身上的寒气立刻消散。拿上两个热腾腾的锅盔，边走边吃，全身早已没有了寒意，会温暖一整天。烤炉里散发出的热量不仅烘出了面粉、大葱、猪油、芝麻的香气，也暖和了锅盔师傅的生活，更温暖了我童年的冬天。

（此课例荣获"新作文杯"全国第四届作文教学"创课"比赛一等奖）

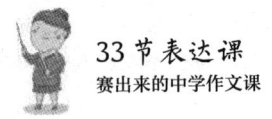

让你的意象牵手成功

——运用意象组合营造环境氛围

广东深圳·严致云

创课缘起

一篇能真正打动人的好文章，常常需要有优美的表达，而文字的画面感正是优美表达的体现。在指导学生写作的过程中，教师发现学生常出现脑中有画面、下笔却无感的情况。如何才能让学生写出有视觉冲击力的文字呢？意象的巧妙运用便是营造画面感的有效途径之一。因此，教师设计了运用意象组合打造文字画面感的教学方案。

创课思路

1. 感知意象——通过三组词感知意象的魔力。

2. 自然意象组合——出示病文，分析问题。此环节大致分两步：首先，教师引出意象在写作中的作用；其次，引导学生关注自然意象"与氛围相符""修饰语使用恰当"等要点，完成第一阶段自然意象的写作练习。

3. 自然意象与生活意象组合——通过例文升格，教师引导学生掌握自然意象和生活意象相组合的方法和规律，完成第二阶段写作升格任务。

教学现场

一、感知意象，营造动人意境

师：同学们好！一段好的描写一定是有画面感的，让人如临其境。那如何才能让自己的文字产生画面感呢？当然有魔法。首先，我们先来热热身——画面想象。

师：请同学们用一个形容词来描述屏幕上的词语组合让你产生了怎样的感觉。

（屏显）

1. 芦苇、树梢、狂风
2. 芦苇、树梢、月色
3. 芦苇、树梢、枪口

生：第一组词语给人的感觉是灰暗、萧瑟。

生：第二组词语给人的感觉是静谧、柔美。

生：第三组词语给人的感觉是恐惧、悲壮。

师：同学们的想象力都特别丰富。大家能发现这三组词的变化规律吗？

生：能。每一组的"芦苇""树梢"都是相同的，第三个词语发生了变化。

师：为什么三组词产生的画面感会大相径庭呢？

生：因为三组词里第三个词发生了变化，那个词的意蕴与其他词不同，从而使得整个画面营造的氛围就发生了变化。

师：你真是一语中的！这些客观物象其实都是作者为了营造某种氛围，表达某种情感而创造的艺术形象，在《天净沙·秋思》中

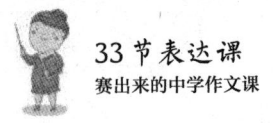

我们曾学习过，从文学角度，我们称之为——

生（齐）：意象。

师：是的。我们发现只需要变化其中的一个意象，就会产生千差万别的感觉，这就是意象的魔法。

二、自然意象，散发自然之美

师：今天，我们就把这个魔法运用到写作当中。下面请魔术师们做好准备，我们一起来拯救一段病文。

（屏显）

小溪旁，高大的树整齐地排列着，风呼呼地吹着，一只乌鸦从天上飞过，"嘎——嘎——"地叫着。

师：这是老师在批改作文过程中遇到的一个片段，文章的主题是"回首童年"，整篇文章洋溢着欢快而无忧无虑的童趣气氛。请同学们从意象和修饰语的角度来分析这段文字存在哪些弊病。

生：我觉得意象与整个文段营造氛围不契合。首先这篇文章是以欢快的风格为主，但是乌鸦在我国的传统文化中是不祥的预兆，所以，就造成整个文段营造的氛围与小作者使用的意象不契合。

师：对，它是不祥之物！所以他使用的意象就与整个文段营造的氛围不符。

生："小溪旁，高大的树整齐地排列着"，我觉得这句话存在逻辑错误。当我们回首往事的时候，树应该不会整齐地排列着吧。（众生笑）

师：难道回忆中的树不可以整齐地排成一列吗？（众生笑）

生：可以，作者这样写说明他的回忆很美好。

生：我觉得"呼呼"这个词有问题，因为"呼呼"一词，一般是用来形容风刮得特别猛烈，它营造的氛围一般不是特别优美，但这篇文章的主要内容是写他快乐的童年。

师：所以，它不应该是狂风，而应该是什么呢？

生：应该是徐徐的微风。

师：你还巧妙地运用了叠词作为修饰语，不错。同学们很快就意识到这个片段中的修饰语使用得不恰当，使得意象组合与整个文段营造的气氛不契合。下面我们来看看如何用意象的魔法来拯救它。

（屏显）

魔法一：自然意象，自然之美。

师：什么是自然意象？顾名思义，那就是自然界中能够寄托主观情思的客观物象。下面我请这列的同学依次说一个自然意象。

生：蒲公英。

生：月色。

生：草地。

生：杨柳。

生：阳光。

生：大树。

师：不错，自然万物皆可为意象。那么，我们该如何选择，又如何修饰呢？我们先来读一个片段——

（屏显）

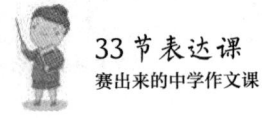

片段一:

入秋了,晚风轻轻地拂过树梢,树梢摇曳着,银杏叶在空中打了一个旋儿,轻盈地落下,柔和的月光倾泻下来,洒落一地金黄。

师: 请一位同学来朗读一下这个片段。

(学生有感情地朗读)

师: 你的语调轻缓,声音甜美,不错。整个文段营造出来的氛围是安宁的,小作者选择了四个意象——月光、银杏叶、晚风、树梢。大家认为这四个意象是否符合这个文段营造的氛围?

生: 符合,这些意象都给人以轻盈、柔和的感觉。

师: 我们再来关注一下文中的修饰语,这四个意象分别用了哪些修饰语?

生: 柔和,轻盈,轻轻,摇曳。

师: 这些修饰语是否与整个文段营造的氛围相符?

生: 符合,都是给人以安宁、静谧的感觉。

师: 你们知道了描写文段的规则和要求,但是看花容易,绣花难,下面我们一起来尝试一下练笔。

(屏显)

练习任务一:

氛围:欢快、活泼。

意象:自然意象、修饰恰当。

师: 我们一起来写一个欢快、愉悦的片段,但是你们写的片段要用上自然意象,修饰语要恰当。请你们看看屏幕上的哪个自然意象用在文段里不恰当?

（屏显）

阳光、野草、麦田、晚霞、狗尾巴草、芦苇、花、雨、树、鹅卵石、星空、沙滩、溪水、乌云、秃鹫、泥土……

（学生议论纷纷）

师：（教师示意其中一位同学回答）你来说。

生：我觉得乌云和秃鹫不合适。

师：为什么呢？

生：因为乌云和秃鹫给人一种压抑的感觉。

师：嗯，"压抑"这个词用得好。那你为什么要用"压抑"这个词？

生：乌云给我的印象总是黑漆漆的。

师：嗯。你关注到了颜色，厚重的、深沉的颜色会带给我们一种压抑感，所以我们在选择意象时，要注意在欢快的意境中选择颜色明亮、给人以活泼感的意象。下面请同学们尝试找出四个用来描绘童年的意象！

生：麦田。

生：星空。

生：阳光。（众生笑）

师：你们为什么会笑？难道是出现什么问题了吗？

生：是的。前一位同学刚刚已经给出了星空，如果我们再用阳光就会产生矛盾，那么我们描写的场景到底是白天还是黑夜呢？

师：你很敏锐，我们选择的意象确实需要遵循自然规律。

生：鹅卵石。（众生议）

师：麦田旁边可以有小溪，也可以有鹅卵石。

生：狗尾巴草。

师：好。下面我们就用麦田、星空、鹅卵石、狗尾巴草这四个意象来组合成一个画面，现在请同学们在任务纸上完成片段写作。

（学生写作5分钟）

师：好，我们请第一位才子来分享他的作品。

生：夜晚，明亮如白昼的星空，我躺在柔软而金黄的麦田中，微风徐徐拂过，狗尾巴草也随风摇曳起来，在一望无际的麦田中时常能听见青蛙"呱呱"的叫声。手里捧着刚从河边捡回的光滑的、透亮的鹅卵石，我的思绪也飘向那圣洁的夜……

师：请一位同学根据写作要求来点评这段描写。

生：写得太好了。经过他的描写，童年的画面仿佛就在眼前。

师：不错，这就是我们所说的画面感。你们可以结合写作要求细致地点评一下吗？

生：可以。"柔软而金黄的麦田""明亮如白昼的星空""光滑的、透亮的鹅卵石""随风摇曳的狗尾巴草"，这些意象的颜色柔和、明亮，和童趣欢快的气氛非常契合。

师：你的点评抓住了关键词。"透亮"在这里不仅指鹅卵石，还可代指孩子们纯真的童心呢！

生：星空泛着荧光，洒落在鹅卵石间，晶莹剔透，小径旁的狗尾巴草连成一片，在微风中摇曳着，扑鼻的麦香带来丰收的喜悦。

师：请同桌来点评一下刚才这位同学描写的这段文字。

生：他描写的这段文字说明一个问题，用不同的修饰语能够产生不同的效果，比如，"扑鼻的麦香"，这是嗅觉的体验。再如，"泛着荧光""晶莹剔透""摇曳"这些词语都给人以无忧无虑的感受。

师：多好啊，童年就应该是无忧无虑的！

生：深蓝又神秘的星空照耀着大地，大片的麦田里闪现我们玩耍的身影，忽地，如鹅卵石般的星星，"啪嗒"一声，轻快地落入了麦田的怀抱，田边成群的狗尾巴草也轻轻地向我们挥手，给整个麦田增添了一份浪漫的情趣。

师：请你自评一下这个片段，好吗？

生：好。他们都说星空是明亮的，但我的星空却是深蓝而神秘的，就像鲁迅笔下的那幅少年闰土刺猹图。

师：你的迁移能力真棒！喜欢你深蓝而神秘的星空，孩子不都是充满好奇的吗？所以你的描写很符合童趣氛围。

二、生活意象，增添生活气息

师：大家描写的片段各有千秋，但老师总觉得缺少点什么，老师希望你们描写的片段能够再升格一下，增添一些别样的味道。我们先来看看这两个片段，左边是刚才星妃同学给我们读过的片段，右边是我们升格之后的片段。我们一起来探究一下右边的片段到底使了什么魔法，竟会如此与众不同。接下来，请全体同学齐读屏幕上的内容。

（屏显）

片段二：

入秋了，银杏叶在空中转了一个弯，轻盈地落下，高大的银杏

树旁，书屋的灯还亮着，古朴的书桌上放着一本《藤野先生》，晚风入户，翻动书页，"灯光中瞥见他黑瘦的面貌……"

（学生齐读）

师：请同学们快速浏览这段文字，思考他描写的意象有没有发生变化。如果发生了变化，那么发生了怎样的变化？谁能快速告诉大家你的答案。（教师见一个学生举手示意）好，你来说！

生：月光和树梢变成了书桌和课本。

师：变化之后的两个意象，也是自然意象吗？

生：不是，变成了跟人的生活相关的事物。

师：我们可把它称为"生活意象"。

（屏显）

魔法二——生活意象，生活之美。

师：下面我们通过对比来感受增加了生活意象之后，这段文字产生了怎样的魔力。

师：请同学们思考一个问题，如果这两个片段分别是两篇文章的开头，我们来猜测下文可能会写什么？我们先来说第一个片段——纯自然意象的片段。

生：下文可能是个比较温馨的画面。

师：你能举例说明吗？

生：比如母亲送孩子回家。

师：哦，还可能是什么呢？

生：还……（众生笑）

师：你可以从主题这个角度思考，比如你刚才说的母亲送孩子回家，这属于亲情的主题。

生：还可以是友情的主题。

生：爱情的！

（众生笑）

师：角度很丰富！感觉一切皆有可能。那我们再来看看第二个增加了生活意象的片段，下文可能会写什么？

生：因为桌上放着一本《藤野先生》，所以我觉得他可能会回忆他与藤野先生的故事。

生：我觉得他可能会写他的一位老师，因为《藤野先生》这篇文章就是鲁迅写的他的老师——藤野先生。

师：嗯，你们说得很好。同学们有没有发现，根据两个开头，对下文进行猜测，哪个的指向性会更明确一些？

生：第二个。

师：如果我把片段二中鲁迅的《藤野先生》换成朱自清的《背影》，那么我可能会写什么呢？

生（齐）：父亲。

师：嗯，写父爱。如果我换成《红星照耀中国》，那么我可能会写什么？

生：中国。

师：嗯，写中国，写爱国情，所以他对下文的主题和内容都有了一定的启发和铺垫，这样整个片段的作用和含义就更丰富了。接下来，我们就要把刚刚写的纯自然意象的片段升格为这样的一个不仅能够营造氛围，还能够对文章主题、内容有暗示和铺垫作用的片

段！请看要求——

（屏显）

片段练习二创作要求：

1. 意象组合：自然意象和生活意象相结合。
2. 修饰语要有美感。
3. 两类意象之间要有互动。

（学生窃窃私语）

师：同学们有疑惑吗？

生：有。老师，请问"有互动"怎么理解？

师：哪位同学可以帮助我解答他的疑惑？请举例说明。

生：老师，我可以帮助您解答他的疑惑。比如，"晚风入户，翻动书页"，在这句话中晚风和书页之间有互动，因为只有风吹书页，书页才翻动。

生：老师我也可以。晚风是自然意象，书页是生活意象，很显然两者之间有互动。

师：两位同学清楚地讲解了自然意象和生活意象之间的互动给整个文段营造的气氛，即互动能化静为动。

师：在进入写作环节之前，小组成员之间讨论一下和童趣有关的生活意象可以有哪些？讨论好之后，请各小组推选小组代表和我们分享。

（学生讨论2分钟后）

师：现在请小组代表来分享一下你们记忆中与童趣有关的生活意象。

生：麦芽糖。

生：风筝、冰糖葫芦。

师：嗯，你的童年充满浓郁的京味儿。

生：水枪、皮球。

师：嗯。你小时候是不是很调皮，老用水枪喷人。（众生笑）

（学生点头）

生：自行车。

生：纸飞机。

生：竹蜻蜓。

生：秋千和童话书。

师：刚刚大家说了很多有趣的生活意象，老师仿佛也回到了童年。现在请你们在刚才用过的四个自然意象中选择两个，并且将另外两个换成生活意象，同时根据评价表上的要求，用重组后的意象完成片段写作。

（屏显）

评价表		
意象是否符合氛围	精彩的修饰语	意象之间是否有互动

（约5分钟后，教师看到大多数学生已写完）

师：好，现在请同学们分享自己描写的片段，其他同学根据评价表做相应的点评。

生：一阵微风拂过，草地上摆的一本连环画随风翻动了几页，书中的小人儿仿佛活泼地动了起来，狗尾巴草也在风中摇曳着，轻

盈地跳着舞，一只大皮球从山坡上滚下来，滚过了风，滚过了草地，滚过了连环画，滚进了我的思绪……

师：请同桌来点评一下。

生：他选择的意象很符合整个片段营造的氛围，并且连环画和皮球都符合童年这个充满童趣的美好时段。小作者连用四个"滚过了"，说明这些童年的记忆早已滚进了他的思绪。

师：很好，你关注到了评价表中的最后一个评价标准，那么，这位同学描写的意象之间有没有互动？

生：有，皮球和连环画之间实现了意象之间的互动。

师：嗯，皮球滚过了连环画，营造了一种烂漫的意境。接下来，请第二位同学分享你描写的片段。

生：阳光慵懒地洒在麦田间，映射出一地耀眼的金黄，又是丰收时节，铺满鹅卵石的小径旁堆满了箩筐，每个箩筐都是满满当当的，载着成熟的麦穗，载着家家户户的希望，箩筐旁还摆着几碗没有吃完的黏稠的麦芽糖，直甜到我的心里。

师：好，请这位同学来点评一下。

生：他选择的意象很符合童年的氛围，其中"没有吃完的黏稠的麦芽糖"，我认为是非常精彩的修饰语，让我想起了我的童年趣事。听完他的分享后，我的脑海里立马浮现出那种小孩子牙齿被黏住、想张开牙齿又张不开的感觉，而且文段中意象之间也有互动。

师：你能听出哪两个意象之间在互动吗？

生：麦穗与箩筐。

师：非常好。请下一位同学分享。

生：晚风徐徐拂过，金黄的麦田被落日洒了一层余晖，一条由鹅卵石铺成的道路一直延伸到村头，竟也被晚霞染上了淡淡的绯红，路旁的狗尾巴草摇头晃脑，仔细地听着路的尽头发出的清脆声响，"丁零""丁零"，一辆自行车缓缓驶过，一只装有麦芽糖的扁担一直安静地放在路上，那个卖麦芽糖的老爷爷却不知悠哉到了何方……

师：同学们，你们觉得他刚才描述的这段话中哪些词用得好。

生：我觉得"悠哉"一词用得很好，它形象生动地将我要买麦芽糖，但不知去哪里找寻老爷爷的困惑写了出来，给人一种极强的神秘感。

生：我觉得"丁零"一词用得好。

师：这是什么词？

生：拟声词。

师：这样写听起来，让人如临其境。

生：我觉得"摇头晃脑"一词用得好，它运用了拟人的修辞手法，将狗尾草在清风中摇曳的动作写得更加形象生动。

师：不错。请下一位同学分享。

生：天黑了，四处亮起了灯火，炊烟随着清风徐徐地飘向远方，竹蜻蜓在金黄的麦田里争着向那寂静而神秘的星空飞舞，一只小狗在麦田中追逐着风筝，桌子上的书被不识字的清风翻过来翻过去……

师："被不识字的清风翻过来翻过去"运用了什么修辞手法呢？

生（议论纷纷）：运用了拟人的修辞手法。

师：不错。请下一位同学分享。

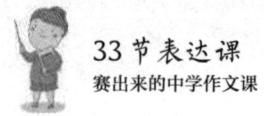

生：入秋的晚风吹过麦田，沉甸甸的小麦乘着月色向一边倾倒，掀起层层麦浪，也掀起了我的思绪，以及那一杆路灯在层层麦浪里默默地守望着这个村庄，那条路的尽头……

师：不错，你也运用了拟人的修辞手法。

师：同学们，你们今天的片段升格，真是太精彩了！让人意犹未尽啊！现在我们一起来回顾一下这些魔法。

（屏显）

画面感写作：

1. 意象组合：自然意象、生活意象。
2. 意象之间有互动。
3. 修饰语恰当、优美。

师：意象组合展现的是一种情调和意境。今天我们通过学习意象组合，感受到了意象组合带来的自然之美、生活之美，然而它的最高境界依然是情景交融之美。意象组合能更好地营造氛围和寄托情思，其展现的画面感一定能让读者感动。

我们今天的课就上到这儿，下课！

生：谢谢老师，老师辛苦了！（鞠躬）

学生作品

片段一：

一阵微风拂过，草地上摆的一本连环画随风翻动了几页，书中的小人儿仿佛活泼地动了起来，狗尾巴草也在风中摇摆着，轻盈地跳着舞，一只大皮球从山坡上滚下来，滚过了风，滚过了草地，滚过了连环画，滚进了我的思绪……

片段二：

阳光慵懒地洒在麦田间，射映出一地耀眼的金黄，又是丰收时节，铺满鹅卵石的小径旁堆满了箩筐，每个箩筐都满满当当的，载着成熟的麦穗，载着家家户户的希望，箩筐旁还摆着几碗没有吃完的黏稠的麦芽糖，直甜到我的心里。

片段三：

群星闪耀的夜晚，清凉的风伴着旋转着的竹蜻蜓，飞向那遥远的地方，月色倾洒在木质的书桌上，泛黄的画册便被浸染了，孩子们天真的笑容绽放在夜色中，鹅卵石般的星星划过夜空，落在平静的湖面，泛起一圈圈涟漪，我的思绪也随之沉沦在这静谧的碧湖……

片段四：

入秋的晚风吹过麦田，沉甸甸的小麦乘着月色向一边倾倒，掀起层层麦浪，也掀起了我的思绪，以及那一杆路灯在层层麦浪里默默地守望着这个村庄，那条路的尽头……

（此课例荣获"新作文杯"全国第五届作文教学"创课"比赛特等奖）

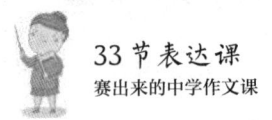

给母亲的小小情诗

重庆铜梁·张丽娟

创课缘起

选择恰当的抒情方式是统编版初中语文教材七年级下册第二单元的写作内容。

首先,仔细研读此单元选取的文章后,我发现,《土地的誓言》是因内容和语言的特殊用法被选入此单元,可以将其用于诗歌语言品析教学,而《木兰诗》本身就是一首诗,基于以上教学内容的发现,我计划在单元写作教学内容中用诗歌中的抒情方式来提升学生对恰当的抒情方式的认识。因为诗歌中的直接抒情,是最为直白与炽热的;诗歌中的间接抒情,是最为含蓄与凝练的。当然,采用这种方式必然要面临一个问题——诗歌的语言是凝练的,对于七年级学生的学情而言,有很大的难度,而这个问题必然会成为教学中最大的绊脚石,于是,我在课堂教学中通过教师点评来实现学生对诗歌语言的感受与修改。

其次,青年教师赛课的总决赛比赛的时间接近5月10日——母亲节。"母亲"这个话题是很多诗人笔下的内容,学生面对这个熟悉的话题时也有话可说,所以我就很自然地确定了这个主题——给母亲的小小情诗,以此来指导学生用诗歌中的抒情方式进行片段写作练习。

创课思路

为了让学生能够快速、直接地用恰当的抒情方式来表达对母亲的爱。首先，我借助"母亲节"这一时间节点创设情境，为爱发声。其次，我通过三首不同抒情诗歌的呈现及抒情方式的分析，不断推进学生由浅到深的习作练习。最后，我通过原创作品的引导，完善学生抒情小诗的自我创作，并用"母亲节"卡片赠送的方式呈现。

教学现场

一、创设情境，为爱发声

问题：母亲节不久将至，你最想用哪一句话来表达对她的爱？

预设："我爱你""谢谢你""我想你"……

二、添句成诗，直抒心意

（一）学生第一次动笔，要求用一句话来表达对母亲的爱

过渡：孩子们，请把你们最想对母亲说的那一句话写下来。

一句含有"爱""想念""谢谢"的话可以直接表达你们对母亲的爱，若多写几个这样的句子，就能让你们表达的爱更浓烈，就像下面这些小诗一样。

（二）配乐朗读情诗并思考

（屏显，教师读）

大手牵小手

您疼我，从生命伊始

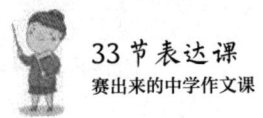

我爱您，到缘分殆尽

——陆 立

（屏显，师生齐读）
猜猜我有多爱您
亲爱的妈妈
我想了很久
都没有答案
脑海中
呈现的全是您爱我的一幕幕

——王 丽

（屏显，女生齐读）
我说妈妈不会照顾自己
她说她不用照顾
照顾好我，就足够了

——吴龙宸炫

（屏显，男生齐读）
我绝不能哭，也绝不能悲伤
因为，我知道
我哭了，她会落泪
我悲伤了，她会心碎

——杨潇天

问题：孩子们，这四首诗都表达了作者什么情感？
预设：表达了作者对妈妈的感激与爱。

追问：你是从哪个词读出来的？

预设："疼""爱""照顾""落泪""心碎"。

（屏显）

知识卡片一——直接抒情

含义：不借助别的事物，直截了当地表明自己情感的抒情方式。

方式：用直接、鲜明的表示情感态度的词语。

（板书：直接抒情　直截了当）

过渡：当然还有一些其他的方式，比如——

（屏显光未然的《黄河颂》，师生共同寻找方法）

> 啊！黄河！
> 你一泻万丈，
> 浩浩荡荡，
> 向南北两岸
> 伸出千万条铁的臂膀。
> 我们民族的伟大精神，
> 将要在你的哺育下
> 发扬滋长！
> 我们祖国的英雄儿女，
> 将要学习你的榜样，
> 像你一样的伟大坚强！

总结：用词上——表程度的副词；句式上——用感叹句；修辞上——反复；人称上——变换人称。

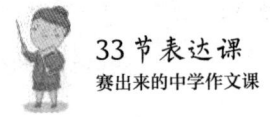

（三）学生第二次动笔——创作并展示

过渡：用直接抒情的方式可以使表达的情感直白而强烈。孩子们，请你们也用这种抒情方式在刚才所写的那一句话后面续写两三句，用小诗的形式来表达你们对妈妈的爱。

（屏显）

写作要求：1. 在开篇写下的那一句话后再续写两三句话形成小诗；2. 用直接抒情的方式。

预设：生均采用的是直接抒情的方式。

过渡：心中有爱的人，才能写出爱的味道，我也想像孩子们一样做一个有爱的人。

（屏显）

> 我爱您，妈妈
> 因为您
> 我学会了说话和走路
> 也学会了善良和勇敢
> 更学会了
> 爱您的方式

过渡：其实，母爱的表达可以是热烈的，直白的；也可以是隐匿的，含蓄的。让我们通过下面的学习来看看如何含蓄地抒发我们的情感。

预设：有的学生采用的是间接抒情的方式。

过渡：孩子们，我发现他写的这首诗与你们所写的诗有点不一样，你们知道哪里不一样吗？（学生沉默）我们通过下面的学习就会发现他的秘密。请你们默读屏幕上的两首诗,完成后面的填空,然后老师请你们上台来展示你们的成果。

三、妙用方法,间接抒怀

(一) 组诗赏析并总结

(屏显诗歌和填空内容)

(说明:两首诗是作者由周国平和宗璞的散文改编而来。)

> 照片上的您
> 秀发玉容,一派清纯
> 慢慢地
> 因为我,您变了
> 有了鬓角,也有了皱纹密布的面庞

诗中母亲的爱藏在_____

我们会发现母亲的爱一直不曾变,变的是_____

提取间接抒情的关键词_____

总结:这首诗通过母亲前后的外貌描写对比来表现母亲对他的情感。

(屏显诗歌和填空内容)

> 我的母亲是春天
> 让三餐茶饭有了温度
> 让四季衣裳有了色彩
> 让我每一次生病住院的心
> 都变得繁花似锦

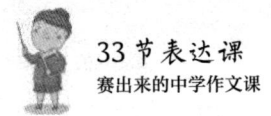

诗中母亲的爱藏在_____

我们会发现母亲的爱让生活变得_____

提取间接抒情的关键词_____

总结：这首诗记叙的是母亲的几件生活小事，方式上运用了比喻、排比的修辞手法。

过渡：让我们来把刚才所学的内容总结一下。当我们要表达对母亲的爱时——

（屏显）

1. 选定内容：母亲的外貌、动作、神态、语言；母亲在生活中为我做的小事。

2. 妙用方法：对比、排比、比喻；描写景物。

知识卡片二——间接抒情

含义：把情感渗透在叙述、描写中，由读者慢慢体会的抒情方式。

作用：可以使我们表达的情感含蓄、深沉。

（板书：间接抒情　借助叙述、描写）

过渡：亲爱的孩子们，母亲对你们的爱藏在哪里？她的那份爱让你们的生活有了什么变化？

（二）用心剖开隐藏的母爱

学生交流自己感受到母爱的细节或小事。

（三）学生第三次动笔——创作并展示

（屏显）

写作要求：先选定内容，再确定方法；用间接抒情的方式。

四、综合运用，以诗作礼

(一) 学生交流——小组合作

温馨提示：小组内采用传递式交流的方法，每个小组推荐一个作品和大家分享，并说说推荐理由。

(二) 小组展示，师生互评

学生展示作品，教师给予引导性评价。

(屏显教师作品)

  我在舞台的这一端

  穿着婚纱

  您在那一端

  一边笑着一边含着泪花

  我的人生大树从此长出新芽

  而您不知何时满头华发

  我爱她

  岁月年华

  请你善待她

过渡：请你们猜猜我为什么要把"我爱她"这句话用不一样的字体标注出来呢？

(学生分享自己的想法)

看来，表达母爱最好的方式是将直接抒情和间接抒情融为一体。孩子们，请你们在刚才修改的小诗里加入一两句直接抒情的句子，然后和大家分享。

(学生再次修改创作，修改完成后继续分享，教师着重点评其

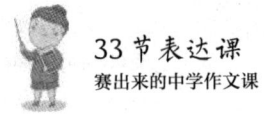

语言）

五、课堂小结

同学们的诗真诚而深情,我相信,妈妈们收到这份特别的礼物时,一定会觉得很幸福、很满足。老师也给你们准备了一张贺卡,你们可以把刚才这首诗抄录在上面,然后在母亲节时送给她。

你们的贺卡送给妈妈,老师的这张贺卡送给你们,愿你们不仅能学会发现爱,还能学会用恰当的抒情方式表达爱。

其实,诗歌中的抒情方式和我们平时写作中的抒情方式是类似的,希望你们在日后的写作中可以把今天所学的直接抒情和间接抒情的技巧使用起来,这样可以使你们的作文既有直白而强烈的情感表达,又有含蓄凝练的细节呈现。

学生作品

作品一:

每周末回家时
一切都和以前一样
炉子上煲着汤
电饭煲里热着饭
桌子上放着水果
冰箱上留着一串
您叮咛的印迹

作品二:

记得小时候

每次高兴地在门口奔走
"妈妈,妈妈,您回来啦!"
摇晃着小手
扑向您张开的双臂
您那温暖的臂膀
成为我最常想起的
最美的回眸

作品三:

猜猜我有多爱您
亲爱的妈妈
我想了很久
都没答案
脑海中
呈现的全是您爱我的一幕幕

(此课例荣获"新作文杯"全国第二届作文教学"创课"比赛一等奖)

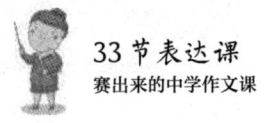

千面伊人话"笑"来

四川成都·侯剑敏

创课缘起

普通高中人教版语文教科书必修三第一单元的教学重点是在小说学习中欣赏人物形象,把握人物性格的多样性和丰富性。这一单元全是名家大作。名家绘人,多擅长于寻常处见功力,细微处见真章。如我们在《林黛玉进贾府》中看到的"未见其人,先闻其笑"的王熙凤,一"笑"尽显其泼辣爽利。受此启发,我想以"笑"这个细节描写为切入点,让学生跟着名家学"绘"笑,用不同的"笑"去赋予艺术形象以鲜活的生命力,千面伊人话"笑"来,不拘一格谈"笑"中,让笔下的人物真正做到有血有肉,富有真情实感。为此周末时,我特意给学生布置了一个小练笔:去捕捉生活中的一个特别的笑容并生动地描绘出来。收到作文后,我发现问题重重,归纳病因主要有三方面:

一、笑得平淡单薄

如"听到今天没有家庭作业,全班同学都高兴地笑了起来。""他对我笑着说道:'你高兴得太早了哇,班主任办公室有请。'"等,这类"笑"描写得不够具体,抒情不够细腻,显得平淡单薄,不能给人以深刻的印象,更不能打动人心。细推究之,我认为主要原因在于缺乏细致的观察、没有细致的描写。

二、笑得莫名其妙

如"她笑了,兴奋的样子像一只在跳舞的螳螂。""他笑得温暖又冰冷,安逸又张狂,潇洒又大气,神秘又熟悉。"等,这类"笑"的描写故意标新立异。要么用词奇特怪异,不贴合生活实际;要么堆砌词语生拉硬扯,令人不知其意。

三、笑得抽象空洞

如"这一笑,天地失色,日月无光。""她露出了尴尬而不失礼貌的微笑。"等,这类"笑"的描写用词看似"高大上",其实"假大空",抽象空洞,完全没有画面感,太过虚无缥缈,令人无法想象。

针对我们班同学作文中出现的以上问题,我拟让学生跟着名家学"绘"笑,在经典名段中去自主探究、归纳、模仿名家的一些写作方法和技巧,从而运用其写作方法和技法来修改自己的病文,教会学生以"笑"传神,让笔下的人物真正地丰满和灵动起来,这是我上这节作文课的初衷。

创课思路

一花而见春,一叶而知秋,窥一斑而见全豹,观滴水可见沧海。本文以一堂作文创新课为例,采用情景式体验教学法,创设学生生活中真实而有趣的"笑"境,引导学生自主分析自己笔下作文"笑不达意"的病因,再通过对课内外的名家名作"绘"笑的揣摩和学习,激发学生创"笑"的灵感和激情,让学生在作文"自创自改"的小高潮中充分享受作文升格的成就和乐趣。我认为,生活即作文,作文即生活。作文教学不应是教师的"炫技"和强行灌输各种高超的写作技巧,而是要从学生主体体验入手,为其创设一个特定的"真"情境,让学生在轻松愉悦的氛围中完成写作与写作方法的积淀。

教学现场

一、听音辨笑,情境作文

师:同学们,课前我将播放四段你们笑的音频,请大家猜一猜:它们分别是谁在笑?他笑起来是怎样的画面?你们可以把这些"笑"编成一个有趣的小故事吗?

(学生听完音频后,教师屏显音频内容)

1. 体育委员王斌大步流星走进教室,大声喊道:"好消息,这学期我们文科班终于转学来了一个男生!"(插播笑声1)

2. 声音甜美的黄清扬说:"太好啦,我们班现在有4个男生啦!"(插播笑声2)

3. "机灵鬼"杨渝培挤眉弄眼地说:"运动会男子4*100我们班可算凑齐人了!"(插播笑声3)

4. "班主任汪老师终于不用自己上场啦!"听完他的话,全班同学都大笑起来。(插播笑声4)

师:通过上面环节的学习,我们认识到:笑乃"千面俏佳人",一"笑"不能掩百态,每个人的笑声都是不一样的,每种情境下的笑态也不尽相同。现在请大家看看自己的作文,你笔下的笑是否千人一面，如果是的话，那么你能否换一换？换哪个词会更准确一些呢？

（屏显学生作文片段和教师的点评意见）

1. 听到今天没有家庭作业，全班同学都笑（微笑？大笑？狂笑？）起来。

2. 他笑着（冷笑？阴笑？皮笑肉不笑？）对我说道："你高兴得太早了哇，班主任办公室有请。"

3. 试卷发下来了，同桌笑（苦笑？惨笑？满不在乎地笑？）着对我说："今夜又有暴风雨啊！"

生：我认为第一个例句用"狂笑"才能表现出我们内心的幸福感和激动。

生：在第二个例句中，我会选用"皮笑肉不笑"，它能表现出说话人阴阳怪气的腔调。

生：我觉得第三个例句要具体情况具体分析，如果成绩考得差，只用"苦笑"或"惨笑"来形容主人公的心情，那么就只能表现其内心的难过或害怕父母批评的心理，而运用"满不在乎地笑"来形容他的"笑"，可侧面反映出他对父母的责备习以为常了。

师：同学们都说得对。要知道笑乃"千面俏佳人"，一"笑"而过太莽撞，所以，我们写笑时一定要精挑细选再分化，"炼"词推敲多思量。

（学生修改后展示部分例作）

听到今天没有家庭作业，全班同学都狂笑起来，有的同学笑得摇头晃脑，有的同学笑得龇牙咧嘴，有的同学笑得气喘吁吁，有的

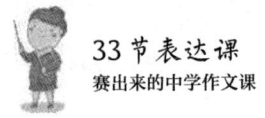

同学笑得像只乐不可支的松鼠,他们泛红的脸上洋溢着快乐的笑容。

(板书:初识笑——笑乃"千面俏佳人")

二、选词填空,对"笑"入座

师: 下面请大家认真阅读《红楼梦》第四十回《史太君两宴大观园　金鸳鸯三宣牙牌令》选段,将下面待选词语填入横线处,并讲述自己这样选的理由。

(屏显)

只见一个媳妇端了一个盒子站在当地,一个丫鬟上来揭去盒盖,里面盛着两碗菜。李纨端了一碗放在贾母桌上。凤姐儿偏拣了一碗鸽子蛋放在刘姥姥桌上。贾母这边说声"请",刘姥姥便站起身来,高声说道:"老刘,老刘,食量大似牛,吃一个老母猪不抬头。"自己却鼓着腮不语。

众人先是发怔,后来一听,上上下下都哈哈的大笑起来。＿＿＿＿撑不住,一口饭都喷了出来;＿＿＿＿笑岔了气,伏着桌子叫"嗳哟";＿＿＿＿早滚到贾母怀里,贾母笑的搂着＿＿＿＿叫"心肝";＿＿＿＿笑的用手指着凤姐儿,只说不出话来;＿＿＿＿也撑不住,口里茶喷了探春一裙子;＿＿＿＿手里的饭碗都合在迎春身上;＿＿＿＿离了坐位,拉着他奶母叫揉一揉肠子。＿＿＿＿无一个不弯腰屈背,也有躲出去蹲着笑去的。

待选词语:

王夫人、林黛玉、薛姨妈、薛宝钗、史湘云、贾宝玉、探春、

惜春、众仆妇

生：一口饭喷出来的肯定是史湘云不是林黛玉，因为她性格最豪爽，最不拘小节。

生：能"滚"进贾母怀里的只能是贾宝玉，因为他是贾母的心肝宝贝疙瘩。

生：林黛玉身体不好，笑得用力了就会笑岔气，所以她只能伏在桌子边，符合黛玉病娇的形象。

生：惜春当时年纪还小，笑得肚子疼忙叫奶妈，符合她小孩子的心理。

……

师：大家从这张群笑图中可看出，每个人的不同笑态都很切合他们各自的身份、地位、气质、个性。身处贾府这样的大家庭，这些人平时关系微妙，利益错综复杂，而此时都暂时卸下了平日里的面具，轻松了许多，不知不觉显露出自己的真性情，让人不得不感叹名家用笔，见微知著，惟妙惟肖，洞察人性，真可谓"笑乃'肺腑真性情'"，笑中见人性。所以，我们描写笑容一定要切合人物的身份、地位、气质、个性乃至心理变化。

（板书：再悟笑——笑乃"肺腑真性情"）

师：同学们，我们运用曹雪芹先生刚教给我们的写作方法，再来修改我们手头的作文材料。

（屏显学生的作文材料）

他笑了笑，对我说："你高兴得太早了哇，班主任办公室有请。"

提问：

假如这是一个性格爽朗、大大咧咧、爱开玩笑的同学说的，他该怎样笑？

假如这是一个性格阴郁、小肚鸡肠、爱幸灾乐祸的同学说的，他该怎样笑？

假如这个大大咧咧的同学在发现自己开的玩笑伤害到你的自尊心后，他的笑容又有何变化？

请你用具体的语言描绘出来。

（学生讨论后展示修改作文片段，教师适当点拨，提醒学生注意笑容要体现人物不同性格或心理）

三、名人"绘"笑，各出高招

师：课前老师给同学们下发了关于名家"绘"笑的经典文案，大家在课堂上认真阅读后展开了小组讨论，并从中总结出了名家"绘"笑的各类高招。请大家利用名家的各类高招仿造"笑乃'千面俏佳人'""笑乃'肺腑真性情'"的句式进行归纳总结。

（学生代表展示小组交流成果，教师引导归纳整理）

（一）绘笑高招之一：牵一"笑"而动全身

（屏显《范进中举》）

范进不看便罢，看了一遍，又念一遍，自己把两手拍了一下，笑了一声，道："噫！好了！我中了！"……他爬将起来，又拍着手大笑道："噫！好！我中了！"笑着，不由分说，就往门外飞跑……

生：我们组认为笑不是静态的"摆拍"，而是生动的"动图"，范进中举后为什么会疯笑到街上？就是作者认为单纯的傻笑已经不能尽显他的疯劲,必须"疯跑""大笑""加呓语",才能淋漓尽致地刻画出一个读书人一朝痴梦成真后神魂颠倒的丑态和狂态。所以,描绘笑不应是简单的神态描写,更应是动作、语言、外貌、心理甚至环境描写共上阵,齐发力。

(二) 绘笑高招之二:巧用修辞增"笑"容
(屏显名家名段)

笑的是她的眼睛,口唇,和唇边浑圆的旋涡。艳丽如同露珠,朵朵的笑向/贝齿的闪光里躲。

——林徽因《笑》

楼梯上一阵女人笑声,一片片脆得像养花的玻璃房子塌了。

——钱锺书《围城》

四奶奶坐那儿,咯咯咯咯地傻笑着,像只刚下过蛋的鸡。

——老舍《鼓书艺人》

柳妈的打皱的脸也笑起来,使她蹙缩得像一个核桃;干枯的小眼睛一看祥林嫂的额角,又钉住她的眼。

——鲁迅《祝福》

歌声突然止了。接着就是一阵哄然的大笑声。笑声在空气中互相撞击,有的碎了,碎成了一丝丝的,再也聚不拢来,就让新的起来,追着未碎的那一个,又马上把它也撞碎了。楼房里的人仿佛觉得笑声在黑暗的空中撞击,逃跑,追赶。

——巴金《家》

生:我们组认为要想使笑描写得吸引人的眼球,就需要使用恰当且精妙的修辞。以上各位大家大多运用了比喻、拟人、夸张等修

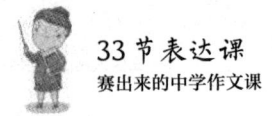

辞手法来使主人公的笑容形象化,读起来很有画面感。比如,鲁迅把柳妈的脸比作核桃,两者都是干巴巴的,丑陋的,生硬的,噎人的,令人不舒服的,而且笑起来居然蹙缩得像一个核桃,展现了她当时笑得特别开心,侧面烘托了作者对那些踩着别人的痛处取笑的看客们的憎恶。

(其他学生纷纷列举了名家"绘"笑时运用对比、用典、排比等的例子并做分析)

师: 对的,运用修辞手法可将笑容描写得生动形象,将人物灵魂深处的善良和丑陋展示得淋漓尽致。我们学过的课文中还有哪些令人印象深刻的笑,这些笑会让你联想到哪些令你印象深刻的人?

生:《变色龙》中围观群众的笑,让我想起了媚上欺下、奴颜媚骨的奥楚蔑洛夫。

生:《咏雪》中"大笑乐",让我想起了豁达开朗的谢太傅。

生: 鲁镇咸亨酒店里快活的哄笑声,让我想起了可怜又可悲的孔乙己。

……

师: 的确,笑声中有世态人情,笑声中有冷暖悲喜,我们不仅要学习名家大师高超的修辞手法,还要仔细揣摩名家寄托在人物形象上的精神品质与情感。

(三)绘笑高招之三:"笑"中有韵步步来

(屏显古龙的《欢乐英雄》)

燕七也笑了。他笑得很特别,也很好看。别人开始笑的时候,有的是眼睛先笑,有的是嘴先笑,他开始笑的时候,却是鼻子先笑，鼻子先轻轻地皱一点点，然后面颊上再慢慢地现出两个很深很深的酒窝。郭大路在瞧着他，喃喃道："假如这小子不是个这么样的人，我一定会认为他是个女的。"

生：我们组认为要想写好笑，就必须把笑写得细腻，仔细观察笑的过程，并将其分解为具体的动作。比如作家古龙就抓住燕七的笑容特征，先写鼻子的动作，再写面颊的动作，一步一步地描绘出了他笑的独特方式，栩栩如生，历历在目。这样，笑的韵味就再现了出来。

(四) 绘笑高招之四：侧面烘托出"笑"果

(屏显学生自创文段，其自诩"未来名人")

吃瓜群众A："小张怎么了，走那两步嘚瑟的，看把他乐的。"

吃瓜群众B："嗨，开法拉利了呗，换我也嘚瑟。"

生：我们组认为令人印象深刻的笑容还可以通过旁边人的反应来烘托，就像上面这个例子，并没有直接描写小张开法拉利之后飘飘然的样子，却通过两个吃瓜群众的话语来侧面烘托，给读者营造了充分的想象空间，其笑容让人意犹未尽。

(学生报以一阵阵热烈的掌声)

四、我来"改"笑，青出于蓝

师：请同学们运用名人绘笑的各种高招，将你们周末写过关于笑的作文片段在课堂上修改。然后展开小组自评、互评活动，看看谁修改得更好。

(教师在学生点评、互评的基础上做最终点评和课堂小结)

板书：

初识笑——笑乃"千面俏佳人"

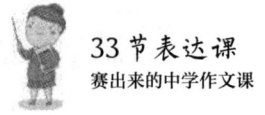

领悟笑——笑乃"肺腑真性情"

学"绘"笑 {牵一"笑"而动全身
巧用修辞增"笑"容
"笑"中有韵步步来
侧面烘托出"笑"果}

再"改"笑 ——牛刀小试展"笑"颜

学生作品

作品一：

【修改前】

每每笑时，人们最先看到的便是她如月牙般弯弯的眼，叫人看了后便不愿再想那些令人烦恼之事；再便是她的酒窝，一笑起来就深深地陷下去。笑声也是可爱的，我常被她咯咯的笑声逗得哈哈大笑。

【修改后】

每每笑时，人们最先看到的便是她如月牙般弯弯的眼，像儿时所描绘的月亮船，弧度勾起一位少女的梦。这双明眸不算大，却有股抹不去的灵气，似少女的热情，盈着一双期待，闭上时又像在默语，睫毛簇簇颤动，恍若也有生命，就是这一弯，弯进我日日夜夜的思念，叫人见了便不愿再想起那些烦恼之事；再便是她的酒窝，还记得她初次提及，说她哥哥酒窝只有一边，不如自己"匀称"，说完就咯咯笑起来，肩膀一颤一颤，额前的碎发也随之飘了起来。两边的酒窝深深地陷了下去，隔了好久才填满她苹果般的双颊，许是真盛了酒吧,才有这样叫人醉的笑。笑声也是可爱的,她有时也不全是咯咯的,常是笑着笑着便没了音,半晌没动静,我察觉不对时便侧头一看,那小家伙竟笑得俯下身,抱着肚子使了很大的力气才站了起来。这一幕常常逗得我也情不自禁地笑起来。

作品二:

【修改前】

极乐宴中,她是唯一的主角。妖艳的面容带着微微的笑意,美人一笑,百媚顿生。

【修改后】

极乐宴中,她是唯一的主角。她的笑,是大唐极尽繁华的烟火,灿烂而又明亮,绚丽却也短暂。宴会中一片欢声笑语,她只身而立,凤冠霞帔,红衣飘洒,妖艳的面容带着微微的笑意,像一抹霞光映在白瓷上,又流入眼底,勾着两叶细眉轻挑,转眼又消失在眼波深处,摄人心魄,如红莲一般的妖艳倾城,却也像朔月一样的悲戚惆怅。

作品三:

【修改前】

我时常困惑于生活琐事,她总会耐心地为我排解烦恼,嘴边总是挂着知心的笑。她的笑总能轻易穿透我心房,让我不知不觉信任她。

【修改后】

烦闷的夏夜,我几番苦恼于思维的阻塞,鼓起勇气询问她,没有印象中的不耐烦,只有她的微微一笑。那笑是夏夜森林带来的凉爽惬意。被岁月细刻在她眼角的皱纹因为眉眼弯弯而轻轻折散开来，透着和善的味道。嘴角处暗藏的两个清浅的酒窝，也酝酿了那份细心。她的笑容连同她娓娓道来的声音，细细抚平我最初的胆怯与害怕。透过这样的笑容，我似乎看到了她无数个夜晚在灯下备课的情景，听到了她无数句白日的耐心教导的话语，无数次认真负责的叮咛……这份鼓励而温暖的笑容，给予了我学习的动力和继续前进的勇气，让我把所有的黑夜归还给淡淡星河，把所有的暮色归还给疏疏篱落，把所有的慵懒懦弱归还给过去的我。

（此课例荣获"新作文杯"全国第五届作文教学"创课"比赛一等奖）

千磨为玉器　百炼成文章

江苏扬州·刘　伟

🍁 创课缘起

　　每次学生在作文训练结束后,我都是迫不及待地批改他们的作文,批改结束后,总是觉得很多学生的作文有些许遗憾之处,特别是审题方面存在思维偏差,但是如果稍加指导,就会脱胎换骨,焕然一新,所以我就此进行了一节升格作文课。升格作文不仅可以提升学生作文的整体质量,也可以让学生在升格过程中得到启发,收获灵感,发展思维。其实不仅好的作文是修改出来的,好的作文表达水平也是在修改中锻炼出来的。

🍁 创课思路

　　本节课以作文训练为切入点,用学生在此次训练中的原创作文为主要学习素材,发挥学生在课堂上的主体地位,学生自主对所写的作文进行反思和点评,教师同时适当地引用课外的语言材料与之进行对比。教师先让学生了解和掌握本次作文的要求,并能以此为标准评析他人作文中的优缺点,培养学生客观评价他人和自己作文的能力。另外,这个题目是写与最好的自己相遇的一个过程,学生在反复揣摩和斟酌中不仅可以提高自己构思作文的能力,还可以提升自己的人生态度,进一步明确自己的人生目标。

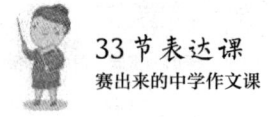

📍 教学现场

一、回放原题

（屏显）

什么是成功？有人说成功就是与最好的自己相遇……请以《与最好的自己相遇》为题，写一篇作文。

师：我们刚刚进行了一次作文训练，原题在投影上，下面大家一起来把原题读一遍，重温一下。

（学生齐读）

二、回忆过程

师：同学们，大家对这个题目肯定是记忆犹新的，除此之外，记忆犹新的还有自己在看到这个题目后的一些想法和做法。接下来，请大家畅所欲言，把你当时的所思、所想、所做与我们分享。

（学生纷纷举手回答）

生：我看到题目后，对什么是最好的自己有点疑惑，因为我觉得自己从来没有遇到过最好的自己。

师：只要我们用积极的心态去看待自己，每天都能遇到最好的自己。

生：成功是一种进步，也是一种朝好的方向改变的趋势，作文应该抓住这一点写。

师：你说得很好。我也希望今天的作文讲解课，让你能与自己最好的作文相遇。

生：我觉得可以先从做最好的自己写起，因为毕竟这样的相遇是难能可贵的。

师：你对这个题目进行了深度解读，这一点非常好。你不仅拓展了写作选材的范围，而且在此过程中也渐渐地遇到了最好的自己。

三、望文生"议"

师：刚才同学们各抒己见，都说了自己写作时的各种心理状态和构思经历，那么我们先来看几篇作文，看完之后，你们再说说你们对这个题目的理解。

（屏显）

例文一：

在适当的年纪，与最好的自己相遇，足矣。父亲是一名建筑师，他既建楼房也建人生。自从父亲呱呱坠地，便对各种建筑物爱不释手……随着小土丘变成大土坡，父亲也从童年进入少年……现在，父亲实现了儿时的梦想——开始设计楼房……那一栋栋高大的楼宇，多么像父亲的背影！良久，我点头随声附和着，却只听到"建楼房便是建人生啊"的感叹，成长，便是寻觅自己不同时期遇见不同的最好的自己。人生，便是总结自己不同时期的最好的自己。在最好的年纪，与最好的自己相遇，此生已无憾矣。

师：我选择的是这篇作文的开头和结尾，哪位同学来说说你对它的看法？

生：这篇作文的中心内容不突出，我和父亲到底是谁和最好的自己相遇了。

师：你说得很到位。我们的作文要求是和最好的自己相遇，应该是写"我"，而不是写父亲。我们初中阶段的作文训练大多数也

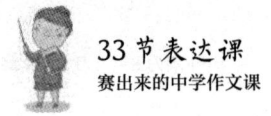

是要求写"我",能把发生在自己身上的故事写好,就已经很成功了。

(屏显)

例文二:

我不认为我和最好的自己相遇过,就像我从不认为自己成功过一样,我经常为此烦恼。不对,我遇见过,在我经常自我埋怨时,但她其实不是过去的她,她可能是它——我的精神附属品,但又是我。(前三段部分)

我还在直勾勾地盯着那轮残月,听着耳边的呢喃,是她在伴着天上的那轮残月帮我梳理心绪,给我疏导。这大概是她最好的模样吧,这大概是我拥有的最好的自己吧。当我认为我没有拥有她时,她在旁边沉默不语,但当我真切认识到我拥有她时,我已和她相遇。(后两段部分)

师:我请一位女生来读一读这段文字,因为它是一位女生写的。她读完后,老师再请一位学生点评。

生:这段文字里扰乱我思绪的话太多,让我有点读不懂。

师:我来解释一下这位小作者想要表达的主旨,她的侧重点在于讲述自己与自己内心世界相遇是自己最好的精神归宿。写作的出发点很好,但是令人费解的是语言不够简洁。我们经常说作文开头要开门见山,简洁明了。如果能做到这一点,那么我相信大家就不会有这种感觉了。

(屏显)

例文三:

与最好的自己相遇,有时候可能是一种奢望,现在的我们,哪有那么多的时间，坐下来，给自己找个机会与自己相遇？

（中间小作者叙述了自己在雨中骑自行车时，看到雨滴在自行车车轮碾压下从扩散到凝聚再到消失的过程）

我突然明白了，雨滴之所以前赴后继地落下，是因为它们争先恐后地与自己相遇，这就足够了。它们或许迷失过，但最终还是它们自己指引了前进的方向。与自己相遇，或许能给心灵一点慰藉，但是，更多的却是指引自己前进的方向——成功的道路。

师：因为这篇作文是一位男生写的，所以我也请一位男生来读一读这段文字。这位男生读完后，老师再请其他学生来点评这段文字。

生：这段文字整体呈现的内容是自己和雨滴的美好遇见。

师：我们班很多同学写了这种类型的作文，即在作文中穿插一个故事，要么是遇到一个人，要么是看见一件事，然后突然发现自己与最好的自己相遇了。从写作内容来看，这些同学都没有写自己的感悟过程，而写作文最重要的一点是要写出自己的真实感受。

（屏显）

例文四：

落日熔金，染醉了半片天空，云霞叠浪，瑰丽似锦，恍若山风打翻了颜料，美得惊心动魄。我立于晚风中，执箫于胸前，吹奏《关山月》，曲音携着欲燃的云彩，在天地间经久不息。一种凄然的神色漾于脸颊，虚虚实实地朦胧起来，却仍遮不住自我内心的追求。我于晚霞柔美的光束下，与最好的自己相遇。（下面写的是回忆自己学习这种乐器的过程）日夜的训练并未削减我对竹箫的热情，生活的激流也因竹箫而激起了浪花。不以岁减，不以物移。回

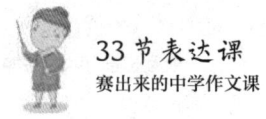

首向来萧瑟处，也无风雨也无晴。我不禁闭目含笑，在最好的年纪，做着最喜欢的事，与最好的自己相遇，是多么幸福啊！

师：这是本节课最后一篇例文了，我们就一起来读一读吧。读完后老师再请一位同学来评价一下作者写得怎么样。

生：本文不仅语言优美，而且作者也写出了与最好的自己相遇的观点。

师：好的，我们把这四篇作文做比较，你们觉得哪一篇会得最高分。

（学生纷纷举手，认为第四篇应该是四篇中相对得分最高的一篇）

师：老师也赞同大家的观点，第四篇学乐器的作文最能突出作者与最好的自己相遇的观点，其实，这里涉及一个很重要的元素——审题，下面我们一起来了解一下审题的关键要素。

四、得失归因

师："成也审题，败也审题"是对上面四篇文章得失的概括。我们在审题时要注意这样几点：第一，细，审题要细心，不要放过任何一个字，甚至是一个标点符号；第二，点题和切题要准确、清晰，让老师一目了然；第三，灵活运用，巧妙地将题目引入你熟悉的话题上，特别是这个"活"，怎么做到呢？我们先来看一篇非常熟悉的文章。

五、它山之石

（屏显）

元丰六年十月十二日夜，解衣欲睡，月色入户，欣然起行。念无与为乐者，遂至承天寺寻张怀民。怀民亦未寝，相与步于中庭。庭下如积水空明，水中藻、荇交横，盖竹柏影也。何夜无月？何处无竹柏？但少闲人如吾两人者耳。

——苏轼《记承天寺夜游》

师：我们一起来读这篇熟悉的古文，读完之后请大家说说苏轼的收获。

生：苏轼释放了自己的内心，发现自己这个闲人还挺快乐的。

师：苏轼在这篇短文中表达了随缘自适、自我排遣内心世界的志趣。在这样的月明之夜，他找准了自己的人生定位，从一定程度上说，也可以看作他与自己这样一个闲人相遇。

生：闲人也是最好的自己吗？

师：这位同学问得很好，我正想谈这个话题。成功一定是事业有成吗？苏轼觉得他自己的最佳状态就是做一个闲人，他觉得他自己遇到了。每个人对成功都应该有自己的定义和理解，下面我们一起来探讨"成功"这个话题，探究一下怎样才算是最好的自己。

六、推心置腹

师：最好的自己不仅限于成功，生命的形态是多元的。请你思考几分钟，用笔写下你心底最好的自己。各位同学务必打开思路，尽情发挥，把自己内心深处的想法表达出来。

（学生写作）

师：请大家简单说一说自己笔下的那个最好的自己。

生：永远保持一颗善良的心。

生：诚实的自己。

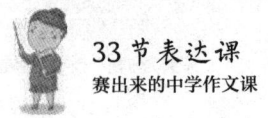

生：坚持不懈的自己。

生：简单纯粹的自己。

生：率性自然的自己。

师：通过各位同学的发言，我发现大家都树立了很好的人生观和世界观，都希望自己成为一个不矫揉造作、善良真诚、个性彰显的人。这一点非常好，应该是大家共同的追求。

七、好文共赏

师：下面我们一起来朗读这位同学的作文。看看他是如何与最好的自己相遇的。

（屏显）

晨曦微露，像一层轻盈的薄纱笼罩在黄山山头；微风轻拂，拂过一花一木，轻托着山谷升腾而起的白雾，营造着山中独有的世外桃源。

我同父亲齐肩站在山脚处，向往着站在山巅之处的成功，憧憬着与最好的自己相遇。

刚开始登山时，我活力四射，没等父亲反应过来就急匆匆地往上爬。走在台阶上，我似脚底生风一般，三步并两步地向上攀登，丝毫感受不到疲倦。渐渐地，父亲离我越来越远，我也有些体力不支了。再加上路上游人稀少，陪伴我一路向上的只有呼啸而过的风声，我渐渐生出无趣厌烦的心理来。难道登山的意义不是不断地向上吗？

爬至半山腰，一座古亭蓦然映入眼帘，我无奈地向自己妥协，打算上去休息一下，顺便等等父亲。山上凉风丝丝，带走了我内心的燥热与厌烦，尽力用宁静来填充我的心。经过一番等待后，我终于看见父亲踏着台阶而上，阳光斜射过来，洒在父亲身上，不仅照亮了父亲，也闪耀了父亲黑发丛中的几根白发。清风顺山势而上，不仅带给我阵阵清凉，也将父亲的喘气声送入我的耳畔。

我不由得感叹道：我挺拔伟岸的父亲终究没抵过岁月沧桑，在我的成长中渐渐老去。而我却如此自私，不顾父亲追我的辛苦一路独行。没有父亲陪伴，难道登上山顶便是最好的自己了吗？

父亲见到我便迎了上来，宽大的手覆上了我的头："累了吗？"我点了点头："嗯，是有点。""你看，我让你慢一点吧，现在知道累了吧？"父亲责怪道。"那老爸，我们一起走吧！"我向父亲提议道。父亲先是一愣，不一会儿，高兴地笑了，连声答应着："好，好，老爸陪你一起走！"我笑着向父亲走去，用小手牵起父亲的大手。父亲愣了愣，很快用大手包住我的小手，牵着我继续前行。

一路上，父亲不停地唠叨，讲述一路上的风景，讲述各类草木花石，一向沉默寡言的父亲竟一下子变得多语起来。

原来，成为最好的自己不仅是登上顶峰获得的成功，还是学会陪伴，学会感恩，在父母的注视下做到最好，与最好的自己相遇。

父亲，让我一直牵着你的手，从晨曦微露走到暮色四合，可好？

师：同学们，这篇作文中遇到的最好的自己是什么？

生（齐）：学会陪伴和感恩父母。

师：看了这篇作文，你们有没有联想到我们在八年级学过的一篇散文？

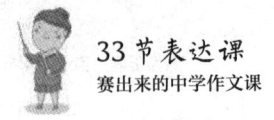

生（齐）：《散步》。

师：其实那一家人也都遇到了最好的自己，所以，最好的自己没有固定的答案，它可以浓缩为三个字"真善美"。相遇之前还应写出一个过程，我把这个题目解读为：相遇可以是一个努力的过程，它是遇见，看到了那个成长中的我；是领悟，领悟到生命中最重要的因素。那么它还可能是什么呢？请各位同学拿起笔，按照我给的思路写一写你们是如何与你心底的那个最好的自己相遇的。

（学生开始写作文思路，教师行间巡视。教师发现学生写作完成后，让其中一位学生读自己的写作思路）

师：这位同学写的相遇是一个回忆的过程，看到过去和现在的自己，是一个对比，对比中有所感悟，思路很清晰，所以你们在写这篇作文时，可以借鉴我提供的方法去拓展自己的思路，这样就不会犯偏题、跑题的错误。

八、布置作业

师：最后一个任务就是请大家按照今天课堂所学的内容，升格你的考场作文，可以在原有基础上修改，也可以另写一篇。下课！

学生作品

与最好的自己相遇

落日熔金，染醉了半片天空，云霞叠浪，瑰丽似锦，恍若山风打翻了颜料，美得惊心动魄。

我立于晚风中，执箫于胸前，吹奏《关山月》，曲音携着欲燃的云彩，在天地间经久不息。一种凄然的神色漾于脸颊，虚虚实实地朦胧起来，却仍遮不住自我内心的追求。我于晚霞柔美的光束下，与最好的自己相遇。

犹记得从前，我携着半身长的箫，步履迟疑，我终还是推开了那扇门。老师神情淡然，身着素衣，腕凝霜雪，指尖在竹箫上动着，睫毛似蝶翼翩跹。有些浑厚的乐曲夹杂着清新的竹林的味道，悠悠袭来，我禁不住动心了。

由于身高的缘故，我只得站着习箫。在老师的示范下，我端正了双肩，双手掬于胸前，竹箫便稳稳地落于手中，手臂便有些酸痛了，竹箫在手心的汗液下泛着光亮，穿堂风徐徐而过，抚平了那一丝焦躁。接下来是吐音练习，纵然是单调的音符，老师吹出来都是乐音，圆润平稳。我几次尝试都只是"嘘"之音，或是夹杂着刺耳的鸣声。我只能屏气凝神，将腹部的气流运至口中，缓缓吐出，终于成功了一次。

经过几次练习后，我觉得头晕，老师告诉我，吹时脑部会缺氧，这是正常现象。

日后，我总是迎着朝阳，口中吐气。从雨露未晞的初晨，到风影渐疏的黄昏，巩固基础，只是效果甚微，老师指出我常犯的错误后，心生无奈。雨后的空气闷热，一如我的心情，鞋子踩着水洼时沾着濡湿气息的声音，远处的蛙叫声和近处不知名的昆虫和着金属气息的声音，都被放大成直击心头的鼓点。我想：最好的自己或许只是黑夜一梦。

忽一日，我看到了一句话："只要想起一生中后悔的事，梅花

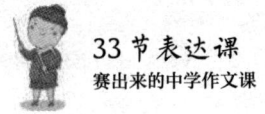

便落满了南山。"梅花飘零,诉不尽的凄楚悔恨啊。我自是振作起来。

日夜的训练并未削减我对竹箫的热情,生活的激流也因竹箫而激起了浪花。不以岁减,不以物移。回首向来萧瑟处,也无风雨也无晴。我不禁闭目含笑,在最好的年纪,做着最喜欢的事,与最好的自己相遇,是多么幸福啊!

(此课例荣获"新作文杯"全国第五届作文教学"创课"比赛一等奖)

附 录

从"创课"到"创客":
写作课程深度学习的应然选择

袁爱国

2016年11月3日至6日,"新作文杯"全国首届中小学作文教学"创课"大赛在山东聊城举办,经过选拔评比,来自全国各地的8名初中组选手展示了创新写作课堂的风采。本次比赛先进行"创课"设计大赛海选,再进行说课、上课的评比,这样产生的选手既有各区域教研部门的选拔人选,也有民间脱颖而出的草根选手,具有一定的代表性。因此,本次创新写作课堂(以下简称"创课")的面貌与精神在一定程度上展示了当下初中写作教学的基本状态,也透露了核心素养背景下写作教学的愿景与追求。

一、"创课":"十三五"期间深化写作教学改革的现实需求

21世纪"十五"计划伊始,随着课程改革的逐步深入,写作教学的理念与实践一直与"创新"结缘,各种创新写作的理念、流派涌现,这反映了写作教学的眼光与面貌,一线教师在写作教学田野里耕耘的同时,都在眺望写作教学的未来图景,"十三五"教育发展的宏观规划与语文学科的内部改革,都在为创新写作课堂定向。

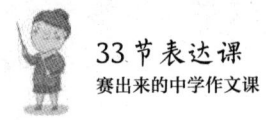

（一）基于核心素养达成的写作教学，呼唤"创课"的到来

近期，《中国学生发展核心素养》研究成果发布，对大、中、小学生发展具备的核心素养进行了系统建构，称其以培养"全面发展的人"为核心，分为文化基础、自主发展、社会参与三个方面，综合表现为人文底蕴、科学精神、学会学习、健康生活、责任担当、实践创新六大素养。由此看来，写作教学的终极目标即"立人"。一个写作素养丰厚的人，应该就是一个善思敏行、勤写会说的人，是一个乐于分享、勇于担当的人，是一个个性独立、"苟日新，日日新"的人。

当我们把目光聚焦于语文学科核心素养时，语言建构与应用、思维发展与提升、审美鉴赏与创造、文化传承与理解四个维度指明了其内涵与关系——写作教学的重点在于"语言"和"思维"，"创课"亦如此，重点在于如何教学生作文（口头作文或书面作文），而不是以阅读为主借鉴写作方法的课，或者开展花样繁多的活动，偏离语言文字的表达与运用。本届大赛展示的课堂教学求实、求新、求活，师生课堂上的对话与倾听，有诗意的表达、思维的激活，有审美的参与、文化的陶冶，都在致力于学生语文核心素养的养成。

（二）伴随义务教育语文教材的更新，期盼与"创课"同行

很长一段时间以来，写作教学呈现两种情况：一是教材中写作内容不具体，导致教师很难有所作为；二是课堂教学更多地流于形式，很少直接作用于学生写作的过程。这两种情况都跟教师不能很好地把握写作的规律，缺少创新意识有关系。2016年秋季，人教

版、苏教版等初中语文教材纷纷出新,其中写作教学的内容更新更是一大亮点。因此,我们呼唤创新性作文教学,呼唤教师争当作文教学的"创客",来打破目前作文教学的僵局,创新我们的作文教学课堂。

我们期待的"创课"应该远离应试写作教学样式,并且与家常课有区别,不因循守旧,不走寻常路。本届"创课"比赛将视角集中于一个"创"字,贯穿于创新设计、创新课堂教学展示、"创课"成果总结反思等各个阶段。在课堂教学展示过程中,8位教师匠心独运,从教学主题的选择、教学内容的选择、教学资源的挖掘,到教学活动的设计和组织、教学评价的关注与运用,都努力凸显个性化写作教学的应有之义。

二、"创课"教学内容确定的路径

"创课"的教学内容从何而来?是一味地猎奇求险,还是无中生有,罔顾学生的写作需要而盲目创新?这些都是需要关注的错误走向。"创课"应根植于现实的土壤,再仰望璀璨的星空。

(一)依据课标,结合教材,关注学情

写作教学内容选择的依据来自《义务教育语文课程标准(2011版)》,有什么样的写作观就会有相应的写作文本诞生,有怎样的写作教学观就会呈现相应的写作教学课堂。当我们将目光聚焦于作文分数,致力于满分作文的修炼时,也就选择了格式化的教学内容,以考场满分作文为样本,以作文技巧为训练中心,只谈升格,只为分数。《义务教育语文课程标准(2011版)》明确指出:写作是认识世界、认识自我、创造性表述的过程,写作教学应注重培养

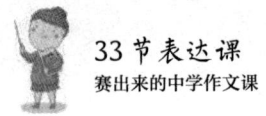

学生观察、思考、表达和创造的能力，鼓励自由表达和有创意的表达。本次展示的8节课中的"唤醒""走心""情趣"等关键词，都在昭示着执教者对课标写作教学理念的正确理解。相反，当教者仅仅将视野局限于具体技法的学习，追求与应试作文指导接近时，这样的课堂便失去了生机与活力。如其中《材料作文的审题与立意》一课，尽管试图"在'追光'中舞蹈"，但在琐碎的技巧训练中，走向了沉闷与低效。

语文教材中的写作板块，往往被我们忽视。现实中的写作教学内容大都是围绕中考作文的命题趋势做选择，或以中考作文题为系列进行训练，或以提分能力点做专题练习。教材中的写作内容是课标写作目标的具体落实点，但不能直接作为教学内容，而需要我们"用教材教"。如统编版初中语文教材七年级上册第三单元为《写人要抓住特点》，本次大赛特邀黄厚江老师做示范课。黄老师将课堂教学的场景与个人的生活故事转化为教学内容，引导学生观察、思考、对话、交流，学习如何通过观察抓住人物的特点，如何通过具体描写突出人物特点，如何选择典型事例多角度刻画人物等写作方法。

"学生的写作困难在哪里，写作教学的创新点就应该定位在哪里。"本次赛事的秘书长张水鱼老师如此认为。本次参赛的课题分别从学生在写作素材的选择、写作方法的运用、写作思维的突破等方面遇到的问题入手，选点具有针对性，如孔卫琴老师的《抓住关键处多一些描写》，选题来自江阴市第七届"望江杯"读书知识竞赛中的一道微写作题：请你结合自身经历，写一写你生活中的

"哭"或者"不哭",并写出你对此的认识或感受。阅卷时教师发现很多学生存在有记叙无描写或者有描写却不恰当的问题,于是孔老师以此为切入点,引导学生练习片段写作,展示交流、点评,总结后再进行修改提升。从发现问题到分析问题、解决问题,思路清晰,方法得当,收效明显。

(二)从生活中来,到生命中去

本次"创课"体现了教学内容的生活化,课堂上再现生活场景,融入场景思维,师生在与世界、文本的对话中学习写作。写作就是写生活,写作内容源于生活,作文强调"我"的在场,叙述我见、我闻、我思、我感。执教者或从校园生活入手,比如,张寰宇老师《写"走心"的演讲稿》一课,以本次承办学校莘县翰林学校为新创办的《翰林园》校刊招聘主编为背景,通过创设生活情境写演讲稿,引导学生围绕写作的目的与对象展开写作。再如,方沐老师通过《日记勤积累,妙于剪华章》一课,引导学生学习生活素材剪辑的艺术。另外,《把"话"说精彩》《爱的世界离不开细节》《转换视角,唤醒身边的它》等课的选题都来自生活,贴近学生生活实际。

生活化写作必须走向生命化写作,这样的课堂不仅有温度,更有深度;这样的写作才会不囿于生活的表象,才能抒发生命的感悟,传递生命的体验,表达生命的言说,抵达生命的内核。"创课"的中心站着一个"人",在对话与倾听中传递人心、人情,明晓人性、人理。孙娟老师《转换视角,唤醒身边的它》一课,孙老师在引导学生进行有创意的表述时,先从"人生的每一个片段都是一个

不可重复的故事"入手,写好"你的3分钟故事",再进行思维转换,唤醒故事里的它。通过朗读诗句"你的世界有千万只眼睛正凝视着你/每一道目光都有鲜活的呼吸/就等你来唤醒",让学生进入角色,体验不同讲述者的生活经历。

(三) 从好奇心出发,向创造力发展

"创课"的起点从哪里出发,向何处发展,这是我们必须思考的问题。"好奇心"不仅能激活写作的情趣,还是展开深度学习的前奏。好奇心生发之时,也是联想与想象开始活跃之时。此时,写作的素材视野会更加广阔,思维角度会更具开放性,语言表达会更加流畅,其间更会充满创造性。因此,"创课"伊始,往往从"惊奇"开场。

《转换视角,唤醒身边的它》一课,从"十二袋金币"游戏开始,设置写作情境;《写"走心"的演讲稿》一课,开始展示习近平、马丁·路德、特里克、任正非四位名人演讲时的图片,让学生探究这些演讲者给自己带来的启发;《守株待兔——打破重组写情趣》一课,展示"守株待兔"漫画,引导学生从两个方面设问,你对图片上哪些信息感兴趣,你对未知的信息有哪些看法。课堂上通过故事、画面或者开展活动等设置情境,都是为了构建场景思维,在这样的"写作场"中,学生容易入境、入戏,体验会更加丰富,思维会更加活跃。

"创课"无疑应突出一个"创"字,因此,激活学生的创新意识是前提,生发创新思维是关键,培养创新能力是根本目标。《转换视角,唤醒身边的它》一课,从叙述角度讲故事,课内先让

"我"讲故事,再让看得见的铅芯笔来讲故事,最后让看不见摸不着的烦恼来讲故事。课后让学生以《餐桌上的时光》为题,从"我"、具体事物、抽象事物等角度任选一个点切入,书写一个你生命里的真实的小故事,表达一份真实的心情。课内指导创造性表述的策略,课外进行创造性能力的迁移训练。当然,"创课"的成果应指向于创新作文的完满,展示的几节课大都在一个创意、一个片段上琢磨,在篇章的探究上花的功夫较少。

三、"创课"的基本教学形态:以少教多学促进深度学习

20世纪末新加坡教育部推行了"少教多学"的教育改革。"少教多学"强调教学重点从教学内容的数量转到教与学的质量,追求深度学习,重点放在提高师生互动质量上,让学生更加投入学习,对于提升"创课"的品质极具借鉴意义。"少教多学"倡导教师自主设计教学内容,给予教师更多的时间了解学生、反思教学和分享经验,给予学生更多的灵活性和选择的机会,注重师生可持续发展能力的培养。

(一)"创课":基于学习者为中心的课堂

1. 玩中学

写作教学要从沉重走向轻松,从沉闷走向快乐,离不开一个"玩"字。写作教学中的"玩",不仅指"好玩"(有趣味),还要"玩好"(有意味)。具体表现为:一是内容好玩;二是活动好玩。《日记勤积累,妙手剪华章》一课,教师利用素材卡片,指导学生做素材分类处理的游戏,并在游戏的过程中激发学生学习兴趣,启发学生思考,用素材卡片布局谋篇,鼓励学生坚持日记写作,创建

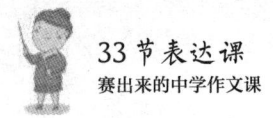

个性素材库。将"生活即写作""素材即联系""心动即行动"等写作理念有机融入"玩写作"的过程中,这样,学生学得轻松,玩得快乐。

写作教学中最不好玩的就是教知识(静态的陈述性知识)、教方法(琐碎的、繁杂的方法),有的课花了很多力气归纳出几条方法,这些方法本身是否科学就值得怀疑,更遑论运用。当然,如果一味"玩",忽视了教学重点、难点,偏离了写作教学的基本规律,自然低效。如某一节课上花了几分钟播放杨丽萍的舞蹈片段,只为了得出"追光"这个概念,就显得得不偿失了。

2. 做中学

"创课"倡导做中学,第一要义便是在写作过程中教写作,不是在阅读过程中教写作,更不是在游戏活动中学写作,要给"写"留下足够的空间和时间。比如,《抓住关键处多一些描写》一课,教师导入以后,就让学生动笔写,同时还安排学生在黑板上板书,然后通过集体评议,总结写作方法后,再组织学生修改。再如,《把"话"说精彩》一课,首先,教师让学生借助阅读习得方法,使学生认识到语气词在人物对话中起着调节人物情绪、表达人物情感的作用;其次,呈现学生的习作片段,运用已学到的写作方法进行合理修改;最后,教师让学生自改,将习得的方法同化运用。一节课上可以分阶段"写",也可以集中时间写,切忌为了听课教师而众生喧哗,喋喋不休,因为写作是一项私密性的智力活动,需要静谧,需要留白,静心澄虑,方能从容书写。

写作教学不仅需要关注独立做,还需要合作做。写作教学是师生与文本、世界互动对话的过程，口头语言可以促进书面语言的发展，个体思想与群体智慧在对话中能产生共鸣，特别是写作教学中的"边缘人"，往往在协作交流、积极融洽的学习情境中获得启发，因此，我们既要关注对话的质量，也要关注倾听的品质。本次"创课"中，能掌握好小组学习的频度、效度的教师，其课堂上学生的发言自然精彩纷呈，写作成果收效也明显。

3. 创中学

写作是一项创造性极强的学习活动，需要深度学习的介入。深度学习与高水平思维、多层抽象思维、分散思维、创造性思维、批判性思维综合加工密切相关。本届"创课"选手们在"创新"上下了功夫。有的从选材创新，如《日记勤积累，妙手剪华章》；有的从文体创新，如《写"走心"的演讲稿》；有的从思维角度创新，如《打破重组写情趣》；有的从表达创新，如《把"话"说精彩》；有的从叙述角度创新，如《转换视角，唤醒身边的它》。

有了创新的设计不等于实现了创新教学。创新的主体是学生，所以写作方法的启悟不可以诉，而应该是自悟。一些课堂上呈现了概念术语，罗列了技法指南，这些外化的知识无法产生创新的因子。创新的核心是思维的激活，本届"创课"在发散思维方面的训练探索较多，在批判性思维的培养上很少涉及，在思维的流畅性、深刻性、批判性、独创性等方面还需要进一步探索。

（二）深度学习：亟须教师的适度作为

1. 简约而不简单

"创课"需要教师采取恰当的步骤以使所有学生在其当前水平

上实现深度学习,这就需要教学目标精准,教学内容精要,教学流程精简,教学评价精准。《日记勤积累,妙手剪华章》一课,教师采用"读素材—玩素材—用素材"三个环节展开教学,课堂上给学生10多分钟写作,同时让学生分组讨论交流,最后展示学习成果。学生写得充分,议得热烈,展示评价精当。个别课堂上教学材料(视频、文本、图片等)引用过多,占用了写的时间,挤占了思考的空间,最后学习成果的展示往往不能令人满意。

简约的教学设计,能给学生的学留下广阔的空间,给课堂上生成的情境留有探究的时间。写作教学的不确定性与综合性,需要留有足够的时间,或渐悟,或顿悟,这样才会催生灵感,生发智慧,学生的表述才能如万斛泉源,鲜活充沛。

2. 有所为有所不为

本届"创课"大赛在设计课堂教学评价标准时,强调这样两点:一是以生为本,能够根据现场情况做灵活安排,对学生的写作行为做及时、适当的应对;二是课堂生成丰富、学生的习作或对写作的理解有明显提升。教师在写作课堂上需要在学生的疑难处、困惑处有所作为。比如,《转换视角,唤醒身边的它》一课,教师为了让学生转换角度叙述,开展了"倒句"游戏,由生活中的种种事例到文本情境中故事角色模拟,这种由易到难的教学方式,打开了学生的思路。再如,《写"走心"的演讲稿》一课,教师以自己写的演讲稿作为反面例子,引导学生针对演讲稿存在的问题,总结演讲稿如何针对听众对象进行有目的的创作。

我们强调教师"有所不为",是因为写作素养的核心是想象力,教师的过度指导会束缚学生的想象力，教师的过度作为会挤占学生独立思考、全神写作的时间。当然，"有所不为"不是教师不作为，而是智慧地作为。

四、从"创课"走向"创客"：写作课程深度学习的自觉追求

（一）从创新写作课堂到建构创新写作课程，需要每一位教师成为"创客"

创新一节课不是难事，但一直坚持创新是一件不容易的事。随着中国学生发展核心素养以及语文学科核心素养进一步落实的需求，伴随着义务教育新教材同步更新的现实，我们需要从一节课到一组课进行创新设计，进而形成写作课程体系。这就需要每一位语文教师成为写作教学的"创客"，以创新为指引，以学生为中心，以写作教学设计、个性化写作教学为核心内容，依据教材，遵循写作教学规律，提升写作教学品质。

本届大赛起始环节"创课设计"，要求设计者从"创课缘起""创课说明""创课思路""教学现场""创课所得""教学材料"等环节全盘考虑，在"教学现场"环节还需有"自析自悟"的内容。这样的设计涉及教学全程，从创意到成果，将反思贯穿始终。在课堂决赛现场，有导师的精要点评，有专家的综合评价，还安排了名师黄厚江现场示范课，从青年教师到成熟的名师、写作教学的专家，一起致力于"创课"，努力向"创客"角色转换。本次参赛的孙永芳老师正在编写的《情趣作文三十六计》，在写作课程化方面做了有益的尝试。

需要警惕的是，我们的语文教学一直将重点放在阅读教学上，今年秋季新教材更新后，大家都将目光投放在新增加的篇目文本的教学上，而对于新教材中写作教学内容的调整基本没有关注，写作教学依然是穿旧鞋走老路，在这样的现实面前谈"创课"近乎奢望。

（二）从"创客"到建立"创意写作坊"，需要大众创新，万众"创课"

"创客"本指勇于创新，努力将自己的创意变为现实的人。在中国，"创客"与"大众创业，万众创新"联系在一起，特指具有创新理念、自主创业的一群人。创客团队是一群坚守创新、持续实践、乐于分享并且追求美好生活的人。本届"创课"大赛的意义不在于推出几位写作教学的"创新能手"，而在于唤醒语文教师创新写作教学的意识。每一位参赛选手的背后都有一个"亲友团"，他们自觉或不自觉地代表了一个区域对于创新写作课堂的理解与实践水平。本届比赛，江西省赣县教研室审阅了全县三百多篇"创课"设计，选拔出五十余篇优秀"创课"设计参加大赛评比，并深入高中、初中和小学课堂了解教师的执教情况，一次次到课堂进行指导，从中选拔高素质的优秀教师参加现场比赛。参加"创课"的全过程，即学习的过程，这不是一个人的战斗，而是一个共同学习体的智慧写作教学历程。

美国爱荷华大学成立的创意写作坊，不仅为当代卓越作家的培养提供了平台，也为不少大学写作教学模式提供了范式，这样的"创意写作坊"也可以在中学以物化或模拟化的形态建立。在"互联网+"时代，网络平台为开展创新写作课堂探究提供了便捷的途径，同一区域、不同区域之间借助QQ、微信以及博客等平台，以或紧密或松散的状态进行开放性研究值得期待。

（三）从技术崇拜走向艺术追求，回归个性化写作教学

当写作课堂冠以"创新"的名号，一方面折射出大众对于当下写作教学现状的失望，另一方面也反映我们对理想的写作教学的追求。我们内心急切地期待着"创课"能制作成APP，可以打包下载即时运用，当真如此，学生也不需要教师指导了。"创课"的阵地在课堂，在教与学的过程中，因此，"创课"呼唤个性化写作教学。我们需要练好内功，懂得写作教学的常识，遵循写作教学的规律，在此基础上尝试创新，既要有工匠钻研技术的精益求精的态度，也要有"创客"敢于冒险、乐于分享、勤于创造的精神，这样的写作教学才会得法、有效，才能从自由走向创造。

（此文为"新作文杯"全国首届中小学作文教学"创课"比赛现场综述）

将具体知识融入具体的写作语境与写作策略中

金 戈

"新作文杯"全国第二届作文教学"创课"比赛现场，我主要听了第二组参赛老师的说课，主要有两类，说理类、记叙类。

说理类分别为：《在追问中走向严密》（李爱英）、《运用矛盾分析法进行议论文写作思维训练》（唐文莉）、《给思维的野马拴上缰绳》（肖劲松）。

记叙类分别为：《让"到此一游"走点心》（李本银）、《浮想联翩写美景》（吴蕊江）、《从一座"桥"说开去》（刘小芳）、《于无声处写有声》（徐雪姣）、《关注生活，于细微处见精神》（李玉萍）。

任何学科的学习都要掌握基本知识，基本知识是形成学生能力的支架。对写作教学来说，没有知识，写作能力的培养就无依托。目前我们确实有很多写作知识，但反思这些知识，我们会发现，类似"记叙文六要素""记叙的顺序""议论文三要素"等知识，过于普适，无法有针对性地应用于具体文体的写作，大部分教师存在这样的"知识困境"，因而，我们要利用与开发具体的、精准的知识，使之有效地为具体文体写作提供支持与服务。

说理类让人眼睛一亮的是，李爱英的《在追问中走向严密》、唐文莉的《运用矛盾分析法进行议论文写作思维训练》，她们给我们做了很好的探索与有益的启示。她们摆脱"知识困境"，基于学情分析，围绕具体的写作类型、任务和学生具体的写作困难，恰当引入具体的议论文写作知识，并突破议论文写作"陈规"，进行"三新"作文教学。

李爱英的《在追问中走向严密》的活动设计（环节）：

1. 创课缘起

学情分析：观点经不起推敲；套作明显；议论不深刻；只会简单模仿，不会深入思考。

以《用自己的方式改变世界》为题写一篇文章，自定文体，不少于800字。

考场优卷思路示例：

一颗露珠可以映衬整片天空；小水珠也能穿过一块岩石；一人不算强大，但我们也可以用自己的方式改变世界。

柳宗元，用不屈不挠的骨气改变世界。

李斯德，用坚定不移的信念改变世界。

扎克伯格，用自己的创新与才华改变世界。

娜拉、米勒、卡夫卡、托尔斯泰等人都是以自己的方式改变了世界，他们以强大的内心告知世界，他们的思想无法被束缚。

我们用自己的方式改变世界，使世界更加美好；我们用正确的方式改变世界，使自己的理想更易实现；我们用坚定不移的信念改变世界，即使前路艰难也有继续前行的勇气。

上文所谓的高分秘诀体现在：确立观点，寻求证据；有分论点；素材丰富、新颖典型；语言流畅。实际是有问题的，问题：议论文=证明文=找例文。那么该如何深化呢？

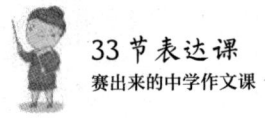

2. 创课依据

理论依据：

写作时要设想读者的需求和可能产生的疑问。

——荣维东

设想别人诘难自己，不断寻找自己的"漏洞"，然后一一予以回答、补充，使自己的论点更加周全，论证更加严密。

——俞发亮

一定要选好、选对、选准追问的抓力点，质疑的突破点。

——余岱宗

可这样深化：追问质疑，寻找例外。

3. 教学过程

深化过程示范（略）

初始观点：我们用自己的方式改变世界，让世界更加美好。

（屏显）

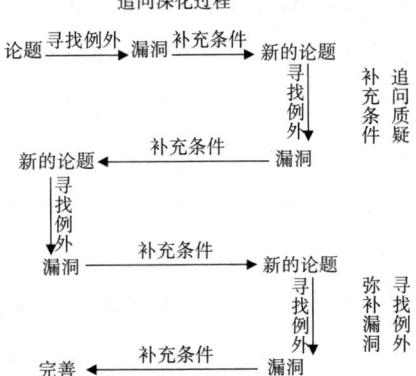

牛刀小试：请以"创新让我们走得更远"为初始论题，进行追

问质疑，发现例外，补充条件，弥补漏洞，让论题更严密。

在整个教学过程中，教师通过反复追问，引导学生不断证伪，不断完善自己的论证与思维。

唐文莉的《运用矛盾分析法进行议论文写作思维训练》也有异曲同工之妙：引导学生不断变换立场与角度，不断反思，最终走向全面与深刻。

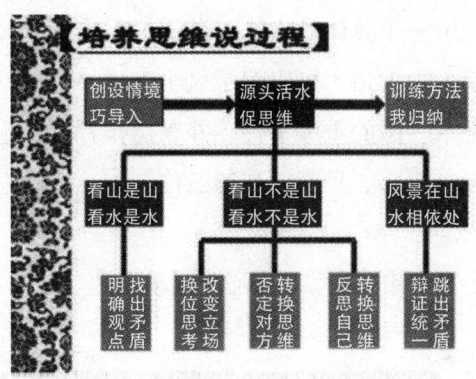

其实，这两堂课还促成了学生元认知的获得。理解学习过程（或自我调节）的关键是将其教给学生，这样学生就能学会监控、控制或管理自己的学习。其中包括何时应用学习策略、如何应用特定策略、评价策略对提升学习是否有效，这也是为什么自我调节的概念等同于"学生成为自己的老师"的原因。

还有培养学生批判性的思维，需做到思维谦逊，努力发现自己对未知知识忽视的程度，主要包括以下几个方面：一是从他人的角度学习理解相反的观点（唐老师课中的思维转换丰富且深入）；二是用同样的标准评判他人和自己；三是重视证据和推理，将之视为发现真相的重要工具；四是重视思考的独立性。这些思维的展开，已远远超越了传统的议论文写作范围。

记叙类的，李本银的《让"到此一游"走点心》很有游记写作知识与策略讨论的价值，吴蕊江的《浮想联翩写美景》开发了很多具体的写作知识，刘小芳的《从一座"桥"说开去》注重学生思维的开发。

游记是记叙文中一个具体的文体。游记描写旅行见闻，取材范围极广，可以描绘名山大川，可以记录风土人情，可以反映日常生活面貌，也可以记录一国的重大事件，并表达作者的思想感情。所以把握了游记特点：游踪、景观、观感三位一体，也就把握了游记的知识与策略。

李本银的《让"到此一游"走点心》活动设计（环节）：

（屏显）

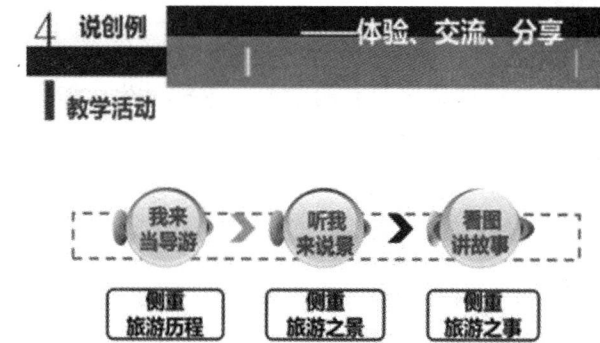

侧重旅游历程，侧重旅游之景，侧重旅游之事，这里有知识与策略，只可惜语焉不详，下面的环节也没有详细展开，这样的教学

设计学生是无法掌握其写法,而作文教学的目的就是教可教的,因此本节课教师需给学生提供具体的游记写法与策略。

具体的游记写作方法:1.根据游览的行踪和自己的体验,合理安排游记的写作顺序(这里需要教师引导学生明白,行踪与体验是不同的,前者主要按行程的先后来写,后者不一定按照行程来写,而是根据印象的强弱安排顺序,以达到更好的效果);2.能够抓住景物(场所)的特点多角度刻画。3. 根据表达的中心,合理安排材料的详略;4. 在记叙、描写的基础上,运用抒情、议论等表达方式。

游踪(印象)、景观、观感,如果将其扩展为具体的写作策略,可参考以下要点:

第一,不同方位:根据写作构思的需要,可选择"由远到近、由上到下、由高到低、由中间到四周、(印象)由强到弱"中的一两种。

第二,不同感受:根据需要,可将视觉、听觉、嗅觉、触觉进行有机组合。

第三,不同手法:在描述的基础上,发挥联想与想象(引导学生明白,巧妙的比喻、拟人等修辞手法就是最好的联想与想象),如能做到虚实相间更好。

除了以上知识、策略支架之外,还可以给学生提供优秀的游记范文支架,即在写作教学中,教师常用范文指导学生写作。教师要引导学生对写作范例做具体分析,这是提高学生写作能力的重要途径。

柳宗元的《小石潭记》的支架,如果用几个字提炼游踪与游

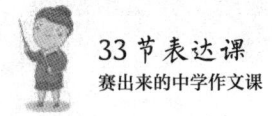

感,就是"闻—观—眺—感",由外到内,由近到远,寓情于景,情景交融,很是自然。只闻水声不见其潭,可见其景藏之深;观鱼得乐(属于定点特写),或者观水得乐,是他出游的目的,为排遣心中的郁结;眺"潭西南而望,斗折蛇行,明灭可见"(为镜头变焦),陡生"凄神寒骨,悄怆幽邃"之感,与他心境契合,是前途迷茫的生动写照。这是柳宗元的"脚步与心跳",可为学生的写作提供借鉴。

陶渊明的《桃花源记》的支架:忽逢—外景—内景—人情故事—再寻遂迷。这里有几点可以启示学生:从外到内的行踪本身就具有吸引性,加之作者对洞与光的逗引性描述(朱自清的《绿》中也写到光的吸引);人情故事的描叙增添了游记的故事性与趣味性;"忽逢桃花林""再寻遂迷"等语句的描述给文章增添了神秘性。此文构思精巧,采用虚实结合的手法,把现实生活和理想境界联系起来。我们的有些游记太过写实,可以虚幻一些,以满足人们不甘于一时一地的局限,让"游记"带领我们突破现实的束缚,做形而上与形而下的双重遨游。

综上所述,如果我们的写作教学,多一些具体的知识、策略、范文支架的介入与分析,就会更有实效一些。

吴蕊江的《浮想联翩写美景》利用与开发了联想与想象写景的知识。首先,注意到了联想与想象的区别,引入《天上的街市》进行片段练习;其次,聚焦联想的四种类型,类比联想、对比联想、象征联想、事理联想,组织了相应的训练,这给学生提供了支架与训练,可惜不是景物的,基本是人事的。再回看《咏雪》《绿》中的句子:

俄而雪骤，公欣然曰："白雪纷纷何所似？"兄子胡儿曰："撒盐空中差可拟。"兄女曰："未若柳絮因风起。"（比喻）

那醉人的绿呀！我若能裁你以为带，我将赠给那轻盈的舞女；她必能临风飘举了。我若能把你以为眼，我将赠给那善歌的盲妹；她必明眸善睐了。（拟人）

吴老师运用这两个例子的目的在于让学生明白比喻、拟人等修辞方法中就有联想。接着又进行了虚实结合、通感等手法的讨论与练习，但虚实结合有些偏离课堂内容。这是具体、深入的写作知识与策略，学生对联想（写景）有了进一步的体验与思考，进而得出比喻、拟人、虚实结合和通感，是呈现联想和想象（写景）的主要方法，它们可使内容更加丰富，形象更加丰满，意蕴更加丰厚。这个作用的概括，还不是很到位。

最后，写作练习。吴老师要求学生借助某些特定景物展开联想、想象，写一段文字，表达自我世界的情绪或感受。有了以上具体的联想与想象的写作知识支持，学生可以写出较为具体、到位的文字。

在教学写作知识时，我们一定要避免抽象与被动的学习，一定要具体与主动地将具体知识融入具体的语境与策略中。写作是创造性的实践活动，只有在活动中学会灵活运用知识，知识才会越学越有用，并产生新的知识，丰富写作的内容与形式。这样，具体知识才能成为写作教学的关键。

（此文为"新作文杯"全国第二届作文教学"创课"比赛现场说课评说）

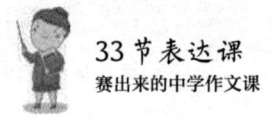

在你心里,翻起百千浪

梅 晴

"新作文杯"全国第三届作文教学"创课"比赛落幕了。

坐在岳阳临湘六中的说课现场,我一直被老师们感动着。为了写作之火能在学生小小的心灵中燃起,他们真正地走进了学生的心里;为了写作的光芒能照亮学生的人生,他们在竭力探索更有效的路径。能这样做语文老师,不易;能做这样的语文老师的学生,有幸!

坐在讲台下,聆听着各位老师对写作教学的思考和基于这样的思考而采用的做法,我陷入了思考:"创课"以"创"为比赛的着眼点,可以理解为"创作""创造",更应该理解为"创意""创新",甚至还可以是"开创""创举"……然而,一切的"创"不过是为了"课"更加有效、高效……到底怎样的作文教学课能达到这样的目标呢?细细咂摸老师们所做的一切努力,其实最终都应归于写作教学的初心——让学生乐于表达、善于表达。有一个这样的目标做先导,选取的路径、采用的形式往往就成了"创"的空间。用最有效的路径、最有吸引力的方式告诉学生,我要在你心里,翻起百千浪!

如何去做到呢?综观比赛一组的十几节课,的确有很多做法给我们以启发,那些优秀的课例的确让人回味无穷,谈几点感受与大家分享：

一、揭开生活的面纱

十几位老师一直力求让学生明白：写作与生活的关联极为紧密，无论写什么，都应该是将对生活的感受表达出来。他们或是带着孩子观察秋叶，或是带着孩子聆听声音，或是带着孩子体验学会做事的过程，或是带着孩子关注身边的人物……在此基础上，教会孩子将我们生活的世界描绘清楚，将生活在这个世界的感受讲清楚。然而，更为有效的原则是：不仅让孩子明白写作与生活的关联，还能让孩子明白理解生活现象里值得思考的事理更为重要。因此，我们看到了许多创造性的设计。比如，《我眼中的潮人潮事》一课，老师将孩子的眼光聚焦在"潮"字上，从巴黎圣母院的大火入手，让孩子们关注生活中正在发生的事情里包含的道理。无论是选择还是处理写作素材，都需要在关注社会中的新闻热点、风尚潮流、舆论焦点中，把握现代社会的生活脉搏，体现时代精神。只有揭开生活的面纱，才能看到生活的真谛。这一课"创"的价值就在于看世界的眼光和角度。再如，《送你一朵勿忘我》一课，老师的观念是"写作一定要和生活融合，生活中随处都能用到语文写作能力"。为了让学生作文过程变得有趣，让学生在写作过程中明白写作就在生活里，老师设计了化难为易的"微写作"，选择的教授内容是化繁为简的"短信写作"。学习写短信的整个过程，老师带领学生拾级而上，一步步明确写作的奥秘：生活中唯有真情动人心，真实的生活感受可以用更美好、更巧妙的方式来表达。短信，句短

情长,言简义丰;通过短信写作,则容纳了写作的立意、选材、构思、表达、推敲等思维过程。通过短信写作,老师让学生学会了由走出"微写作"走向"大作文"的思想方法和写作路径。这一课"创"的价值就在于此。一旦揭开了生活的面纱,学生就能找到无穷无尽的写作资源,真正实现在写作过程中获得"写作的快乐"的目标。

二、点燃表达的愿望

老师们之所以对写作教学进行设计,是因为希望提高学生的写作能力、习得写作技巧。所以会有老师教学生怎么观察世界,用怎样的修辞手法去表达自己的观察结果;也会有老师去教学生读教材上的名篇,研究作家是用什么写作手法表达的,我们可以运用这些写作手法;还会有老师告诉学生,许多写作对象是无形的,感情是抽象的,我们可以借助有形的实物、用恰当的词语去展现……固然这是表达的基本方法。然而,表达形式是以表达目的为基础的,学生一旦明确了自己的表达目的,所有的方法才能焕发出光彩。因此,更为有效的做法则是钻进学生的心里,点燃学生的表达欲望。如《入情入境 合情合理》一课,老师精心设计了情境作文,将学生放在写作情境中,唤醒学生内心深处的表达欲望,颇费心思!老师设计的情境是一家人逛秦淮灯会时祖孙两代人购买花灯的冲突,有冲突就会有故事,有故事就会有事理,有事理就会有思考,有思考必会有好文章!老师拿出这个作文题,并不是为了告诉学生如何审题、如何抓关键词、如何揣度命题人的意图……而在于将学生放在具体情境中,激活学生的思维,让学生明白:在这一情境中,你们都可以有话说。祖孙两代人审美观念的差异正是最具有时代特征的现象,学生怎么看待这种生活现象不重要,重要的是他们能将自己的看法有条理地表达出来,与他人的看法进行交流。这是真正懂得学生的老师!老师需要说很多话、做很多事吗?非也。老师只需扔出一粒石头,激起学生心中的千层浪就可以了。果然,老师的设计引发了学生的多种立意:传统文化与现代元素兼容并蓄,感受传统文化的魅力,欣赏现代科技的精彩,奶奶对小表弟的疼爱宠爱,孝心、孝敬是一种美德……激活思维只是开端,老师真正的目的是要告诉学生,你的思维必须有逻辑,即想象联想须合理,思考感悟有方向。因为,走出这个课堂,学生还会面对更多的生活情境,在他们有话要说的时候,他们仍会记得这个课堂上,老师曾告诉他们怎么去思考、去表达。这一课"创"的价值在于老师点燃了一把火,还要让火能持续燃烧!学生获得的是思考问题的意识的建立和习惯的培养。

三、发现思维的价值

对待写作教学,大多数人都在研究如何将文章写好,因此将研究重点放在"如何写"上面。学生在被动接受各种写作技法、各种行文模式的时候,往往忘记了"我为什么要写这篇文章"。忘记了这一点,所有的表达都成了空中楼阁。要写好一篇文章,首先得想清楚自己要表达什么,其次才是如何表达。因此,作文思维能力的培养应该放在首位。如《转折思维,无中生有写妙文》一课,这是

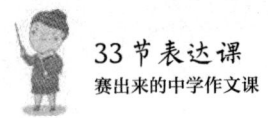

此次比赛中唯一一节在思维层面上做设计和思考的课例。老师教学生"写妙文"的基础是"想妙招",而这妙招绝不是迎合分数的奇技淫巧,而是立足于培养学生的思维能力。老师选择了众多思维方式中的"转折思维",在研究众多作文题的基础上,告诉学生这样思考问题的妙处在哪里。从了解"转折思维"的内涵到在作文题目中的实践运用,从思考问题的角度到推理结论的逻辑,处处体现着老师的作文教学观念:"对生活现象和细节进行发现和思考,是创意写作的关键。""要能产生深度的发现和思考,就得善于发现事物之间的联系。善作文者,也是善于发现事物之间联系的人。"在"思考"和"写作"这两个点的选择上,这节"创"课的价值在于关注并重视人的思考能力,让思考作为写作的基础,帮助写作更上一层楼!通常,写作教学如要讲方法,必定是理论和实践"两张皮"。然而,这节课,首先,老师从绝句和文艺小品入手,让学生从不同文学样式中真切地感受到文字背后的思维逻辑,继而引导学生去关注他们最关心的考试题,去发现转折思维的实用价值,激发学习兴趣;其次,将学生的眼光引向各种生活现象,凡事皆有因,去体会转折思维的妙处;再次,借助语言材料来实现思维训练的目的;最后,老师让学生将这种思维方式用到作文中,让思维转个弯,去发现事物之间的巧妙联系。这个过程,是符合学生的认知规律和学习心理的。一个真正理解学生的老师,才能为学生指明前行的道路!

其实,创课的"创",最大的价值在于——让学生"心动",心动了,笔就活了。生花妙笔的"花",不是插上去做装饰的,而是从笔底自然绽放的,更是从心底里流淌出来的。在我们追求"创课"教学价值的路上,我们须明确老师最大的价值是点燃学生心里的那团火,让他们能看到写作对生活和生命的价值!让那份写作的愿望如同滔滔江水,浪奔浪流,纵使转千弯转千滩,仍愿翻百千浪,在他们的心中起伏够!

(此文为"新作文杯"全国第三届作文教学"创课"比赛现场观感)

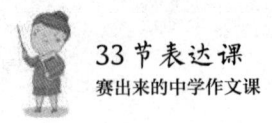

33节表达课
赛出来的中学作文课

是"创",让你的课从此不一样

洪劭颉

首先要感谢《新作文》杂志社,为广大中小学教师搭建了"新作文杯"全国第三届作文教学"创课"比赛的平台,同时也感谢张水鱼主编的邀请,让我和梅晴老师分别担任一组和二组的组长,一起经历、一起见证、一起享受12位脱颖而出、最终走到全国决赛现场的老师精彩的"纷呈"。

三个小时下来了,让我们回头想一想,12位"创客"所"创"的"课",哪些是让我们无法忘记的?这些"无法忘记的"应该就是我们写作教育最本质、最本真的东西,是我们在平常教育教学中,应该坚守和坚持的。

无法忘记的是,"独立的写作的人站起来了"。这句话是湖北省枝江市第二高级中学的潘彬斌老师说的,不管是写作课,还是创客,目的都是"立德树人",都是在培养人,发展人,是要培养"独立的人"。

无法忘记的是,"下水写作",山西省绛县古绛镇城关初中贾慧丽老师用自己的"下水文"《醉心丽江》来分享树型的思维导图。

无法忘记的是,"读写结合",美文引路。读写结合是提升写作水平最为有效的办法,如何进行有效的读写结合,仁者见仁,智者见智,太原市外国语学校的申改霞老师给我们提供了一种读写结合的过程性指导的范式。

无法忘记的是,"升格训练""方法指导""情景创设""反复敲打""深化中心""课程标准""统编版教材"……

没了,想不起来了,想不起来的就是忘了。我们的学生如果上课,一节课45分钟下来,他能不能记起这么多?你告诉他的开头十二法、结尾二十四法,他能记住几法?我们三个小时下来,无法忘记的,如果过一周,过一个月,我们还能记起什么?为什么我在学习了12位老师的精彩分享后,我记住了这些,而没有记住那些?原因是这些跟我的长期的写作教学实践是耦合的,是呼应的。

那么,我们需要探究的是,这些"无法忘记的""创"在哪里?

"创"在"系统思考"。写作绝不只是写作的事情,临湘市九中余秀兵老师始终引导学生"留意生活,关注自我",从"我"需要出发,在生活中深入思考,进行发散性思考;教学生写作的知识,也不能孤苦伶仃的,也应该放在一个系统中去思考。我很喜欢内蒙

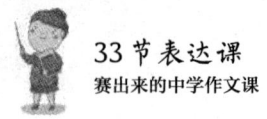

古自治区通辽市科尔沁区七中康婧老师主张的"文不可无为而作"理念,更欣赏她在"如何深化文章中心"之前补充设计了"前后呼应点中心""详略主次显中心"等系列指导课,我在听的过程中,想起了自己曾经在课堂上是如何帮学生治"偏题症"的,康老师也可以回去继续补充设计,"不断点题现中心",文章的中心需要不断地被提及,被点明。

"创"在"教学资源"。在这一点上,《新作文》杂志社的张水鱼主编做了一件功德无量的事情,不仅在全国范围内开发"教学资源",还以"创课"的方式引导教师去"创造"自己的"教学资源",让学生去"创造"自己的"写作资源"。成都市安靖学校张丽萍老师的《佳节清明桃李笑》,张老师链接清明文化,播撒写作种子,引导学生用好节日素材,说自己想说的话,很有创意。当然,"教学资源"的创建,在其他老师的"创课"中也有或多或少的体现,我就不一一赘述了。

"创"在"学习设计"。最好的教是听,最好的学是说。我一直很反对过度地追求课堂教学的艺术感,而应该把课堂还给学生,让课堂成为学生学习的天堂,而不是展示教师教学艺术的地方。好的课堂教学要充满鲜明的设计感,而好的课堂教学设计应该是要想出好的学习活动设计。岳阳市九中任畅老师的《让别人见你所见》就是一份特别出色的学习活动设计。变"教"为"导",实地游览,见你想见;交流经历,分享所见;解密写法,让别人见你所见;品评习作，分析"见"与"不见"；执意探究，见你最想见。

"创"在"思维建模"。我实践智慧作文二十多年，最后也就得出了几个字：好作文是"打"出来的，好作文是"写"出来的，好作文是"想"出来的，明天上午跟大家会分享"好作文是'偷'出来的"，其中，好作文是"想"出来的，重在于帮助学生建立起思考问题、解决问题的常规路数，即思维建模。我非常高兴地看到好几位"创客"老师都在摸索学生写作的思维建模，这非常好。四川省成都市双流区棠湖外国语学校的黄明丽老师给我留下了深刻的印象，"定格""聚焦""赋形"，从生活到美文，她很巧妙地带领学生"捕捉一个画面""创作一首小诗""写就一篇美文"。

当然，也有不少孩子看不上自己的生活，说，"我所经历的那些东西没有什么意义呀"！

我们忘了我们也曾经是孩子，我们孩子也忘了"孩提时代是最好的时光"，为了我们更好的写作教学，诚如"忘记"一词所说的，我们很多东西"忘"了，才有"记"得，"忘"了才会有所"得"，我们要主动地去"忘"，才会有浅浅的"得"。在这里，我化用三个成语："得荫忘身""得鱼忘筌""得意忘形"，我要把他们的意思反过来说。

第一个"忘"，是"忘身""得荫"。"得荫忘身"这个成语原指

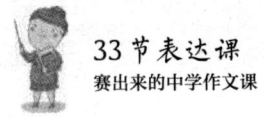

蝉得到阴凉的地方遮蔽就忘了自身的安全。我想说的是,我们老师要想让学生的写作得到"荫蔽",就要先"忘身",忘了自己。只有教师忘了自己的"教",才会有学生的"学"。好作文是学生"写"出来的,是学生"写",不是听教师的"写"。学生在"写"的过程中,自然而然地就会学会"写",只有在"写"的过程中,才会知道哪一种"写"法是智慧的,是高超的,是好的。我一直强调一个观点,好的作文指导,是让学生有勇气写出下一篇来,事实上,作文教学最直接的后果,就是让我们很多学生越来越怕写作文,越来越享受不到写作的乐趣。

第二个"忘",是"忘筌""得鱼"。"得鱼忘筌"的意思是捕到了鱼,忘掉了筌,事情成功以后就忘了本来依靠的东西。这句话用在写作上,再形象不过,但要调个位置。"忘筌""得鱼",只有"忘筌",才能"得鱼"。你在那里钓鱼,一会儿把鱼竿提一下,看看鱼上钩了没有,一会儿把鱼竿提上来看一下,看看鱼上钩了没有,这样是钓不到鱼的。正如钓鱼一样,写作是要有方法、是要有技法的,但是我们不能唯"法"是论,不能陷进"法"的泥淖,要忘了工具,忘了方法,沉潜下去,静静地,一动不动地,等待水面上有鱼挣脱鱼钩而泛起的涟漪。

第三个"忘",是"忘形""得意"。"得意忘形""得意忘言"的意思是不一样的,但其中"得意"的意思是一样的,是内在的精髓,是"是",是"道",是"规律",那要得到写作之"意",之

"道",必须要"忘形",也必须要"忘言"。我们要想真正"得意"地写作,写"得意"作,就必须要忘了所谓写作的常态。思维建模是要建立起学生思考问题、解决问题的常规思路,是建立起写作常态,这是解决由"不会写"到"会写"的初始方法,但"会写"的标志却是"创意地写""智慧地表达",所以,要"得意",先"忘形"。唯有如此,我们《新作文》杂志社举办的"创课"大赛才能彰显其独特的价值,才会让我们脱颖而出的"创客"闪亮登场!

再一次感谢《新作文》杂志社的全体同人,感谢参赛的24位"创客",谢谢你们!

(此文为"新作文杯"全国第三届作文教学"创课"比赛颁奖会上的讲话)

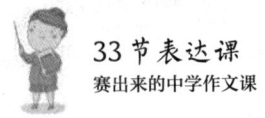

"创课"者这样说

﹡孙娟　浙江省湖州市语文教师

创课感言：有一种课叫"创课"，需要创教材，创设计，创教学，创反思，让课堂精彩纷呈，过程引人入胜；有一番天地叫"创时代"，在这时代中有更融洽的师生情，有更激越的思维火花。我希望自己能成为创客去炼创课，去迎接一个全新的创时代。

﹡徐祥梓　广东省深圳市语文教师

创课感言：处于课堂探索期的我，正在进行一场自我思维的变革，正在经历一个时代的创新。创课不仅仅是一种课堂理念的创新，还应包括教学操作层面的创新，即在课堂实践上应切实可行，真实有效。所以，创课应创在思维，行在课堂。

﹡彭丹　湖北省武汉市语文教师

创课感言：参加创课已经四次了，每一次都有全新的收获。创课的"创"强调创新、创造。作文创课与其说是一种语文教学的尝试，不如说是一种观念的变革；与其说是一场比赛，不如说是一场精神上的饕餮盛宴。

﹡张寰宇　浙江省温州市语文教师

创课感言：学生写作素养形成的关键是习作过程的自由，写作生命的唤醒。教师通过教学的开放和内容的多样，让学生找到属于自己的写作经验、写作成就，找寻属于自己的句子和生命表达，进而唤醒学生的写作生命。

＊方沫　海南省海口市语文教师

创课感言：我们不能用自己的所谓教学经验去扼杀学生的生活体验，结果只能是使他们害怕写作，因为他们写不出你想要的生活。我们只能教习学生审美，以美浸润学生的灵魂，审美上去了，生活的情趣出来了，文章自然就美了。

＊赵凤霞　山东省聊城市语文教师

创课感言：一次创课，一次提升。真正深入课堂，才发现自己多么浅薄！不知道"创"在何方，"新"在哪里，不禁感慨：书到用时方恨少！好在坚守初心，定会上下而求索，探索语文的春暖花开！

＊孙永芳　河南省安阳市语文教师

创课感言：我不太喜欢一成不变的东西，在守住语文正统的同时得敢于创新，打破重组，就是一个方向！打破固有的思维、固有的空间，重塑一个合理的、创意的新理念，妙哉善哉！

＊孔卫琴　江苏省无锡市语文教师

创课感言：慢慢走，慢慢欣赏，生活处处有风景；细细想，细细描绘，作文时时见风采。

＊张亮　山西省朔州市语文教师

创课感言：创课，让我从平凡走向卓越，让我从胆怯走向自信，让我从盲从走向精思！创课精神，永远激励我前行！

＊谢有新　江西省赣县语文教师

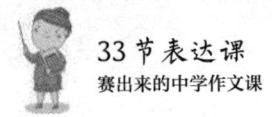

创课感言：创作伊始总是离不开借鉴和模仿，但是真正打动人心的是自己呕心沥血的创造！

✳苏良明　湖北荆州市语文教师

创课感言：参赛准备的过程是最有价值的。学习、参与，你将拥有无限可能！

✳梁吴芬：湖北省荆州市语文教师

创课感言：4月18日下午，现场说课比赛在宁海中学"至勇楼"音乐厅拉开了帷幕。参加比赛的十八位选手均是"创课比赛"活动的获奖者，他们是千万个教学一线热爱作文教学研究富有创造精神的语文老师的代表。比赛没有冗繁的仪式，没有虚浮的评点。评委老师们专注倾听，时而颔首微笑，时而若有所思，时而低头记录；选手们依次上台，讲述自己的创意和设计，有的娓娓道来，有的激情洋溢，以课会师，以课交友。会场的空气中静静流淌着一种叫作"热爱"的纯净气息。

✳杨富昌：湖北省老河口市语文教师

创课感言：《新作文》杂志社首倡写作创课设计与实践，引领我们从作文教学开始，迈出了划时代的一步，这堪称是一个创举，是作文教学史上有里程碑意义的一步。这是一堂创客上创课的集体狂欢。我们在创课中本然幸福，创课让我们乐此不疲。

老师，今天你创课了吗？

"创课"评委这样说

◎课堂一直都在,创造才是未来。(刘 斌)

◎写作是语言文字和思想感情牵手在生活的田野上散步,作文课是教师带着学生分享散步的憧憬、体验和收获。(黄厚江)

◎作文创课让学生文思灵动,创意无限,为幸福人生奠定坚实的基础!(王三阳)

◎创课让教师新招迭出,创课让学生文思飞扬。(裴海安)

◎生存的苦涩让人逐渐僵硬;放飞创意的写作会让灵魂慢慢恢复弹性。(钱金涛)

◎写作让我们找到灵魂的大地,创意让我们链接思想的天空。(肖培东)

◎写作,须充分激发学生认知力、思辨力、想象力、表现力,这是创课的原点。(李伟杰)

◎写作是一个人的生命创造,写作课是一群人的生命创造,而幸福正来自这种精神性的成长。(徐 飞)

◎创新写作课从好奇心出发,向创造力发展,在思与诗之间抵达言语的真义。(袁爱国)

◎中小学跨界赛课,赛的不是课,赛的是对中小学作文科学教学的规律认识。(宋运来)

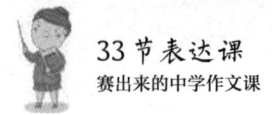

◎作文创课就是老师赋予平时所见的庸常事物以光芒，点燃学生的写作激情。（封义珑）

◎作文创课，让学生的体验"活"起来，让学生的大脑"动"起来，让学生的思维"飞"起来，让学生的情感自然"流"出来！（王春勤）

◎作文课是对孩子语文素养中最优质思维的唤醒与激活，创课作文是孩子精神世界中最纯粹和艳丽的花朵。（杨东荣）

◎创意让生活更有意思，创课让生命更有意义！（梅　晴）

◎创课，更好地激发学生学习母语的兴趣。（麻柏林）

◎写作本身应该是极其自由的事情，可惜，很多中学生，却被束缚住了。所幸有"创课"，让我们得以在写作的天地里自由呼吸。（任海林）

◎让创课随心所欲，让幸福自由舒展，让写作妙笔生花。（柳文生）

◎创课是师生共同完成惬意精神旅行的洗礼创举，是学生畅玩写作历练的向光而行。（蒋新海）

◎创课大赛，就是一道光。追着光，靠近光，你就会散发光，最后成为光。（李爱梅）

◎课堂因创造而开花，创造因写作而结果。（刘　勇）

◎你所创造的课堂，创造的是中国的未来！（洪劬颉）

◎创课，新的不仅仅是课，更是师生的思想、思维、情感、语言……（张宝伟）

◎就目前阶段而言，作文创课的着眼点主要体现在组织结构的

变迁、教学情境的创设、教学评价的优化等方面。(黄发莲)

◎积粮（材）入仓廪，立刀（笔）作教案，创客，创刻，创课。(方　沫)

◎创课，让我们摆脱盘旋不进，活出一团春意，架构起大生命活泼创造之势！(范练娥)

◎创课，让学生的综合素养拾级而上，让学生的情感世界丰盈充沛，让学生的精神家园流光溢彩。(邓　鑫)

◎作文创课，让我们突破呆板，寻找鲜活，让我们摆脱狭隘的思维，收获广阔的天地。(陈绪亮)

◎作文，让文字与思想开出花来；创课，让作文与做人共生共长。(钟　亮)

◎写作本身就在创造，写作课更应会创造，否则拿什么去点亮写作的灵感呢！(袁　源)

◎创课，成就了自己，成全了孩子！(丁卫军)

◎很难想象，古板机械的作文课能有灵动、创意的写作结果。一个创意不难，坚持五年的"创课"，非常了不起。(陈兴才)

◎创课之意义在创，创意启迪思维、创作开启思想，教师的创造就是对人类进步的贡献！(陶年生)

◎创课，在中小学作文的夜空下，一支探索课堂教学的轻骑。披星戴月，越陌度阡，寻找属于自己的作文教学创意，也激发学生写作构思的灵感……在清清浅浅的岁月，语文人相约相携，前者呼，后者应，共同积淀教学生涯的传奇……(罗小维)

◎作文课的最美好的状态，是懂写作的老师，带着爱写作的学

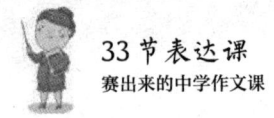

生，在作文课上，同行，同写，同乐。（徐　杰）

◎教师的创意激发学生的创造，恼心的写作蝶变为激情的创作。（黄本荣）

◎创课，唤醒写作的热情，点燃生活的激情。（葛　平）

◎写作是生存的需要；创新写作是生存质量的需要。（高　岚）

◎创写作课，立品质文，育情怀人。（刘补明）

◎学生在创造，课堂在创造，未来在创造。（吴春来）

◎创意产生幸福感，创课是实现幸福感的路径，是语文老师实现自我认同的载体。（赵克婴）

◎创课：新课标写作理念的绝妙演绎，新教材写作设计的个性诠释，新作文黄金品牌的至美示范！（王尔楷）

◎"创课"的原动力是创新。创新激活教师创造思维，创新生成新颖教学设计，创新唤醒学生学习热情。（郑西银）

◎像第一次来到这个世界，打量、审视、发现，表达我们的情感和思想。（金瑞奇）

◎写作的人不孤独。创意写作更可以让人跨越时空界限，不断遇见。（向　浩）

◎创课贵在"创"字。创体创蕴，创式创韵，创形创神，创境创意，创出写作教学的新天地。（魏为秋）

◎创课，丰富了教师的精神空间，唤醒了学生的创造灵魂。（胡月英）

◎创课，是蜕变庸常的必然选择，是作文教研走向深度的自觉追求。（李　珊）

◎课堂,因创生而充满魅力。(聂　闻)
◎做语文创客,上语文创课,共创语文新局面!(张　华)
◎创造着,幸福着。(张水鱼)